I0866740

Éthique, politique,
philosophie des techniques

Éthique, politique philosophie des techniques

Sous la direction de
Thierry Ménissier

Katrin Becker
Jean Caelen
daniel Cérézuelle
Emanuele Clarizio
Arthur Guézengar
Georges A. Legault
Pierre Musso
Johane Patenaude
Marc-antoine Pencolé
David Uzal
Céline Verchère
denis vernant

Directeur de publication : Denis Perrin

PISTES
REVUE DE PHILOSOPHIE CONTEMPORAINE
N° 1 – 2021

En application du Code de la Propriété Intellectuelle et notamment de ses articles L. 122-4, L. 122-5 et L. 335-2, toute représentation ou reproduction intégrale ou partielle faite sans le consentement de l'auteur ou de ses ayants droit ou ayants cause est illicite. Une telle représentation ou reproduction constituerait un délit de contrefaçon, puni de deux ans d'emprisonnement et de 150 000 euros d'amende.

Ne sont autorisées que les copies ou reproductions strictement réservées à l'usage privé du copiste et non destinées à une utilisation collective, ainsi que les analyses et courtes citations, sous réserve que soient indiqués clairement le nom de l'auteur et la source.

© 2021
Institut de Philosophie de Grenoble
Université Grenoble Alpes,
Bat. ARS 2, Domaine universitaire, 38040 Grenoble cedex 9

Imprimé en France

ISBN 978-2-7116-8425-0

Pistes, Revue de philosophie contemporaine 1 (2021)
326 p., ISBN : 978-2-7116-8425-0, p. 7-15, Vrin.

Introduction éditoriale

Ce dossier d'articles concerne l'apport contemporain de la philosophie en matière d'éthique et de théorie politique à propos de l'activité technique, qu'il s'agisse du statut intrinsèque de cette dernière, d'avancées dans des domaines particuliers, ou de l'affirmation actuelle de la société de haute technologie, dans laquelle les dispositifs techniques font système avec le meilleur état des connaissances scientifiques. Si tous les courants de la philosophie (philosophie analytique, phénoménologie, éthique et philosophie morale, philosophie politique, esthétique, etc.) participent à cette réflexion, c'est que les révolutions techniques d'aujourd'hui, en cours dans de nombreuses activités humaines fondamentales (production et distribution de l'énergie, communication et information, médecine et bien-être, production industrielle, mobilité, etc.), apparaissent actuellement bien conscientes à l'esprit des philosophes. Ces bouleversements achèvent en quelque sorte le remplacement de la technique par la technologie, laquelle promeut le système technique comme vision du monde.

L'importance du fait technique pour la philosophie n'est certes pas une chose nouvelle : elle se confond, si l'on se concentre sur le période moderne, avec le souci de comprendre l'activité humaine à travers ses modalités instrumentales, tout particulièrement en matière scientifique et politique – on peut ici mentionner des auteurs tels que Francis Bacon et Blaise Pascal, d'une part, et Nicolas Machiavel et Thomas Hobbes, de l'autre. Ce qui apparait nouveau tient à un triple ordre de faits. Premièrement, les doctrines qui, à l'époque contemporaine, ont traditionnellement accompagné l'analyse du fait technique par la philosophie tendent à perdre de leur pouvoir d'adhérence : tant l'approche phénoménologique (Heidegger, Arendt ou Anders) que celle issue des différentes variantes de la théorie critique (Adorno et Horkheimer, Habermas, Rosa) semblent moins hégémoniques et aujourd'hui rejointes par d'autres. Deuxièmement, ces nouvelles approches ont pris acte du « tournant empirique » (*empirical turn*) en philosophie des techniques tel que l'a annoncé Philip Brey[1], c'est-à-dire qu'elles sont caractérisées par une posture attentive à l'ingénierie. Ainsi, comme l'a écrit Jean-Yves Goffi, à l'issue du tournant empirique

> le point de départ de la réflexion n'est plus l'expérience, souvent malheureuse, des effets de la technique sur le sujet et sur son monde. Au contraire, une attention accrue est portée à la constitution et à la genèse de l'objet technique. Les philosophes du « tournant empirique » considèrent qu'une évaluation prématurée de la technique, conçue comme un phénomène global, peut exprimer en réalité une posture technophobe, même si ceux qui procèdent à une telle évaluation s'en défendent[2].

Troisièmement, la volonté des philosophes d'observer, de décrire, de comprendre et d'évaluer les phénomènes techniques dont ils sont contemporains semble désormais à la fois beaucoup plus explicite et plus diffuse qu'autrefois.

Si elle semble beaucoup plus explicite, c'est parce que la philosophie se trouve requise par les autres savoirs, qu'ils soient scientifiques ou techniques, qui actuellement la sollicitent afin de contribuer à leurs travaux de recherche ou même de recherche-développement. Ainsi, de nombreux programmes scientifiques internationaux actuellement dédiés aux matériaux (en physique fondamentale et en chimie) et à la matière (organique ou non) impliquent des tâches confiées à des épistémologues ou à des philosophes de la matière, du vivant ou de l'esprit. Pour ne rien dire des demandes émanant des sciences humaines et sociales qui devant composer avec les phénomènes techniques d'aujourd'hui requièrent des analyses conceptuelles approfondies : la géographie, la science

1. Brey, P., « Philosophy of Technology after the Empirical Turn », *Techné : Research in Philosophy and Technology*, 14/1, 2010, p. 36-48.

2. Goffi, J.-Y., article « Technique », *in* Kristanek, M., (dir.), *l'Encyclopédie philosophique*, 2020, URL : http://encyclo-philo.fr/technique-a/.

politique, les sciences de l'information et de la communication et les sciences de gestion se trouvent par exemple aujourd'hui dans cette situation. Du coté de de l'ingénierie, paradoxalement, la demande semble plus modérée, la recherche en technologie, notamment industrielle, demeure relativement imperméable aux questionnements de type philosophique [3].

Paradoxalement – et c'est la raison pour laquelle la voix des philosophes apparaît également plus diffuse –, car aujourd'hui, qui, au vu de la situation technologique contemporaine, pourrait affirmer qu'il ne ressent pas le besoin de s'interroger philosophiquement sur le phénomène technique ? En tout cas, de nombreux facteurs contribuent à alimenter le débat public sur la valeur réelle de la technique dans le cadre d'une société qui serait à la fois humainement désirable et respectueuse de l'environnement : l'émergence continue de nouvelles technologies, l'essor de l'esprit d'innovation – ou l'injonction permanente faite aux organisations d'innover, la diffusion massive dans les sociétés développées de technologies de haut niveau portées par le désir des consommateurs, l'émergence de publics « apprenants » et experts, ou encore l'impératif de réussir la transition écologique sur fond de catastrophes climatiques.

Ce dossier d'articles se propose donc de faire entendre cette voix renouvelée et multiple de la philosophie à propos des relations entre techniques-technologie et activité humaine d'aujourd'hui. Et de fait, si le savoir philosophique apparait largement requis, c'est que les points de vue possibles apparaissent nombreux et variés.

Le point de vue que la philosophie apparaît en effet susceptible d'adopter sur la technologie peut d'abord être *épistémologique* car il s'agit de caractériser celle-ci : la technologie est-elle « une science intermédiaire entre sciences de la nature et activités techniques »[4], ou bien consiste-t-elle en un savoir d'un type nouveau, du fait de

3. A la réserve près qu'une évolution de fond se dessine au niveau de la formation des ingénieurs, et que l'enjeu pédagogique de la définition de l'ingénieur du XXIe siècle apparaît aussi majeur que complexe à traiter. Voir par exemple à ce propos Taebi, B., van den Hoven, & Bird, S.J., « The Importance of Ethics in Modern Universities of Technology », *Science and Engineering Ethics*, 2019, Dec., 25/6, p. 1625-1632.

4. Vérin, H., « La technologie : science autonome ou science intermédiaire ? », *Documents pour l'histoire des techniques* [En ligne], 14, 2e semestre 2007, mis en ligne le 09 novembre 2010, URL : http://dht.revues.org/1210.

l'apport massif de la science dans la technique [5] ? Il peut également être *anthropologique :* les différentes activités humaines, autrefois centrées sur la production d'effets à partir du corps et de l'esprit humains, sont maintenant prises en charge et largement assistées par les machines, au point que, ainsi que l'avait annoncé Simondon [6], le véritable « individu technique » réside effectivement dans le dispositif socio-technique lui-même constitué par le mixte des performances de l'artifice (mécanique, électronique ou autre), des ressources et des contraintes de la nature, enfin des activités de l'humain. Le corps humain lui-même intègre potentiellement tellement d'artefacts qu'il paraît en voie de se transformer en *cyborg* et pouvoir désormais être conçu à travers des « avatars soma-techniques » qui en transforment la nature et nourrissent le fantasme d'abolir ses limites.

Le point de vue de la philosophie peut enfin, dans un moment particulièrement attendu, concerner *l'éthique et la politique.* Toutefois, cet angle de vue fait problème aujourd'hui : classiquement requise pour distinguer les enjeux, pour définir ou inventer les concepts, la philosophie s'est autrefois chargée d'annoncer la catastrophe d'un monde livré tout entier à la technique, ainsi qu'on le voit notamment avec les œuvres de Jacques Ellul [7], de Martin Heidegger [8] et de Günther Anders [9]. Pour les auteurs qui s'inscrivent dans une telle veine, la technique apparaît comme « une puissance par laquelle l'humanité est dépossédée se quelque chose qui lui est essentiel (liberté, subjectivité, historicité, etc.) » [10]. Aujourd'hui, on lui demande d'énoncer les règles éthiques, les valeurs morales et les principes politiques qui peuvent soutenir une approche renouvelée

5. Raynaud, D., *Qu'est-ce que la technologie ? suivi de* Post-scriptum *sur la technoscience*, Paris, Éditions Matériologiques, 2016.

6. Simondon, G., *Du Mode d'existence des objets techniques* [1958], Paris, Aubier, 2012.

7. Ellul, J., *La Technique ou l'enjeu du siècle*, Paris, Armand Colin, 1954 ; *Le Système technicien*, Paris, Calmann-Lévy, 1977 ; *Le Bluff technologique* [1988], Paris, Hachette, 2012.

8. Heidegger, M., *La question de la technique*, in *Essais et conférences*, trad. fr. M. Préau, Paris, Gallimard, 1958.

9. Anders, G., *L'Obsolescence de l'homme,* t. 1 : *Sur l'âme à l'époque de la deuxième révolution industrielle* [1956], trad. fr. C. David, Paris, Éditions de l'Encyclopédie des nuisances/Éditions Ivrea, 2002 ; *L'Obsolescence de l'homme,* t. 2 : *Sur la destruction de la vie à l'époque de la troisième révolution industrielle*, trad. fr. C. David, Paris, Éditions Fario, 2011.

10. Goffi, J.-Y., « Technique », art. cité.

du fait technologique. Or, les uns et les autres sont encore largement à définir, spécialement dans le paysage francophone[11], et en dépit de certaines recherches pionnières : Gilbert Simondon les avait amorcées[12], elles furent poursuivies par Gilbert Hottois[13] et sont maintenant développées par exemple par Andrew Feenberg[14] et par Pierre Musso[15], ou encore par Jean-Hugues Barthélémy[16].

Ces quinze dernières années, des domaines technoscientifiques de pointe ont donné matière à des élaborations philosophiques poussées du point de vue de l'éthique appliquée, que ce soit dans les instances nationales d'évaluation de la science ou dans le travail réflexif des philosophes. On l'a constaté à propos du cas d'espèce représenté par les nanotechnologies, au Canada[17] comme en France[18], puis dans les nombreuses publications auxquelles l'évaluation de ces nouvelles perspectives technoscientifiques ont donné lieu[19]. Cependant, tandis que l'éthique appliquée a connu durant les

11. Parrochia D., « French Philosophy of Technology », *in* Brenner, A., Gayon, J., *French Studies In The Philosophy Of Science. Contemporary Research in France*, Dordrecht, Springer, 2009, p. 51-70 ; Loeve, S., Guchet, X., Bensaude Vincent, B., (éd.), *French Philosophy of Technology. Classical readings and Contemporary Approaches*, Cham, Springer, 2018.

12. Simondon, G., « Trois perspectives pour une réflexion sur l'éthique et la technique » [1983], in *Sur la Technique*, Paris, P.U.F., 2014, p. 313-351.

13. Hottois, G., *Pour une éthique dans un univers technicien*, Bruxelles, Éditions de l'Université Libre de Bruxelles, 1984.

14. Feenberg, A., *Questioning Technology*, Londres, Routledge, 1999 ; *Transforming Technology. A Critical Theory Revisited*, Oxford, OUP, 2002.

15. Voir par exemple Musso, P., *La Religion industrielle. Monastère, manufacture, usine. Une généalogie de l'entreprise*, Paris, Fayard, 2017.

16. Barthélémy, J.-H., *La Société de l'invention. Pour une architectonique philosophique de l'âge écologique*, Paris, Éditions Matériologiques, 2018.

17. *Ethique et nanotechnologies. Se donner les moyens d'agir, Commission de l'Éthique de la Science et de la Technologie*, Québec, Avis adopté à la 25e réunion de la Commission de l'éthique de la science et de la technologie, le 14 juin 2006 : https://www.google.fr/search? q=%C3%A9(hique+et+nanotechnologies+qu%C3%A9bec+2006&ie=utf-8&oe=utf-8&client=firefox-b&gfe_rd=cr&ei=eOcSWMihNrPb8AfFxLTYBg#q=%C3%A9thique+et+nanotechnologies+qu%C3%A9bec+2006.

18. Voir *Enjeux éthiques des nanosciences et nanotechnologies*, auto-saisine du comité d'éthique du CNRS (COMETS), rendu le 12 octobre 2006 : www.cnrs.fr/comets/IMG/pdf/10-ethique-nanos.pdf ; et *Questions éthiques posées par les nanosciences, les nanotechnologies et la santé*, Comité Consultatif National d'Éthique pour les Sciences de la Vie et de la Santé, Avis n°96 : www.ccne-ethique.fr/sites/default/files/publications/avis096.pdf

19. Voir par exemple Bensaude-Vincent, B. & Nurock, V. : « Éthique des nanotechnologies », *in* Hirsch, E. (éd.), *Traité de Bioéthique I. Fondements, principes, repères*,

deux dernières décennies du XXe siècle un véritable renouveau avec l'apparition de la bioéthique, de l'éthique environnementale, de l'éthique des affaires et de l'éthique professionnelle, des développements comparables dans le domaine de l'éthique et de la philosophie politique des techniques et de la technologie ne sont pas encore apparus. Pourtant, on peut observer qu'aucun des domaines où s'est joué une redéfinition de l'éthique n'est séparable de la dimension technique, puisque la bioéthique est née sous l'effet de l'émergence de la techno-médecine contemporaine génératrice des progrès médicaux, l'éthique environnementale est issue de la prise de conscience du paradigme de la catastrophe[20], l'éthique des affaires et l'éthique professionnelle sont nées sous l'effet de la complexification des marchés et des relations internes aux organisations, à partir du moment où les limites de décision et de la responsabilité humaines classiquement définies ont été atteintes par l'évolution des techniques et de la technologie.

Il est possible que de nouveaux champs technologiques, de par l'originalité et la puissance de reconfiguration des inventions qu'ils connaissent, conduisent bientôt la philosophie à proposer des nouvelles sous-disciplines, en l'obligeant à travailler sur elle-même. Semblent, en ce moment même, susceptible de provoquer ce genre d'évolutions, la combinaison de l'informatique et du numérique ou l'IA génériquement entendues[21], ses déclinaisons potentiellement variées à l'infini mais déjà sensibles dans la robotique[22], l'impression 3D[23], les drones[24] ou les *smart cities*[25]. De telles évolutions en cours

Toulouse, Éditions Erès, 2010, p. 355-369; Legault, G. A., *et alii*, « Nanotechnologies and Ethical Argumentation : A Philosophical Stalemate ? », *Open Journal of Philosophy*, 3/1, 2013, p. 15-22; Bensaude-Vincent, B. : « Quelle éthique pour les nanotechnologies? Bilan des programmes en cours », *in* Karmisch, C. & Pinsart, M.-G., (dir), *Les nanotechnologies : vers un changement d'éthique ?,* Bruxelles, MEM, 2015, p. 357-368.

20. Dupuy, J.-P., *Pour un catastrophisme éclairé. Quand l'impossible devient certain*, Paris, Seuil, 2002.

21. Grinbaum, A., *Les robots et le mal*, Paris, Desclée de Brouwer, 2018.

22. Dumouchel, P. & Damiano, L., *Vivre avec les robots. Essai sur l'empathie artificielle*, Paris, Seuil, 2016.

23. Rumpala, Y., 2013 : « L'impression tridimensionnelle comme vecteur de reconfiguration politique », *Cités*, 55, 2013/3.

24. Chamayou, G., *Théorie du drone*, Paris, Éditions La Fabrique, 2013.

25. Caccamo, E., *et alii,* (dir.), *De la ville intelligente à la ville intelligible*, Québec, Presses de l'Université du Québec, « Cahiers du GERSE », 2019.

se trouvent par ailleurs liées à l'essor du débat démocratique, dans le cadre de théories de la participation civique[26] et de la définition en cours des « sociétés de la connaissance »[27].

Prenant acte de telles évolutions, les contributions comprises dans ce dossier portent sur l'éthique et la philosophie politique appliquée aux activités humaines telles qu'elles sont aujourd'hui assistées par la technique faisant système et valant déjà comme vision du monde. Il ne s'agit ni de se cantonner à l'éthique des ingénieurs (*engineering ethics*) telle qu'elle s'est développée dans les années 1980 à partir de l'aire nord-américaine et qui est liée à la déontologie d'une profession[28], ni de spéculer sur des méta-principes qui seraient appelés à régir « d'en haut » la technologie. Dans ce dossier, parce qu'ils se confrontent au terrain des innovations et en observent les pratiques, les autrices et les auteurs s'emploient à déterminer les modalités de l'éthique et de la politique appliquée à l'activité humaine telle qu'elle est indissociablement assistée et régie par la technologie. Les domaines de l'agriculture et de l'alimentation, de la médecine et du soin, de l'art militaire et de la guerre, de la production industrielle et de l'organisation managériale, de l'information, de la communication et de l'expression, tels qu'ils sont ou s'apprêtent à être transformés par la technologie peuvent par exemple être envisagés comme de tels terrains.

Une telle démarche présente l'avantage de questionner les attentes escomptées vis-à-vis de l'éthique appliquée ou de la philosophie politique. Trois sortes d'attentes différentes apparaissent possibles. D'abord, des auteurs ayant entrepris une démarche comparable dans le champ de l'éthique des entreprises ont pu écrire qu'elle « propose les contours normatifs d'un comportement acceptable en construisant une instance de jugement, positive à l'égard de certains comportements et négative pour d'autres »[29]. Présenter les

26. Reber, B., « Technologies et débat démocratique en Europe. De la participation à l'évaluation pluraliste », *Revue française de science politique,* 55, 2005/5, p. 811-833 ; Reber, B., « L'expertise éthique au risque de la délibération démocratique institutionnalisée », *Revue de métaphysique et de morale*, 67, 2010/3, p. 325-340.

27. Innerarity, D., *Démocratie et société de la connaissance* [2011], trad. fr. S. Champeau, Grenoble, P.U.G., 2015.

28. Didier, Ch., *Penser l'éthique des ingénieurs*, Paris, P.U.F., 2008.

29. Pariente, G., Pesqueux, Y., Pesqueux & Simon, E., « Les dérives éthiques dans l'entreprise », *Management & Avenir*, 33, 2010/3, p. 317-324 ; p. 318.

choses de la sorte indique que la philosophie se donne pour objectif minimal de reconstituer la faculté de juger mise à mal ou brouillée par les évolutions contemporaines. Ensuite, il est également possible d'espérer davantage de cette démarche, en lui assignant la tâche de redéfinir les contours de la responsabilité humaine. Enfin, un des attendus de ce type de démarche philosophique peut concerner une plus vaste ambition, à savoir celle de dessiner les cadres d'un environnement désirable non seulement pour les humains, mais pour toutes les espèces vivantes. En ce cas, la philosophie appliquée à la technique d'aujourd'hui se donne une ambition normative de très haut niveau en accompagnant le déploiement des nouvelles formes de conscience sensibles à la nature et aux vivants non-humains, dans un compagnonnage dont on pourrait dire qu'il était aussi peu prévisible qu'il apparaît prometteur et important [30].

Ce dossier d'articles, qui rassemble des chercheuses/chercheurs confirmé.es et des jeunes chercheuses/chercheurs, s'articule en trois temps. Le premier comprend des contributions qui font le point sur des conceptualités de philosophie de la technique héritées : David Uzal expose la philosophie de la technique du philosophe espagnol Ortega Y Gasset, en mettant en lumière le caractère précurseur de ses élaborations, tandis qu'Emanuele Clarizio se penche sur la « philosophie biologique de la technique » de Georges Canguilhem, en soulignant l'originalité de la démarche de cet auteur, héritier de Bergson et promoteur de l'idée de normativité du vivant. Une telle orientation qui revisite le passé en vue de comprendre le présent est amplifiée par la volonté d'évaluer les nouveaux paradigmes contemporains : dans sa contribution, Pierre Musso caractérise les relations du technique et du politique aujourd'hui, en les rapportant l'un et l'autre au symbolique – qu'il s'agisse du registre religieux ou de l'institution religieuse, la technologie tendant à sortir de la simple efficacité pour postuler à une autre dimension, à une dimension véritablement instituante pour les sociétés humaines.

Le deuxième temps du dossier est dédié à l'évaluation philosophique de nouveaux systèmes techniques, c'est-à-dire au questionnement de la valeur de ces derniers en termes de finalités.

30. Chabot, P., *L'Âge des transitions*, Paris, P.U.F., 2015 ; Haraway, D. J., *Vivre avec le trouble*, trad. fr. V. Garcia,Vaulx-en-Velin, Les éditions des mondes à faire, 2020.

On remarquera que les auteurs réunis se montrent soucieux d'observer et de décrire adéquatement les dispositifs qu'ils entreprennent de considérer. Ainsi les nouvelles technologies se trouvent-elles caractérisées dans les promesses qu'elles engendrent et en regard des risques qu'elles font courir aux humains d'aujourd'hui à travers leurs usages variés. Daniel Cérézuelle évoque le « pouvoir mythogène » de l'informatique, dont la puissance en termes de promesses de bouleversement de la réalité, explique-t-il, a toujours sous-tendu (mais également excédé) son efficience observable. Katrin Becker prend acte de la montée en puissance de la technologie blockchain compte tenu des transformations en cours dans les usages juridiques, afin de souligner les dangers aujourd'hui encourus par la déterritorialisation et « décorporéisation » du droit. Marc-Antoine Pencolé analyse les impasses constituées pour la pensée éthique par l'acceptation sans nuances de l'idée d'une pure automaticité des « véhicules autonomes » et par le refus de considérer avec attention les biais induits par les algorithmes.

Le troisième temps se concentre sur la mise en application de l'éthique et de la théorie politique. Georges A. Legault, Johane Patenaude et Céline Verchère proposent une étude de synthèse des expérimentations d'accompagnement éthique des technologies qu'ils ont réalisées dans des contextes variés. Jean Caelen et Denis Vernant entreprennent de penser l'éthique adaptée à la robotique d'aujourd'hui. Enfin, Arthur Guezengar, attentif à la question d'une éthique sociale renouvelée, se concentre sur les métamorphoses du travail sous l'effet de l'essor des nouvelles formes de l'activité numérique.

Thierry MÉNISSIER

PREMIÈRE SECTION

CADRES CONCEPTUELS HÉRITÉS ET NOUVEAUX PARADIGMES

Pistes, Revue de philosophie contemporaine 1 (2021)
326 p., ISBN : 978-2-7116-8425-0, p. 19-53, Vrin.

La philosophie de la technique d'Ortega y Gasset

David UZAL *

RÉSUMÉ

José Ortega y Gasset est un philosophe espagnol qu'il faut encore présenter (en France), avant de pouvoir rentrer dans le corps de sa philosophie, notamment de la technique, discipline dont il est l'un des pionniers. Cet article sera donc lisible suivant deux lignes : l'une qui sert à présenter le philosophe et son œuvre, particulièrement quelques-uns de ses apports originaux : la *circonstance*, la *rentrée en soi-même* [*ensimismamiento*], la *crise des désirs,* la supplantation de la culture – le contenu – par le contenant c'est-à-dire la *surnature* (technique ou technologique) qui finit par constituer la *carapace vide* que devient le monde industriel suite à la « vidange de la culture », à la croyance dans le maintien de ce monde vide, voire à son progrès, sans culture, ou avec un semblant de contenu extra-culturel, illusion rendue possible suite à l'essor industriel et technique et à la dynamique indépendante qui lui correspond mais qui est inapte à formuler un *programme vital*, donc à indiquer une voie ascendante aux hommes, soit individuellement ou collectivement ; l'autre qui sera plus spécifique à l'apport de la philosophie en matière d'éthique et de théorie politique à la technique à l'aune des conceptions

* Université Paris 1 Panthéon Sorbonne, David.Uzal@etu.univ-paris1.fr.

développées par le philosophe espagnol qui auront été préalablement introduites.

Mots-clés : Ortega y Gasset, philosophie de la technique, rentrée en soi-même, circonstance, crise des désirs, surnature, éthique, culture.

INTRODUCTION

La question qui va être abordée dans cet article est celle de l'apport de la philosophie en matière d'éthique et de théorie politique à la technique sous le prisme de la pensée du philosophe espagnol José Ortega y Gasset. Après quelques données biographiques, seront présentés quelques apports originaux de sa philosophie [1] permettant d'en comprendre les grandes lignes – notamment de sa philosophie de la technique – et d'accéder au cœur du sujet proposé.

La présentation d'Ortega y Gasset comme homme, philosophe et philosophe de la technique est rendue nécessaire par la place, ou plutôt son absence, dans la pensée philosophique francophone, ce qui donne lieu à une disproportion de sa reconnaissance d'un côté et de l'autre des Pyrénées. Le plus grand philosophe qu'a connu l'Espagne, dont son œuvre la plus célèbre, *La Révolte des masses*, aurait été à son époque le deuxième livre espagnol le plus vendu au monde, juste après Don Quichotte, n'a jamais été incorporé à la « scène » [2] philosophique et intellectuelle française. Seule une partie de sa volumineuse œuvre a été traduite, bien qu'un regain d'intérêt se soit récemment matérialisé avec la publication de quelques-uns de ses textes dont : *Méditation sur la technique* et *Le mythe de l'homme derrière la technique* [3] qui sont ses deux textes exclusivement consacrés à cette thématique et qui constituent donc le noyau dur de sa philosophie de la technique.

1. Si nous voulions être un minimum précis, sans pour autant être exhaustifs, il nous faudrait présenter au minimum : la *circonstance*, le *perspectivisme*, le *ratiovitalisme* ou *raison vitale*, la *raison historique*, le *programme vital*, le *rentrer en-soi-même* [ensimismarse], la *surnature*, l'homme comme *centaure ontologique*, le *spécialisme*, la *crise des désirs, la révolte des masses*, la *minorité choisie*...

2. C'est volontairement que le mot « scène » a été choisi afin de faire ressortir la dimension théâtrale que peut parfois prendre le monde intellectuel, en l'occurrence, envers Ortega y Gasset à son apogée.

3. Ortega y Gasset, J., *Méditation sur la technique* [1939], trad. fr. D. Uzal, Paris, Editions Allia, 2017 ; *Le mythe de l'homme derrière la technique* [1952], trad. fr. F. Bourgeois, C. Mélot et M. Rollot, Paris, Editions Allia, 2016.

José Ortega y Gasset est né à Madrid, en 1883, et est mort dans cette même ville soixante-douze ans plus tard. Son lieu de naissance et de décès ne sont pas anodins. Le premier, parce qu'il déterminera sa *circonstance* – nous verrons la place centrale qu'occupe ce concept – et son engagement pour la réformer, c'est-à-dire réformer son pays qui n'avait pas su rentrer de plein pied dans la nouvelle ère, qui est notamment technique, industrielle et démocratique. Selon Ortega, un philosophe français ou allemand peut projeter sa pensée au-delà de sa *circonstance* nationale, car celle-ci est suffisamment mature et accomplie pour ne pas exiger sa prime attention. En Espagne, il en irait autrement, car ce pays est (était) trop empêtré dans une *circonstance* défavorable, trop décomposé [*descompuesto*], trop en retard, sa réalité trop chaotique et prégnante pour que l'esprit puisse se libérer de ce carcan inhibiteur des *programmes vitaux* et des *désirs* [*deseos*] desquels dépendent pourtant les conditions d'un destin commun et individuel ascendants. Toute *circonstance* est à la fois personnelle et incluse dans celle d'une nation, d'un peuple, d'une époque. Il s'en dégage nécessairement un thème qui est celui qui doit accaparer l'attention. Ortega y Gasset expose dans *Le thème de notre temps* (1923) [4], dont le titre ne pourrait être plus explicite, ce qu'il considère être ce thème qui dépasse les frontières de l'Espagne. « Notre temps » serait, si ce n'est le temps du monde, le temps de l'Europe, de l'Occident, des nations engagées dans la modernité. Il en va de même pour la technique. Ortega y Gasset, en tant que philosophe de la technique ne s'intéresse pas particulièrement à l'état de la technique en Espagne, mais à la technique en tant que telle, sa définition, son origine, son essence, son rapport à la culture et à l'histoire. Chez Ortega, tout ce qui est humain est historique : « L'homme n'a pas de nature mais une histoire » [5] dit-il dans l'une des phrases les plus connues de son œuvre et la plus sujette à des mésinterprétations. La pensée est historique. Le penseur est

4. Ortega y Gasset, J., *Le thème de notre temps* [1923], trad. fr. D. Uzal, Paris, Les Belles Lettres, 2019. Cette œuvre, que nous avons également eu la chance de traduire et de préfacer, est l'une de ses œuvres charnières dans laquelle l'auteur présente le *ratiovitalisme*, qui n'est ni plus ni moins qu'un projet de réforme de la raison qui doit se subsumer à la radicalité première de la vie pour devenir *raison vitale* et non plus *raison pure* ou *absolue*.

5. Ortega y Gasset, J., *Histoire comme système* [1935], trad. fr. A. Bardet, Paris, Editions Allia, Paris, 2016, p. 71. Voir aussi : « L'homme est l'être qui se construit lui-même » (*ibid.*, p. 53).

circonstancié dans le sens où son existence est incluse dans une *circonstance*. Il y a pour tout individu, et pour toute collectivité humaine et nation, une histoire et une *circonstance*. La vie, quant à elle, est une *tragédie*, un *sport*, un jeu d'obstacles que la pensée doit résoudre et dépasser. C'est sa fonction qui n'est surtout pas, comme elle l'a pourtant abondamment fait, de spéculer en dehors du cadre que pose la *circonstance*, le *temps*, la *génération*[6]. Ainsi, selon Ortega, on ne serait pas pleinement libre de choisir les objets de *sa* pensée. On en a certes la possibilité, mais se donner cette licence reviendrait à trahir la *circonstance*, à la nier et s'en émanciper au prix de sa dévitalisation, car la vie est composée de *circonstances*. Cette pensée, hors circonstance et vie reste infondée, idéelle et vitalement improductive. Elle est une pollution, une illusion, une fuite, une tentative futile d'être *en soi*, et si elle parvient à être profonde, une profondeur sans fond, un idéalisme dans le sens de ce qui n'est pas en lien avec la radicalité première qu'est la vie. La pensée ne serait que la préparation à une action. Il ne lui revient pas d'aller chercher ses objets, arbitrairement ou selon son bon vouloir au risque que l'intelligence se perde « dans l'arabesque de sa propre dialectique »[7].

> La pensée n'est pas la réalité unique et première, mais plutôt le contraire : la pensée, l'intelligence sont une des réactions auxquelles la vie nous oblige et elle trouve ses racines et son sens dans le fait radical, préliminaire et terrible de vivre. La raison pure et isolée doit apprendre à devenir raison vitale [8].
>
> *Le thème de notre temps* consiste à soumettre la raison à la vitalité [9].

Voici donc le thème de notre temps : la subsumation de la raison à la vie qui est la réalité radicale. Ortega n'est ni rationaliste, ni vitaliste ; il est *ratiovitaliste*. Les prémisses du *ratiovitalisme* se trouvent déjà dans sa théorie de la *circonstance* et son fameux : « Je suis moi et ma circonstance » [10] qui est le socle sur lequel se construit sa pensée.

6. Ortega développera une théorie de la génération que nous ne présenterons pas ici.

7. *Misión de la universidad* [désormais *MU*] [1930], Madrid, Revista de Occidente en Alianza Editorial, 2010, p. 179 (ma traduction, ainsi que pour les passages suivants, D.U.).

8. *Ibid.*, p. 183.

9. *El tema de nuestro tiempo*, in *Obra Completas* [désormais *OC*], t. III, Madrid, Ed. Taurus, p. 593.

10. *Meditación del Quijote* [*Méditation sur Don Quichotte*] [1914], *Obras Completas*, t. 1, Madrid, Revista del Occidente, 1966 (7e éd.), p. 322 : « Yo soy yo y mi circunstancia, y si no la salvo a

ORTEGA Y GASSET PHILOSOPHE DE LA TECHNIQUE

Selon Carl Mitcham, l'une des éminentes figures contemporaines de la philosophie de la technique, a estimé qu'il faut regarder José Ortega y Gasset comme le premier philosophe professionnel de la technique [11]. La place que lui attribue Mitcham contraste avec son absence ailleurs :

> Ainsi, malgré les tentatives de quelques auteurs, comme Mitcham (1994), de mettre la philosophie de la technique d'Ortega à la place qui devrait lui correspondre, *Companion to the Philosophy of Technology* édité chez Blackwell (Olsen, Pedersen et Hendricks, 2009) [12], qui compte presque six cents pages et contient quatre-vingt-dix-huit articles ne mentionne Ortega que deux fois – chaque fois superficiellement – et n'inclut pas son nom dans l'index final [13].

Ceci montre qu'au sein même de la philosophie de la technique, la position d'Ortega y Gasset n'est pas universellement reconnue. Une illustration de cela est le peu de traductions disponibles de *Meditación de la técnica.* Ortega y Gasset est donc méconnu en tant philosophe de la technique car, d'une part, il est tout simplement méconnu en tant que philosophe – en France – et, d'autre part, parce que la philosophie de la technique est elle-même méconnue. Dans le monde hispanophone et parmi certains disciples et érudits de sa philosophie, on entend des revendications qui vont dans le sens d'une reconnaissance de sa philosophie de la technique. De fait, cette discipline, constituée en tant que telle seulement dans les

ella no me salvo yo. *Benefac loco illi quo* natus / Je suis moi et ma circonstance, et si je ne la sauve pas, je ne me sauve pas. » OC correspondra ailleurs à la dernière édition en dix volumes des œuvres complètes éditée chez Taurus (*cf.* n. 16 *infra*).

11. Mitcham, C., *Thinking Through Technology : The Path between Engineering and Philosophy*, Chicago, University of Chicago Press, 1994, p. 45 : « Ortega is the first professional philosopher to address the question of technology (…) Ortega thus raises the issue of technology about the same time as Mumford and in the context of a philosophical anthropology that, although it exhibits some similarity to Mumford's, is certainly of greater metaphysical depth. »

12. L'un des co-auteurs de cette publication m'a indiqué que dans le cas d'une prochaine édition, elle inclurait un article sur la philosophie de la technique d'Ortega y Gasset.

13 Diéguez Pérez, A., « Reflexiones sobre las tecnologías de mejoramiento genético al hilo del pensamiento de Ortega y Gasset in SCIO », *Revista de Filosofía*, 10, Novembre 2014, p. 59-79 ; ici p. 62.

années soixante-dix, ou bien se contente d'un cercle de spécialistes, et se fait modeste, ou bien elle en sort, constate alors combien elle est sous-estimée et se fait revendicatrice. Le moindre qu'on puisse dire, de prime abord, c'est qu'elle n'occupe pas une place dans la pensée, proportionnelle à la place croissante qu'occupe la technologie. Ceci est plus qu'un manquement, une anomalie, un sujet secondaire. Une observation, qu'elle soit superficielle ou approfondie de l'activité humaine, non seulement des pays dits industrialisés mais aussi des pays émergeants, devrait coïncider sur le fait que les développements technologiques sont aujourd'hui les moteurs des changements. Si pendant des siècles les penseurs anticipaient les avancées de l'homme et propulsaient le progrès, aujourd'hui les choses se sont inversées et c'est la pensée qui se trainerait plutôt, tant bien que mal, derrière les avancées – on ne parlera pas forcément de progrès – qui sont, comme il vient d'être dit, directement ou indirectement, d'ordre technologique et scientifique. Dans cette configuration inédite dans l'histoire de l'humanité, on pourrait naïvement s'attendre à ce que les disciplines de la pensée qui se sont constituées autours de ces questions, nommément la philosophie, la sociologie, l'anthropologie et l'ethnologie de ou des techniques, bénéficient d'un essor et d'un intérêt proportionnels à l'objet dont elles s'occupent. Or, si la philosophie de la technique a bien vu le jour – il ne pouvait pas en être autrement – elle n'est en aucun cas la discipline philosophique prédominante, de même pour la sociotechnique en sociologie. Le cas de l'anthropologie et de l'ethnologie des techniques est à part puisque ces disciplines ne s'intéressent pas principalement à la technique contemporaine (technologie). Pourrions-nous desceller dans tout cela une forme de résistance, de refus de la perte d'initiative de la part de la pensée « hors technique » ? Ortega quant à lui n'a opposé aucune résistance à la technique. Alors qu'il n'est ni exclusivement ni primordialement un philosophe de la technique il l'a incorporée, immédiatement et extensivement, à sa réflexion philosophique.

ÉLÉMENTS BIOGRAPHIQUES

Parler d'Ortega y Gasset et de sa philosophie de la technique est une entreprise qui se déroule en plusieurs phases. Il faut d'abord le présenter à des lecteurs qui n'en ont parfois jamais entendu parler si ce n'est vaguement et, peut-être, dans un contexte plutôt littéraire que philosophique puisque sa grande maîtrise de la langue lui vaut d'être facilement désigné comme le ou l'un des maîtres de la prose espagnole du XXe siècle. De fait, le peu de notoriété qui est la sienne en France, nous la devons, dans le monde académique, essentiellement aux études hispaniques et ailleurs à des hispanophiles. Nous leur savons gré d'avoir entretenu une flamme ortéguienne de ce côté-ci des Pyrénées. Nous pouvons concomitamment déplorer que dans d'autres domaines, il en ait été tout autrement, particulièrement en philosophie [14].

D'aucuns considèrent Ortega y Gasset comme un homme public multifacétique et réformateur avant que d'être un philosophe ou même un écrivain. Il est notoire qu'il se consacra tout entier à la réforme de l'Espagne (qui était sa *circonstance*). Il y a peu de domaines dans lesquels il ne se soit pas investi : art, littérature, politique, sociologie, psychologie, sciences dures, particulièrement la biologie et la physique, la technique, sans oublier la métaphysique et la philosophie. Pour parvenir à ses fins il utilisa notamment ce qui, par sa naissance, lui était accessible et qu'il connaissait intimement : la presse et l'édition. José Ortega y Gasset nait en 1883 dans une

14. Je n'ai trouvé à ce jour aucune thèse doctorale de philosophie, sur une période d'un siècle, menée dans une université française sur Ortega y Gasset. Celle que j'achève en ce moment (septembre 2020), « Ortega y Gasset et la technique » Université Paris 1 laboratoire Cetcopra, – UTC Compiègne, sous la direction de Xavier Guchet serait donc la première, aussi invraisemblable que cela paraisse lorsqu'on sait combien il en existe dans d'autres langues, en espagnol avant tout, mais aussi en allemand, anglais, italien, etc. Notons qu'une thèse touchant à sa philosophie de l'histoire a été soutenue dans une université Belge en 2016 par Anne Bardet (« De la raison vitale à la raison historique : l'élaboration d'une philosophie de la culture chez José Ortega y Gasset », Université Saint-Louis – Bruxelles, sous la direction de Laurent Van Eynde, en cotutelle avec Jaime de Salas Ortueta, Universidad Complutense de Madrid), ce qui pourrait être perçu comme un signe parmi d'autres de la réhabilitation du philosophe madrilène dans le monde francophone.

famille de la haute bourgeoise madrilène, propriétaire du journal *El imparcial* fondé par son grand-père. Malgré quelques hésitations en faveur des études d'ingénieur, il choisira la philosophie. Il obtiendra son doctorat en 1904 et effectuera, entre 1905 et 1911, trois séjours en Allemagne, dont il souhaiterait importer en Espagne des éléments de l'avance qu'elle a sur ce pays et une bonne partie de l'Europe. Toute sa vie durant il gardera un lien étroit avec la culture et la pensée allemandes, même après s'être émancipé d'une première phase ouvertement germanophile, séparation qui coïncide avec sa rupture avec le néokantisme de l'école de Marbourg et de Hermann Cohen dont il a été le disciple. Il tarde à enseigner, d'abord et brièvement la psychologie, la logique et l'éthique puis il accepte une chaire de métaphysique à l'Université Centrale de Madrid. Mais ses projets de réforme de l'édifice philosophique ne lui font pas oublier ceux de la réforme de l'édifice Espagne. On ne peut aborder ni comprendre l'œuvre d'Ortega y Gasset si l'on ne tient pas compte de sa sincère et continuelle ambition de moderniser tout un pays. C'est pourquoi il s'adressa non seulement aux élites intellectuelles mais aussi à toute la nation, du moins aux classes moyennes éclairées qui devaient constituer son public, ses lecteurs, et ceux sur qui reposerait une exhaustive œuvre de réforme nationale. Sa langue est donc formatée pour être compréhensible. Il refusera de constituer un jargon philosophique et n'aura de cesse de vilipender cette tendance caractéristique d'une classe pseudo-intellectuelle qu'il voyait occuper une place croissante dans la vie de l'esprit et qui compensait, selon lui, ses carences par l'opacité et les effets de son écriture. On peut concevoir que son dédain pour ces formes de la pensée et son antipathie vis-à-vis des spécialistes n'aidèrent pas à le rendre sympathique auprès d'une partie du corps philosophique pour qui spécialisation et hermétisme – de la langue, des concepts, des idées et du « public » – seraient les attributs de la « classe intelligente ». Mais Ortega n'en a que faire ! Il avance à sa manière, aidé en cela par l'estime qu'il se porte et qui est néanmoins contrebalancée par de l'amertume, par la déception quant à une renommée internationale injustement limitée et, notamment, inférieure à celle d'Heidegger en qui il voyait le seul philosophe à sa hauteur, bien qu'il considérait avoir été le précurseur, voire l'inventeur, d'un certain nombre d'éléments clés de sa pensée dont le fameux *Être-là*, ce qui ne l'empêchait pas de l'appeler « mon ami ». Ceux qui connaissent l'un sans connaître l'autre seront très certainement dubitatifs, perplexes et hagards à l'idée qu'un inconnu d'outre-Pyrénées revendique quelque chose d'aussi gros, pour ne pas dire grotesque, aux vues de ce qu'Heidegger représente pour la philosophie du XXe siècle. Il est difficile de savoir quoi répondre dans ce cas, si ce n'est que l'histoire de la philosophie contient ses parts d'ombre et de mystère, qu'elle est souvent une institution qui répond à des hiérarchies institutionnalisées ou sujettes aux circonstances philosophiques et non philosophiques, ce qui revient à dire qu'elle est un édifice qui tient sur une part d'artificialité.

Ortega y Gasset est indéniablement d'une grande originalité et créativité, et donc d'une grande liberté (mais les unes peuvent-elles aller sans l'autre ?). En dehors de sa période de jeunesse néo-kantienne il ne se ralliera à aucune école ni mouvement, ce qui exige la capacité rare de pouvoir porter seul toute une philosophie. Il produira une série de concepts, d'idées et de théories [15], qui bien qu'ils puissent faire partiellement écho à ceux, notamment, de Nietzche, Dilthey, Bergson et Heidegger, contiennent incontestablement un apport original du maître espagnol, apport dont on peut toujours soumettre les proportions à la discussion sans néanmoins jamais en récuser l'incompressible base ortéguienne. Le *perspectivisme* suivi de la *raison vitale* ou *ratiovitalisme* sont deux de ces apports qui naissent du rejet du subjectivisme, cette maladie tellement ibère dont le principal symptôme est l'incapacité à considérer objectivement sa situation, à s'aligner sur des règles, normes, méthodes qui dépassent les intérêts particuliers ou *particularismes* selon un autre concept très présent dans la pensée d'Ortega, qu'il expose dans *Espagne invertébrée* (1922) où il dresse le portrait de l'Espagnol et de son aptitude à se créer des mondes artificiels, ne se privant pas de fanfaronnades, fuyant l'objectivité et s'éloignant de l'Europe qui est avant tout culture de la science :

> L'Europe, Messieurs, c'est de la science avant tout (...). L'Europe est science [16] !

15. *Cf.* n. 1 *supra.*

16. Ortega y Gasset, J., *OC*, t. 1, « Las revoluciones » [1910], Madrid, Ed. Taurus, 2004, p. 324.

Il n'embrasse pas pour autant l'objectivisme, et même s'il est indéniable que l'objet a une réalité en soi, la réalité ne peut se limiter à l'objet. Celui-ci ne peut être embrassé d'un seul coup, depuis un seul observateur, un seul homme, donc une seule configuration vitale, car celui qui regarde, regarde toujours depuis son moi qui est *vivant, historique, circonstancié* et *limité*. Il donne l'exemple d'une orange qui ne peut être vue entièrement d'un unique coup d'œil. Il y aura toujours une perspective cachée, que ce soit pour les sens ou pour la raison. La réalité d'une chose n'est jamais accessible depuis une unique perspective, elle est la combinaison de toutes les perspectives qui se posent sur elle. :

> Si les choses sont des éléments ou des composantes de ma situation, leur réalité est liée à celle-ci, se constitue comme telle à partir d'un point de vue déterminé ; la perspective est l'une des composantes de la réalité et sans elle cette dernière manque de sens ; c'est pourquoi aucune vision de la réalité n'épuise celle-ci ; en principes les diverses visions ne s'excluent pas mais s'articulent : plus même, chaque système défini par sa perspective propre, inclut la possibilité et la nécessité d'autres systèmes et n'est donc pas invalidé par ceux-ci, déjà prévus en lui et y fonctionnant comme des composantes virtuelles [17].

Le *subjectivisme* se trompe en considérant que la réalité est dans le sujet. L'*objectivisme* pèche par sa croyance en un objet accessible depuis un observateur unique ou universel qui serait donc doté d'ubiquité. Il y autant de manières d'accéder à la réalité – et à la vérité – qu'il y a de perspectives, et les perspectives sont infinies. La réalité et la vérité sont donc *indéfiniment* et *infiniment* accessibles, ce qui ne signifie pas qu'elles ne soient pas une ni atteignables. Elles sont dans le parcours entre le moi et le point visé par sa perspective, et c'est lorsqu'elles ont été atteintes, qu'elles meurent en tant que réalités et vérités vitales, ce qui revient à dire qu'on ne connait pleinement que ce qui est mort, ce qui donc a été extrait du vivant, qui a perdu la vie, dans le sens de dynamique tragique et mystérieuse, pour être rattrapé par la raison. La vérité et la réalité accédées pleinement sont celles qui n'ont plus rien à donner, vitalement

17. Marias, J., *Philosophes espagnols de notre temps*, trad. fr. P.-X. Despilho, Paris, Aubier Montaigne, 1954, p. 90-91.

entendons-nous, et dont toutes les perspectives ont été abordées par la raison historique, celle qui est le mouvement du moi raisonnable partant de l'instant de sa réalisation vitale vers l'instant suivant de cette réalisation dans une direction qui est celle du déploiement d'une rationalité qui se nourrit en résonnance avec les circonstances, et qui a un objet en mire, autant pour l'appréhender que pour se mouvoir vers lui. La raison se déplace de chose en chose et les choses cessent de vivre lorsqu'elle réussit finalement, et rarement, à les prendre entières. Ce déplacement de la raison est l'histoire. L'histoire est donc raison historique. L'appréhension d'une chose sonne sa fin comme chose et sa concrétion (comme donnée de la raison) dans le plasma mouvant de la raison historique. La réalité et la vérité ne sont donc pas immédiatement accessibles entièrement, ou accessibles dans leur vitalité – l'immédiateté d'une chose n'est concevable que si l'immédiateté suivante est autre, ce qui est une façon de définir le vivant – si ce n'est par le biais d'une raison infinie et un être ayant accès à l'infinité des perspectives, ce qui n'existe pas en dehors de dieu [18].

À la lumière de ce qui vient d'être dit, on comprend que le perspectivisme annonce une réforme de la raison, car « toutes les définitions de la raison (...) étaient trop étroites et l'ont stérilisée » [19]. Et cette réforme viendra avec le *ratiovitalisme* ou la *raison vitale* qui introduit, comme nous l'avons assez clairement laisser entendre juste avant, ce qui avait été exclu jusque-là *de* et *par* la raison pure ou absolue : la réalité radicale ou première qu'est la vie. La vie dilue la stérilité d'une réalité fixe ou fixée. La crispation autour d'une vérité cesse. L'homme est rendu à la vie dans laquelle il y a notamment la raison. « Vivre c'est n'avoir d'autre recours que de raisonner devant l'inexorable circonstance » [20]. Ortega y Gasset inverse le rapport de subsumption : ce n'est plus la vie (de l'homme) qui se subsume à la raison mais l'inverse. Raisonner signifie rapporter à la conscience ce

18. Ortega y Gasset fait référence à ce dieu, mais comme dieu théorique dans le cadre d'une démonstration philosophique et non pas comme le dieu des croyants. Ortega y Gasset est athée, ce qu'il revendique et sera notamment manifeste à sa mort, lorsque sa famille, respectueuse de ses convictions, refusera la messe offerte par le régime franquiste, ainsi que les sollicitudes pour atténuer la portée de l'anticatholicisme du philosophe défunt.

19. Ortega y Gasset cité par J. Marias, *Philosophes espagnols de notre temps*, *op. cit.*, p. 92.

20. *Ibid.*, p. 93.

qui est vivant et non pas préjuger de ce que le vivant est, de le réduire *a priori* à une idée « une considération abstraite des choses *sub specie aeterni* »[21]. La vie étant infinie, raisonner devient un acte vital ou infini, les deux étant corollaires et quasiment synonymes. On comprend donc que tout ne saurait partir de la raison, comme l'a laissé entendre la tradition occidentale de la raison dominante initiée par Socrate et revigorée par Descartes, mais de la vie qui est la réalité première, car sans la vie il n'y aurait pas même de *moi* qui pense. « Cogito ergo sum » devient « vivo ergo sum », car la réduction ultime n'est pas celle du *ego cogitans* mais du *ego vivens*. La vie précède la pensée et de surcroît la raison. Elle est la réalité première et absolue. La raison n'est, de fait, qu'un instrument, qu'une fonction biologique, comme la respiration ou la circulation sanguine, qui appartient à la catégorie du *transvital*, de ce qui permet à l'homme de dérouler son *plan vital* sur le monde.

> La pensée est une fonction vitale, comme l'est la digestion ou la circulation sanguine (...). Elle est un instrument pour ma vie, organe de celle-ci, que cette dernière régule et gouverne[22].

La pure vitalité est elle aussi insuffisante. Elle réduit l'homme à sa dimension primaire, biologique, animale. On retrouve dans cette pondération, une inclinaison constante chez ce philosophe, que ce soit pour le *perspectivisme*, le *ratiovitalisme*, la *circonstance*[23], ... celle, non pas du compromis, mais la considération de ce qui est sous tous les angles, ou perspectives et, au-delà, selon une dialectique de type héraclitéenne, c'est-à-dire, non pas de substitution, de type hégélienne, qui veut qu'un pôle se substitue à l'autre, le subsumant puis l'éradiquant, mais d'antagonisme : les deux pôles se maintiennent dans un jeu infini d'équilibres et de déséquilibres. C'est la vie humaine, vécue comme telle, c'est-à-dire une tragédie. Chez Ortega, le terme « tragique » ne doit pas être compris dans son assertion courante qui reflète déjà un *apriori* anti-vitaliste dans le sens d'imposer à la vie les caractères de la mort ; l'absence de mouvement, d'obstacles, de défaites, d'imprévus..., mais selon les

21. *Ibid.*, p. 91.

22. *Le thème de notre temps*, in *OC*, t. III, p. 579.

23 La définition de la vie comme tragédie, c'est-à-dire comme danse permanente entre le pôle de ce qui est et celui de ce qui n'est pas, s'inclut aussi dans cette même structure duale.

termes d'une conception joyeuse et sportive de la condition humaine[24].

Une perspective ne saurait l'emporter complètement sur toutes les autres. Ortega y Gasset opère selon une dialectique qui n'oblige pas un terme à subjuguer l'autre mais qui les pousse à se confronter de telle manière qu'ils soient contraints, par l'intensité de leur face à face, à se glisser jusqu'à leurs racines où se résout l'issue de leur confrontation. C'est dans la racine que se trouve l'essence la plus authentique d'une chose. C'est dans ce sous-sol[25], ce souterrain, où le philosophe se doit de descendre, sans surtout oublier de remonter[26]. La philosophie d'Ortega est radicale et il la revendique comme telle. Et dans cette recherche de la radicalité il en arrive à la racine des racines : la vie, à laquelle la raison doit, en conséquence, se soumettre. Il reproche à la raison qui naît avec les Grecs et prend un nouvel et fulgurant essor avec Descartes, d'avoir fait l'inverse, d'avoir posé la raison comme première avant la vie. *Le thème de notre temps*, c'est-à-dire, ce à quoi notre temps doit prioritairement se consacrer, est l'exigence de réconciliation entre l'un et l'autre. Ni pure vitalité, ni pure raison ne doivent s'imposer. La vie sans raison, ne serait pas la vie (chez l'homme). Par ailleurs, la raison sans

24. Tragédie, sport et joie sont assimilables les uns aux autres dans la pensée vitaliste d'Ortega y Gasset. Voir, à ce titre, ces textes sur la conception sportive de la vie : « El origen deportivo del estado » [L'origine sportive de l'Etat] [1929], in *El Espectador VII*, *OC*, t. II, p. 705-719 ; « Paisaje utilitario. Paisaje deportivo » [Paysage utilitaire, Paysage sportif] in *Ensayos filosóficos*, in *ibid.*, p. 425-427

25. Ortega utilise régulièrement cette expression, entre autres, dans le titre du chap. IV de *Méditation sur la technique* ; « Excursions au sous-sol de la technique ».

26. Il vantait et réprouvait à la fois la profondeur d'Heidegger qui n'aurait pas su remonter à la surface, ignorant ainsi que la philosophie est un aller-retour entre la pénombre du fond et la lumière de la surface. : « Heidegger est profond, qu'il parle du *bauen* ou d'autre chose. Mais comme je ne peux dire que ce que je pense et que je dois dire quasiment tout ce que je pense, je me dois d'ajouter qu'il est non seulement profond, mais que de surcroît il veut l'être, et cela ne me parait plus si positif. Heidegger qui est génial souffre d'une manie des profondeurs. Car la philosophie n'est pas qu'un voyage dans les profondeurs. C'est un voyage aller-retour et, par conséquent, cela signifie aussi ramener le profond à la surface et le rendre clair, manifeste, en faire une lapalissade. Husserl, dans un article célèbre de 1911 [La philosophie comme science rigoureuse], dit qu'il considère comme une imperfection de la philosophie ce qui, en elle, a toujours été vanté, à savoir : sa profondeur. Elle consiste précisément à rendre patent ce qui est latent, simple ce qui est profond, à parvenir à des concepts "clairs et distincts", comme le disait Descartes » (*Le mythe de l'homme derrière la technique, Autour du colloque de Darmstadt*, trad. fr. F. Bourgeois, C. Mélot et M. Rollot, Paris, Ed. Allia, 2016, p. 39-41.

la vie ne serait pas, car sans des êtres vivants biologiquement aptes à raisonner, nommément l'*homo sapiens*, il n'y aurait aucune raison possible. L'heure serait donc venue de les accorder, ce qui n'est pas une mince affaire après des siècles de domination de la raison. Avec la *raison vitale*, Ortega y Gasset se propose, ni plus ni moins, d'opérer ce transfert d'une raison qui se contemple comme indépendante, totale, instigatrice – ce qui est un leurre, une illusion –, voire supérieure, vers une raison assujettie à la vie, ce qui correspond à sa vraie et unique place.

LES PHASES DE LA TECHNIQUE

Ortega y Gasset présenta en août 1933 douze leçons sur la technique à l'université d'été de Santander, cours qui apparaitront ensuite sous la forme d'articles dans le journal argentin *La Nación* puis qu'il sera contraint de publier en 1939 [27], dans ce qui constituera *Méditation sur la technique*. Il y propose trois étapes de la technique :

a) La technique du hasard ;
b) La technique de l'artisan ;
c) La technique du technicien.

La première correspond à la technique qui « tombe du ciel », c'est-à-dire à l'usage du feu qui est déposé par la foudre ou l'artefact rudimentaire qui se retrouve là sans qu'il y ait eu intention de le créer, et sans que l'homme sache vraiment comment le reproduire.

> La technique que j'appelle du hasard, parce que le hasard y est le technicien, celui qui fournit l'invention, c'est la technique primitive de l'homme pré et protohistorique et de l'actuel sauvage [28].

Très progressivement, ce qui était apparu par hasard est copié et fabriqué par une population qui se spécialise; les artisans. « C'est la technique de la vieille Grèce, c'est la technique de la Rome préimpériale et du Moyen Age. » (*MT*, p. 40) « c'est l'époque des

27. À la suite d'une publication pirate chilienne qui regroupait les articles sortis dans *La Nación*.

28. *Méditation sur la technique* [désormais *MT*], trad. fr. D. Uzal, Paris, Ed. Allia, 2017, p. 38

maîtres et des apprentis – des techniques qui sont déjà élaborées et qui proviennent d'une insondable tradition. » (*MT*, p. 41). Puis advient la troisième étape, celle qui voit « la dissociation de l'artisan en ses deux ingrédients. La séparation radicale entre l'ouvrier et le technicien, est l'un des principaux symptômes de la troisième étape. » (*MT*, p. 43), lorsque

> L'homme acquiert la conscience suffisamment claire de ce qu'il possède une certaine capacité complètement distincte de celles rigides, immuables, qui intègrent sa portion naturelle ou animale. Il voit (…) que la technique n'est pas l'une ou l'autre des techniques déterminées et, par conséquent fixées, mais précisément une source abondante d'activités humaines, en principe illimitées.

À ce stade, l'homme a un plan déterminé. Il ne se contente pas de suivre une tradition, il invente. La troisième étape pourrait être caractérisée par la liberté qui était exclue des deux antérieures. Le technicien a maintenant un plan. Il ne se contente plus de suivre le hasard ou la tradition, mais des réalisations qu'il élabore préalablement dans le but, non plus d'imiter la nature mais de réaliser ce qu'il a imaginé. L'une des caractéristiques de cette troisième étape est le caractère potentiellement illimité de la technique, ce qui va engendrer un monde tout à fait nouveau qui, sous la profusion de cette nouvelle technique, va créer une surnature que l'homme contemporain finit par identifier à la nature. Ce qui est le fruit d'une lente et progressive évolution, d'efforts et d'inventions des générations précédentes, finit par être considéré par les *masses* comme un état naturel dont elles ignorent l'origine, l'histoire, la progressive ascension, et conséquemment le caractère artificiel et fragile.

> C'est-à-dire que l'homme est aujourd'hui, dans son for intérieur, précisément gêné par la prise de conscience de sa principale illimitation. Et peut-être que ceci contribue à ce qu'il ne sache plus qui il est – car se retrouvant, en principe, capable d'être tout ce qui est imaginable, il ne sait plus ce qu'effectivement il est. (…) je profite de l'occasion pour attirer votre attention sur le fait que la technique, apparaissant en partie comme une capacité en principe illimitée, il en ressort que l'homme réglé pour vivre dans la foi de la technique et uniquement en elle, a une vie qui se vide. Parce qu'être technique et uniquement technique c'est pouvoir être tout et en conséquence ne rien être de déterminé. Bonnement pleine de possibilités, la technique est une simple forme vide – comme la logique la

> plus formaliste – ; elle est incapable de déterminer le contenu de la vie. C'est pour cela que ces années dans lesquelles nous vivons, les plus intensément techniques qu'il y ait eu dans l'histoire humaine, sont parmi les plus vides [29].

Si pour Ortega y Gasset, la vie est tragicomique, elle est parfois plus tragique que comique ou vice-versa. La tragédie principale de notre temps est celle qu'il expose dans *La révolte des masses* dont le neuvième chapitre ; « Primitivisme et technique », est consacré à la technique, bien qu'elle y soit partout présente, explicitement ou en soubassement, car elle est la cause première du phénomène de *masse* qu'il décrit avec verve [30] et qui s'est emparé de l'Europe où il a notamment pris la forme du fascisme, du nazisme et du bolchévisme, dont il est simplement la concrétisation politique, sa victoire.

> Il n'y a aucun doute quant au fait que la technique – conjointement avec la démocratie libérale – ont engendré l'homme-masse au sens quantitatif de cette expression [31].

La technique a engendré l'homme-masse qui est l'homme qui se vide de sa culture, et qui risque, de ce fait, de retomber dans la barbarie. Pourtant il commence son *Introduction au cours : Qu'est-ce que la technique ?* par :

> Sans la technique l'homme n'existerait pas et n'aurait jamais existé. Il en est ainsi ni plus ni moins [32].

D'une part, l'homme n'existerait pas sans technique et, d'autre part, celle-ci sonnerait le glas de la civilisation. Ceci n'est pas forcément contradictoire. Nous pourrions dire de même pour la nourriture et bien d'autres choses : leur absence tue autant que leur excès. Y-aurait-il selon Ortega y Gasset un excès de technique à partir de moment où celle-ci prendrait son essor, c'est-à-dire lorsqu'elle se donne « la possibilité d'un progrès illimité », résultat de « la copulation entre le capitalisme et la science expérimentale » (*RM*, p. 247) ? Il n'est pas de coutume d'entendre Ortega s'exprimer

29. *Ibid.*, p. 44.

30. Il existe une unanimité quant à la valeur de cet ouvrage dans la réflexion sur les *masses*. Pour beaucoup, il constitue la référence incontournable sur ce thème.

31. *La Révolte des Masses*, [désormais *RM*], Madrid, Editions Tecnos, 2003, p. 248.

32. *MT*, p. 7.

en termes d'excès ou de limitations. Sa philosophie se décline depuis la réalité radicale qu'est la vie, donc elle est innervée par la vitalité, qui est ce qui croît et non pas ce qui est sectionné ni sanctionné. Jamais dans son œuvre il est explicitement ou implicitement déclaré que la technique – ou toute autre chose d'ailleurs – devrait être limitée. S'il y a un excès, ce n'est pas primordialement celui-ci qu'il faudrait limiter mais c'est le pôle contraire qu'il faudrait renforcer. Quelle serait, selon Ortega, ce contrepoids à la technique ? Ce ne serait pas, comme nous venons de le dire, l'application de procédés en vue de sa restriction volontaire, mais la revitalisation de la culture, pour laquelle la technique met à disposition des moyens et surtout un *cadre*. Le danger serait de la croire *contenu*, c'est-à-dire de faire de cette *surnature* la *nature* et d'oublier, au passage, la *culture* sans laquelle l'homme cesse d'être homme, que ce soit directement au contact de la *nature* ou de la *surnature*, cet environnement créé par lui et qui ne tient que par lui en tant qu'être de culture et non pas uniquement en tant qu'être technique. Et c'est cette confusion essentielle, cet oubli que la *surnature* ne tient pas par *ce* qui la fabrique ; la technique, mais par *celui* qui la fabrique ; l'homme porteur d'une culture (et non le technicien en tant qu'homme dénué de culture limité à porter et à exécuter la technique). Ce leurre de *sur* ou *extra-nature technique* effrite inévitablement la culture. Elle la rend inutile aux yeux de celui qui associe la construction de la surnature à la victoire de l'homme, à son progrès, à son élévation, alors qu'elle n'est que la victoire de la technique. L'homme n'existerait pas sans technique, mais il cesse d'exister s'il n'est que technique. Pareillement à la raison, la technique doit se subsumer à l'homme, dont l'un des drames est de se faire dépasser et dominer par ce qu'il engendre, jusqu'à ce que ce déséquilibre provoque un affaissement de l'ensemble constitué par la *création créatrice*[33], le *créé*[34] et le *créateur*[35]. L'homme engendre la technique, il l'a créée, puis celle-ci peut, s'il oublie ce qu'il est – un être de culture –, le dépasser, s'émanciper et créer sans lui jusqu'à ce qu'il soit vidé de sa culture et que le poids de la surnature devienne insoutenable, au sens figuré comme au sens propre du terme. Si l'homme qui n'est que culture

33. La technique, la raison, la pensée, etc.

34. La surnature.

35. L'homme.

souffre de « byzantinisme », celui qui en est dénuée est un barbare. Aussi la « culture est ce qui sauve du naufrage vital, ce qui permet à l'homme de vivre sans que sa vie ne soit une tragédie sans aucun sens ou un avilissement radical. » *(MU,* p. 35*).* La *surnature* n'est pas la *culture.* Pourtant, lorsqu'elle est vivante et dynamique comme la *surnature* de l'ère technologique, elle peut se prendre pour la *culture*, ou plus précisément, c'est l'*homme masse* qui, ayant perdu le sens de la *culture* et étant en permanence stimulé par le progrès technologique, prend la *surnature* non seulement pour la *nature* mais aussi pour la *culture.* Il est donc doublement aliéné : en confondant *nature* et *surnature*, et en confondant *surnature* et *culture.* C'est la « culture » *hightech*, celle des avancées technologiques qui se succèdent et excitent l'« esprit », et qui n'est pas une *culture*, mais une *surnature* qui se prend, ou est prise, pour une culture. Pourtant, sans la *culture*, la *surnature* est condamnée au naufrage, et l'homme avec.

TECHNIQUE ET TECHNICIEN

« Sans la technique l'homme n'existerait pas et n'aurait jamais existé ». Il serait donc superflu de rajouter à chaque fois : « l'homme qui est nécessairement un être technique ». Chaque fois qu'il s'agit de l'homme, il s'agit d'un homme qui ne peut être que parce qu'il est technique. L'homme qui chasse est technique, l'homme qui fait la guerre ou aime l'est aussi, ainsi que celui qui peint, qui joue de la musique, qui gouverne, qui légifère, qui édicte des morales ou éthiques, l'homme qui pense ou qui dort. Ceci ne signifie pas qu'il soit technicien. Il est technique dans le sens que sans la technique il ne serait pas. Ceci ne revient pas non plus à dire que tout en lui est technique mais que la technique est un caractère indissociable de l'homme. Elle est une aptitude sans laquelle il ne serait pas homme. Il est donc plus que légitime de s'intéresser à elle, de se demander;

> Comment est-ce que dans l'univers, il existe cette chose fort étrange, ce fait absolu qu'est la technique, le fait que l'homme fasse de la technique [36] ?

36. *MT*, p. 24.

Si c'est grâce à la technique que l'homme est, cela ne revient-il pas à dire que l'homme est technicien ? En espagnol « technique » comme adjectif (au masculin) et technicien se disent pareillement ; « técnico », ce qui pourrait partiellement expliquer que l'un est l'autre ne soient pas clairement différenciés chez Ortega. Une fois surmontées ces limitations d'ordre linguistique, on pourrait dire que tout homme est technique, que cela est inhérent à sa nature, qu'il ne peut être en aucun cas humain sans la technique, mais que tout être humain n'est pas nécessairement un technicien. La technique est une prédisposition qui nous humanise en humanisant le monde, c'est-à-dire la nature qui nous est hostile. La philosophie de la technique d'Ortega y Gasset s'intéresse avant tout à la qualité technique, à ce qu'elle signifie. La technique concrète, les ustensiles et les machines, ne sont abordés qu'accessoirement, comme des illustrations de la technique qui fait que l'homme est. Pourquoi l'homme n'existe que parce qu'il est technique, est ce qui intéresse au premier chef ce philosophe. Malgré cela, et comme nous l'avons mentionné un peu plus tôt, il tient aussi à parler de la technique du technicien, à en esquisser les phases.

À l'étape de la technique du hasard, les actes techniques ne requerraient que peu de technicité. Tout le monde pouvait les accomplir et c'est pourquoi il n'y avait pas encore d'artisans à proprement parler. Puis vint une première phase de spécialisation, celle de l'*artisan*, puis une seconde, celle du *technicien* qui se sépare de l'opérateur de la technique, de l'ouvrier qui n'est pas celui qui conçoit des instruments mais celui qui opère une machine[37] qu'il n'a pas fabriquée et dont il ne connait ni le fonctionnement interne ni la généalogie. Cette méconnaissance s'étend au reste des membres de la société qui bénéficient des apports croissants de la technique mais qui en sont chaque fois plus éloignés, non pas dans son usage, mais dans la conscience qu'ils en ont de l'origine, de l'élaboration et des mécanismes qu'elle contient. Ils en font usage mais ne la connaissent pas. Ils ne voient plus les machines dans les usines. Ils se contentent de consommer (à outrance) ce qu'elles fabriquent. Ceci est l'un des paradoxes de l'époque technologique : jamais la

37. Ortega distingue bien instrument et machine : « Le première machine proprement dite, et avec cela j'anticipe la troisième étape, c'est le métier à tisser de Robert créé en 1825 » (*MT*, p. 42).

technique n'a occupé autant de place et pourtant jamais le citoyen non-technicien n'en a été aussi éloigné. Même le technicien l'est si on considère qu'il n'a accès qu'à une portion très limitée de celle-ci. Il accède et maîtrise une technique parmi une myriade d'autres, et cette fraction de technique qu'il maîtrise ne lui permet pas de prendre conscience de la technique comme un tout, et encore moins d'accéder à sa signification, d'assimiler son essence. De la sorte, la technique est plus invisible aujourd'hui qu'elle ne l'a jamais été alors que les objets techniques, ou les productions liées à la technique, sont quant à eux plus présents que jamais. Ils le sont d'autant plus que ces objets existent comme s'ils fussent indépendants, puisque leur « phylogenèse » et leur processus d'élaboration et de fonctionnement sont inconnus par l'immense majorité des usagers. Cette inconscience caractérise notre époque. Elle s'étend, au-delà de l'homme commun, à la plupart des philosophes, des juristes, des théoriciens de la politique et autres spécialistes et penseurs, exception faite des philosophes de la technique. Les ingénieurs quant à eux, du fait de leur spécialisation font preuve

> De la brutalité particulière et de l'agressive stupidité avec laquelle se comporte un homme lorsqu'il connait beaucoup une chose et ignore fondamentalement les autres. Le professionnalisme et le spécialisme, *faute d'être dûment contrebalancés*, ont mis en pièces l'homme européen, qui en conséquence est absent de partout où il prétend et devrait être. Dans l'ingénieur se trouve l'ingénierie, qui n'est qu'un morceau et une dimension de l'homme européen ; mais celui-ci qui est un *integrum*, ne se trouve pas dans son fragment « ingénieur ». Il en va de même dans les autres cas [38].

38. *MU*, p. 40.

APPORTS DE LA THÉORIE POLITIQUE ET DE L'ÉTHIQUE

Dans cette configuration ortéguienne quel serait « l'apport de la philosophie en matière d'éthique et de théorie politique à propos des évolutions de l'activité humaine (dans sa variété), tant en matière d'avancées techniques dans des domaines particuliers que compte tenu de l'affirmation de la société de haute technologie, où les dispositifs techniques font système pour l'activité humaine et où l'usager de la technique joue un rôle aussi important que son concepteur » ? Concernant la dernière partie de l'interrogation celle qui a trait à l'usager jouant un rôle aussi important que son concepteur, nous avons vu que pour Ortega y Gasset il en va autrement. L'usager serait un être passif, sans tension créatrice, qui se vide de sa culture, de ses idées, de l'authenticité qu'il lui reste et qui est, malgré sa surconsommation de technique, et donc de sa mitoyenneté physique avec celle-ci, très éloigné de ce qu'elle est radicalement, c'est-à-dire l'activité qui extrait l'homme de son état de bestialité, qui ouvre dans le cosmos un espace d'humanité. En quelque sorte, la technique serait à la fois une serre et les outils qui s'y trouvent. Le jardinier serait l'humanité et les fruits et légumes seraient la culture. C'est parce que la technique participe à la construction de cet espace que l'humanité peut se développer. Cependant, l'usager moderne est obnubilé par les reflets qui scintillent sur les verres de la serre. Celle-ci est devenue tellement productive, en particulier grâce à l'automatisation des machines, qu'il en vient à oublier sa culture, convaincu que la culture croît par elle-même sans un effort spécifique. Cette image de la serre n'est pas du philosophe espagnol qui utilise néanmoins des métaphores associées à l'habitat, à l'hébergement pour signifier que l'homme se construit une demeure dans un environnement hostile, que cette construction requiert la mise en branle de toutes ses aptitudes et que c'est cette activité qui manque à l'homme contemporain qui vit dans un espace redevable à la technique sans le savoir, alors que ses ancêtres savaient ce qu'ils lui devaient. Ils savaient ce qu'un ustensile, un outil, une manière de planter ou de filer, de chasser ou de pêcher, de naviguer, de faire la guerre ou d'accompagner l'accouchement pouvait avoir comme impact direct sur leur existence. Les anciens, bien qu'ayant une technique minimale comparée à l'actuelle, connaissaient la valeur exacte de chacune des techniques rudimentaires qui soutenaient le cadre de leur existence. L'usager contemporain bien qu'il soit placé au milieu de la technique – ou des technologies – ne sait plus, et pour cause, que son cadre est constitué par la technique, ce qui se conçoit puisque cadre et milieu se confondent. La technique devient son milieu. Non seulement il n'a plus besoin de fournir d'efforts pour maintenir un espace humanisé, mais surtout, il ne sait pas que cet espace humanisé ne tient que par le rempart de la technique. En troisième lieu, il cesse d'humaniser l'espace que lui offre la technique, car humaniser c'est cultiver, ce qui revient à s'efforcer en permanence à tendre vers le haut, à syntoniser son existence sur des principes ascensionnels qui sont étrangers à *l'homme-masse* qui se distingue de celui qui ne l'est pas, non pas en raison de sa classe ou d'aptitudes qui seraient inférieures, mais en raison de l'exigence ascensionnelle que le second impose à son existence et qui contraste avec la passivité, l'abandon dans le confort gravitationnel, l'inclinaison décadente, du premier.

Lorsqu'on sait qu'un Smartphone contient quelques 250 000 brevets, on conçoit qu'il soit impossible à quiconque d'appréhender la technique contemporaine. Avant l'ère technologique et industrielle, un homme vivait entouré de quelques objets dont il pouvait avoir une idée, même grossière, de leur élaboration. Ceci est aujourd'hui impossible. En admettant qu'on arrive à concevoir schématiquement la phase matérielle de fabrication, il resterait des éléments immatériels de la conception et du fonctionnement des objets technologiques difficilement appréhensibles car trop nombreux, variés et complexes. À eux seuls, les logarithmes sans lesquels les « téléphones », ordinateurs, voitures et autres appareils ne fonctionneraient pas, exigent une connaissance supérieure de la mathématique. Tous ces processus matériels et immatériels constituent une somme de connaissances, dans des disciplines diverses qui vont de la programmation de logiciels à la micro-soudure, de la sidérurgie à l'invention de matériaux composites, etc., sans compter l'éloignement et la dispersion des chaines de fabrication, morcelées sur plusieurs sites, souvent dans plusieurs pays, avant l'assemblage final, qui dépasse les capacités d'un homme, qu'il soit technicien ou pas, fût-il extraordinairement savant. En quelque sorte, le technicien, du fait de sa spécialisation, voire hyper spécialisation, se retrouve face à la technologie quasiment dans la même position que le simple usager. Il en connait une portion trop infime pour se démarquer catégoriquement de celui qui n'en connait rien. On pourrait dire que « le concepteur de la technique joue un rôle aussi peu important que son usager ». Ni l'un ni l'autre ne comprennent ce que signifie la technique, d'où elle vient, quelle est son essence et sa fonction. Tous deux n'en connaissent, dans le meilleur des cas, que la conception et l'usage. Ortega y Gasset prévient des conséquences d'une telle inconscience, de l'oubli du contexte historique et culturel duquel est sortie la technique, oubli qui mène à l'illusion qu'on peut vivre sans histoire, sans culture et conséquemment sans humanité.

La technique est inapte à produire du contenu qui alimente la surnature de l'homme. Là n'est pas sa mission, et même si on la lui attribuait, elle n'y parviendrait pas, si ce n'est en créant une « culture de la nouveauté », c'est-à-dire la conception, et nous pourrions parler même de croyance, que culture rime avec un alignement incessant de nouveau, ce qui, on pourra le constater, coïncide avec la culture contemporaine : modes, nouvelles collections, tendances, derniers cris, rentrées littéraires et de tous genres, obsession de l'avant-gardisme, « news » et « alertes infos » sans oublier évidemment les nouveautés technologiques, et dans une certaine mesure les scientifiques [39], qui quant à elles sont réelles, les seules qui le soient authentiquement, mais qui ne sont pas censées être assimilées à un processus culturel qui, quant à lui, engendre certes des formes de nouveauté, mais suivant des modalités particulières, que nous ne détaillerons pas et qui ne sont pas celles du progrès technologique. Concepteurs et usagers de cette technique sont similaires en tant qu'ils adhèrent à l'illusion de la « culture technique », à une sorte de « culture geek » qui se généraliserait à l'ensemble de la société. Certes, la technologie peut prendre avec elle des éléments de culture, donc de l'histoire. Les jeux vidéo reconditionnent des éléments du passé, des personnages, évènements, mythologies.

39. Nous resterons vagues quant à l'essence particulière de la science par rapport à celle de la technique. Nous dirons juste qu'une des différences entre la science et la technique, selon la ligne de pensée soutenue ici, est que celle-ci serait, justement, un élément constitutif de la culture alors que la technique lui est extérieure.

En ce sens, elle participe, même à minima, à la transmission et recréation de la culture. Toutefois, ceci ne représente qu'une contribution minimale et par ailleurs ne constitue qu'une partie du phénomène que décrit Ortega y Gasset et qui dépasse le champ de la technique, bien qu'il soit la conséquence de son expansion : la transformation des peuples en *masses*[40], qui est principalement la résultante de l'usage des facilités que fournit la technique, et la perte de capacité à élaborer un programme vital. Comme son nom l'indique, ce *plan* ou *programme* est *vital*, comme doit être vitale la culture – ceci nous rappelle que vitalité et nouveauté ne sont pas synonymes. Il n'est pas un luxe que l'on puisse mettre de côté. Or, selon Ortega c'est bien ce qui se passe. Les hommes tendraient à suivre un programme qui n'est ni vital, ni authentique, ce qui va de pair avec le « vidage » culturel qui touche les nations, en l'occurrence européennes, déjà du vivant du philosophe, en commençant par l'Espagne qu'il observe, qui bien que rentrée moindrement dans l'ère de la technique, n'en a pas moins subi prématurément les effets, du fait de son apathie et atrophies culturelles.

CRISE DES DÉSIRS

> Ainsi il y a, une première invention pré-technique, l'invention par excellence, qu'est le désir originel. (…) La maladie basique de notre époque est une crise des désirs, et c'est pour cela que toute la fabuleuse potentialité de notre technique nous apparait comme ne servant à rien[41].

L'absence de désirs ou *crise des désirs*, c'est-à-dire la faible volition et le manque d'imagination affecteraient l'homme contemporain, et sa capacité de se projeter contre la consistance d'un « alentour » (*entorno*) qui est le monde naturel au contact duquel se donnent les conditions d'humanisation :

40. On retrouve ce thème de la transformation des peuples en masses atomisées chez Hannah Arendt, notamment dans *Le Système totalitaire* [1951], trad. fr. J. L. Bourget, R. Davreau et P. Lévy, Seuil, « Essais-Points » 307, Paris, 2002.

41. *MT*, p. 23-24.

> Un homme sans technique, c'est-à-dire, sans réaction contre le milieu, n'est pas un homme [42].

Précisons que pour Ortega, l'homme serait un *centaure ontologique*[43]. C'est lorsqu'il est dans l'action, poussé à ses limites, que l'homme s'expose et se découvre dans les deux sens que recouvre le verbe « découvrir ». C'est en se mettant à nu qu'on voit ce qui est normalement couvert. Ainsi, l'homme qui suit son programme vital a une grande connaissance de lui-même et du monde qui correspond à sa circonstance, renforcée par une confiance qui le rend immédiatement reconnaissable, puisqu'il se découvre à deux reprises ; lors de l'introspection et de l'élaboration de son programme vital, quand il *rentre en-lui-même* [*ensimisma*], puis lors de la réalisation de son programme, qui n'est autre chose que la tentative d'adaptation de son environnement à ses désirs. Notons qu'il ne faudrait surtout pas comprendre « désir » dans le sens de caprice, ce qui constituerait un contresens dans la pensée d'Ortega pour qui le caprice est justement l'un des traits caractéristique de l'*homme-masse* qui pâtit, à ce titre, du syndrome de l'« enfant gâté ». Le désir auquel il se réfère correspond à la capacité de vouloir, non pas ce qui est disponible, mais ce qui justement ne l'est pas et qui comporte donc une obligation d'agir énergétiquement, précédée d'un exercice, plus ou moins exigeant, d'abstraction. En l'absence de ce double exercice, interne et externe, d'abstraction et de réalisation du programme, apparaissent des « troubles de l'identité » individuelle et collective, entre autres, parce qu'est rendu flou le rapport entre ce qui est naturel et extranaturel, ce qui revient à troubler l'identité de l'homme, à brouiller la perception qu'il a de son être, à oublier son destin historique, son eccéité particulière. La technique apparait comme l'activité par laquelle l'homme découvre son être ou, du moins, elle est l'une des activités sollicitées lors de son va-et-vient entre son désir et sa réalisation. Précisons, que ce désir dont parle Ortega est celui de *l'homme d'élite*, qui en tant que tel devrait inspirer et se répercuter sur les autres afin que son expérience, ou impulsion,

42. *MT*, p. 8.

43. « Apparemment, l'être de l'homme présente l'étrange condition d'être en partie affilié à la nature, mais d'autre part il ne l'est pas, il est en même temps naturel et extranaturel, une espèce de centaure ontologique, dont la moitié est immergée, c'est le moindre qu'on puisse dire, dans la nature, pendant que l'autre partie la transcende. » (*MT*, p. 18).

individuelle devienne aussi celle du groupe auquel il insuffle sa vitalité ascendante. Nous n'aborderons pas ici la question de la *minorité sélecte* ou *choisie* et du rôle que lui attribue Ortega. Il s'agit d'une thématique trop vaste pour être survolée, de surcroît si on prend en compte qu'elle a valu au philosophe madrilène l'opprobre de ceux qui l'accusent d'élitisme, et le terme « accuser » indique qu'on sort souvent du strict champ de l'interaction philosophique pour rentrer dans celui d'une dispute d'un autre ordre. Sa théorie de l'*homme d'élite* exige une présentation en bonne et due forme qui est, toutefois, extérieure à notre propos.

VITALITÉ DE L'ACTIVITÉ TECHNOLOGIQUE

Si la philosophie politique et l'éthique se proposent d'apporter quelque chose à l'activité humaine, il est quelque peu surprenant qu'elles se proposent de le faire pour l'activité qui se portant mieux que toutes les autres; l'activité technique, aurait le moins besoin d'un apport extérieur. Ceci induit un doute quant à la motivation de cet apport. Est-il vraiment un apport ou bien cacherait-il une volonté de contrôle de la technique? Car si un ordre de priorité devait s'appliquer aux activités humaines nécessitant un apport, ne serait-ce pas la culture qui devrait en bénéficier prioritairement? À moins qu'on considère l'apport, non pas dans le sens d'une contribution positive, mais dans ce qu'auraient d'ordonnateur et même de restrictif la politique et l'éthique appliquées à un processus dynamique et autonome. C'est d'ailleurs ainsi qu'une partie des concepteurs technologiques considèrent « ces apports » ; comme des intrusions visant à brider le dynamise de leur activité. En ce qui concerne notre approche, la question ne se pose pas dans les mêmes termes. Il ne s'agit pas que l'activité technologique accepte ou non l'intrusion des disciplines susdites, mais du fait que la technique étant vide de contenu humain et culturel, il est peu de choses qu'elles pourraient y accomplir, si ce n'est se donner l'illusion d'agir sur l'homme en intervenant sur la technique. Ce n'est donc pas tant l'avancée technologique qui requiert une intervention de la politique et de l'éthique mais la culture elle-même. L'affaiblissement de la culture, à la suite de l'essor de la technologie, est la problématique qui les concerne et non pas selon la question : « est-ce que la technique affaiblit la culture ? », mais « pourquoi la culture s'affaiblit-elle ? » Il ne s'agit pas de comprendre pourquoi la technique logie) est aussi forte, ceci est facilement explicable, mais pourquoi la culture est si faible.

L'« *ENSIMISMAMIENTO* » OU RENTRÉE EN SOI-MÊME

L'*ensimismarse* est une phase tellement essentielle à la technique que *Ensimismamiento y alteracion* (1939), bien qu'il ne traite pas directement de la technique, est associé au corpus des textes de la technique. Ce verbe et son substantif n'ont pas de corolaires en français : « abstraction », « réflexion » sont insuffisants pour traduire ce *rentrer en soi-même* qui est une aptitude exclusive à l'homme. L'animal, le singe qu'Ortega observe au zoo du Retiro, est en permanente alerte. Il est aliéné par la stimulation constante qui provient de son environnement. Jamais il ne sera apte à constituer une culture, à *rentrer en soi-même* et à en ressortir avec un programme pour modifier son environnement dans un sens qui lui convienne mieux. Seul l'homme peut le faire car seul l'homme est capable de *rentrer en soi-même* et d'y élaborer des pensées qui ne soient pas de pures réactions à ce qui l'assaille de l'extérieur. Cette capacité de s'extraire de l'immédiate réalité, suivant un long et laborieux processus historique, finit par construire un « coussinet » puis un énorme coussin entre l'homme et la nature dans laquelle il s'est d'abord frileusement logé, ou lové, avant de la transformer en une demeure sûre puis confortable[44]. La nature s'adapte à l'homme et non pas l'inverse. « La technique est le contraire de l'adaptation du sujet au milieu, vue qu'elle est l'adaptation du milieu au sujet » (*MT*. p. 7), ou plutôt, l'homme adapte la nature selon son programme vital, il l'humanise. Comment y parvient-il ? Quels sont les moyens à sa disposition pour modifier son environnement qui l'assaille afin d'en faire un lieu propice à la vie humaine ? Ces moyens n'existent pas. Ils ne sont pas donnés tels quels. Il va donc devoir les inventer. La technique est le moyen que s'invente l'homme, avec les facilités que lui offre sa

44. *MT*, p. 44 : « Lorsque l'homme réussit à interposer une zone de pure création technique, entre lui et la nature, tellement épaisse et profonde qu'elle en vint à constituer une surnature ».

circonstance, pour ouvrir une alvéole qui le coupe de l'immédiateté de la nature, qui est hostilité pour cet intrus dans le monde naturel.

LA *CIRCONSTANCE* : FACILITÉS ET ADVERSITÉS

Nous avons jusque-là abondamment parlé de la *circonstance* qu'il ne faudrait pas comprendre dans le sens restreint de l'environnement, comme milieu naturel :

> Pour Ortega, la circonstance englobe tout l'ensemble de ma situation, dans sa particularité aussi bien interne qu'externe ; il convient, à la fois, de la saisir dans ce qu'elle a d'unique et de la relier au cadre immense de l'univers, à tout son contexte géographique et culturel [45].

Si la technique est ce qui réforme la *circonstance,* par le biais de l'intelligence, associée à l'imagination, qui capte les facilités qu'elle repère dans cette même *circonstance* qui, on le rappelle, est un mixte de facilités et de difficultés, cela pose plusieurs questions : qu'est-ce qu'il advient de ce processus si toute la *circonstance* est plus ou moins transformée en une facilité ? En effet, si la technique est l'extension active et la concrétisation de l'imagination dans la *circonstance* (une « prothèse orthopédique » agissante) dont elle extrait et exploite les facilités, qu'advient-il si cette *circonstance* devient la technique ? Car, si la technique reconfigure la *circonstance* à partir des facilités qu'elle y trouve, et qu'elle devient elle-même *circonstance*, comme c'est le cas dans une société technologique, elle se retrouve avec un double rôle : celle du *transformeur* et du *transformé.* La technique est ce qui transforme notre environnement, qui est originellement naturel. Or, si celui-ci devient technique, cela revient à dire que la technique (transformante) transforme la technique (transformée) et non plus une *circonstance* naturelle, voire extranaturelle, qui ne serait pas technique et qui en principe est adversité. En devenant technique, la *circonstance* cesse d'être adverse, à moins que cette technique engendre de nouvelles formes d'adversité non naturelles, ce qui n'est pas censé être son rôle. Dans ce cas, la technique se fourvoie car sa

45. Guy, A., *Ortega y Gasset ou la raison vitale et historique*, Paris, Editions Seghers, 1969, p. 19.

mission est non pas d'engendrer de l'adversité mais d'étendre le domaine habitable par l'homme.

Selon ce qui vient d'être dit, l'essor de la technique engendrerait des problèmes dans tous les cas de figure. Ou elle détruit l'adversité, avec les conséquences anthropologiques d'une telle disparition – quel type d'existence individuelle et collective avons-nous sans adversité ? Selon Ortega y Gasset cité plus haut, aucune qui soit humaine – ou bien elle construit des adversités d'un genre nouveau et corrompu puisque, d'une part, elle déroge à sa raison d'être et, d'autre part, elle risque d'établir une relation symbiotique entre la puissance – qui transforme – (la technique) et la substance – en tant qu'environnement transformé – (la technique également). La technique transformerait, de la sorte, un environnement technique avec les facilités (d'ordre technique) que celui-ci fournit. Malgré l'impression de redondance que cela donne, ceci est formellement possible, et la dysfonction apparente peut être surmontée si on considère que la technique n'engendre pas de l'adversité nouvelle mais un environnement facilité qui n'est pas adversité au moment de sa formation mais ne le devient que partiellement lors de son déclassement par une technique plus innovante et destructrice d'adversité, dans un processus bénéfique, au bilan excédentaire, qui produirait donc plus de facilités que de difficultés et qui tendrait vers une éradication des secondes. N'est-ce pas cela l'utopie progressiste technologique, que le progrès nous mènera à un âge sans adversité ? Or, cette croyance inhérente aux sociétés industrielles représente un colossale danger qui est celui de croire que le progrès technologique résoudra *tout* et *tout seul*, ce qui revient à ce que nous avons déjà exposé : en établissant un rapport direct entre la technique transformatrice et la technique comme environnement extranaturel, la technique répondant à la technique, étant stimulée directement et de plus en plus exclusivement par elle, et qui se couvre des apparats de la vitalité et de la suffisance du fait de l'activité croissante qu'elle engendre *depuis*, *par* et *sur* elle, se passe de la culture, donc de la capacité à formuler des programmes vitaux, sans lesquels l'homme, individuellement et collectivement, perd l'envie et les capacités de se dépasser, et retombe donc à l'état de masse informe à la dérive.

Ainsi, nous nous retrouverions avec une *circonstance* graduellement reconfigurée par la technique, *circonstance* qui offrirait graduellement moins de résistance, qui deviendrait un puits de facilités, alors qu'au début de l'humanité ces facilités étaient éparses et requerraient un grand effort de captation. Par conséquent, l'effort exigé à l'imagination, le *rentrer en soi-même*, l'introspection inspiratrice, la créativité, l'impulsion vers le mieux, la transcendance, le sens de l'effort et du dépassement, la curiosité et l'envie de connaître s'amoindriraient avec la « technisation » ou « technologisation » de la *circonstance*, aboutissant aux conséquences extra-techniques susmentionnées sur l'esprit et la culture, et aux intra-techniques sous la forme du paradoxe selon lequel la surabondance d'appareils techniques s'accompagne de la perte des aptitudes techniques.

Voilà ce qu'il advient lorsque les facilités qui sont présentes dans la *circonstance* ne sont plus des éléments naturels ou culturels mais des éléments techniques. Une inflation de la technique s'accompagnerait d'une déflation culturelle et, à certains égards, aussi technique. Si la technique est ce qui permet de réunir la moitié biologique de l'homme, celle qui est immergée dans et régie par la nature, à la moitié culturelle, celle qui est extérieure à la nature et qui crée un monde extra naturel où elle puisse prendre sa place, par le biais de l'action technique sur la *circonstance*, est-il concevable que cette *circonstance* puisse être définie par la technique ? La circonstance en tant que telle ne risque-t-elle pas de disparaitre[46] ? Et souvenons-nous qu'Ortega nous dit : « je suis moi et ma circonstance et si je ne la sauve pas, je ne me sauverais pas moi-même ».

Le danger de la technique, selon Ortega y Gasset, ne viendrait donc pas de son impact sur l'environnement naturel, qu'elle l'adapte à l'homme ou humanise[47] mais de son impact sur la culture, et dans le fait qu'elle risque de laisser l'homme sans *circonstance*, ou avec une *circonstance* qui soit inauthentique. Une circonstance définie par la technique n'en est probablement pas une. Elle n'en aurait que les apparences. La technique – sans la culture – finirait par engendrer une *circonstance* inauthentique et donc également un *moi* inauthentique. Elle ne *la* sauve donc pas, ni le *moi* avec.

46. Nous réserverons la démonstration de ceci pour une autre occasion.

47. Comme cela est communément considéré par les technophobes.

DISPARITION DE LA TECHNIQUE

Si la *circonstance* vient à disparaitre, ce n'est non seulement la civilisation mais aussi la technique qui disparaitrait. Nous introduisons à présent un thème sans lequel ne serait pas complète l'exposition de la philosophie de la technique d'Ortega y Gasset, bien qu'il s'agisse probablement de la composante qui serait le plus facilement contestable : la disparition de la technique. La technique contemporaine, qui est surtout technologie, est devenue une technique *en l'avant de* ou *en avance sur* l'homme qui se retrouve, de façon inédite, à la traîne, incapable de remettre cette technique sous son joug, ce qui selon Ortega y Gasset devrait provoquer l'effondrement de la technique et de ce qui reste de la civilisation. Il affirme que la technique s'effondre lorsqu'elle n'est plus soutenue par la culture, et l'histoire de l'humanité aurait déjà été le théâtre de telles pertes. Quant à la civilisation, elle s'écroule aussi par le fait de la décomposition de la culture. La fin des civilisations n'est pas en soi nouveau si ce n'est que la cause cette fois-ci en serait la technique, ce qui est probablement inédit. Ortega prédit un affaissement probable de la technique et de la connaissance si elle n'est pas accompagnée par la culture adéquate, raison pour laquelle il appelle de ses vœux la réforme de la culture, ce qui fut la grande tâche qu'il s'était donné pour l'Espagne. Si d'un côté nous pourrions lui donner raison, quant au délitement de la culture en tant que transformation d'un processus qui élève en un processus niveleur (culture de masse), voire descendant (ou décadent), de l'autre, en ce qui concerne la disparition programmée de la technique faute d'un sursaut civilisateur, force est de constater que ses prédictions ne se seraient pas avérées, pour l'instant, très justes, à moins que nous considérions la technique au-delà des machines ou objets techniques. La question peut se poser quant à nos aptitudes techniques, quant aux techniques que maîtrise un ressortissent d'un pays industrialisé en 2020, et de celles qu'il aurait maitrisées avant l'ère technologique. La disposition d'objets technologiques, du fait même de leur sophistication et automatisation, ne donnerait-elle pas une fausse idée du progrès technique, alors que ce qui progresse serait la mécanisation de la fabrication, la rationalisation de la recherche, de la production et de la distribution, au dépend d'une maîtrise universelle et extensive des techniques ? Le souvenir que j'ai de mon grand-père ou de ceux de sa génération, est qu'ils maitrisaient un ensemble de techniques qui ne sont plus maitrisées aujourd'hui ou très rarement. Nous en maitrisons d'autres ; l'usage du Iphone et des appareils de communication requière des techniques, mais il s'agit de plus en de techniques de *fonctionnement* (savoir comment *ça fonctionne*) plutôt que de techniques de *fabrication* (savoir comment *c'est fait*). La première forme de technique a éclipsé l'autre, et dans ce sens on pourrait donner raison à Ortega y Gasset lorsqu'il prévenait des risques que disparaisse la technique. Aussi, si nous savons de moins en moins comment *ça se fabrique*, nous risquons aussi de savoir de moins en moins *comment ça fonctionne*, non pas que nous ne saurons pas faire fonctionner les objets techniques, mais que ce fonctionnement sera de plus en plus facile. La technique de fonctionnement sera conséquemment de moins en moins exigeante et cessera progressivement d'être une *technique* pour devenir un *usage*, une simple *habileté à s'en servir*. La prévision du philosophe espagnol quant à la perte de technique, si elle serait disqualifiée par un œil distrait qui associerait la technique à la disponibilité d'appareils technologiques, pourrait s'avérer beaucoup plus juste qu'on eût pu le croire aux premiers abords, si on prend en considération non plus l'accessibilité et l'usage des objets techniques mais la technique en tant que compréhension de ce qu'ils sont (leur origine, fabrication, essence...) et, au-delà, comme pratique commune, généralisée et incorporée aux faire des agents sociaux.

LA TECHNIQUE, UNE ACTIVITÉ HUMAINE PARMI D'AUTRES ?

Peut-on, selon Ortega considérer la technique comme une activité humaine parmi les autres ? On sait qu'elle a, au minima, une caractéristique unique : elle est l'activité sans laquelle aucune autre activité humaine ne serait possible. Sans elle l'homme resterait un animal, c'est-à-dire un être en constante altération, un être qui n'est pas lui, qui est « autre »[48] et qui vit sous l'emprise directe de son

48. "Autre" vient du latin *alter* qui à son tour donne "altération". Être altéré signifie donc "être autre".

environnement. Dans quelle mesure des activités telles que la politique et l'éthique peuvent-elles apporter quelque chose à la technique dont elles sont tributaires ? Se pose ici la question de l'antériorité. Pour Ortega y Gasset la technique serait antérieure à tout le reste :

> [L'humain] est *a nativitate* technicien créateur [49].

D'abord il y a la technique. Elle est une fonction sans laquelle rien ne suivrait. La technique est donc à part parmi les activités humaines. Ceci ne signifie pas qu'elle ne puisse pas être soumise à leur scrutin, mais encore faudrait-il, que ce scrutin prenne en compte l'élément que nous venons de citer. Pour Ortega la technique ne peut pas être considérée comme une activité parmi les autres. Elle est celle qui ouvre l'espace dans lequel l'homme s'humanise. La déshumanisation de l'homme n'est qu'un résultat secondaire de la technique. Elle advient lorsque l'homme se perd dans cet espace qu'elle lui a ouvert. Cette désorientation n'est pas le fruit direct de la technique. Elle résulte de caractéristiques anthropologiques, du caractère de l'homme qui se laisse aller lorsque son rage devient facilité. C'est alors que sa tension créatrice se relâche, que son attention se tourne vers le confort et non plus vers le dépassement. Ce relâchement a pris, avec l'essor inédit de la technique, un caractère tout aussi inédit. Dans ce contexte se posent quelques questions aux théoriciens politiques et à l'éthique : étant donné ce relâchement, sont-ils à la hauteur des circonstances ? En d'autres termes ; leurs disciplines n'auraient-elles pas pâti de ce relâchement ? Quel est l'état de ces disciplines alors que la culture se vide ? Se seraient-elles maintenues au-dessus, protégés dans des « alvéoles philosophiques » ? Et s'il en est ainsi, ne serait-ce pas sur le contenu, c'est-à-dire la culture, la société, la politique elle-même, la pensée et non pas sur le contenant ; la technique, que devrait se concentrer leurs apports ? Ne seraient-ils pas eux-mêmes leurrés par la « culture technologique », qui serait un oxymore ou un contresens ? Il ne s'agit pas pour Ortega y Gasset de considérer la technique comme un simple instrument qui serait axiologiquement neutre. La technique est au-delà de la neutralité. Elle est l'enveloppe dans

49. *MT*, p. 10.

laquelle se love le processus d'humanisation. Si l'éthique est la discipline qui oriente l'humain vers le bien et la politique celle qui gouverne la communauté humaine en vue de son plus grand bien, leurs objets ne sauraient être la technique qui n'est que l'exécutante d'un programme vital, et qui lorsqu'elle est plus que cela, l'est justement parce qu'on a oublié la culture. En voulant agir sur la technique, l'éthique et la politique vont dans ce sens, et plus elles le font, plus elles participent au renforcement de ce qu'elles veulent réguler. Ceci ne signifie pas qu'elles ne doivent pas s'y intéresser et prôner de la sorte un *laisser-faire* technologique, mais qu'elle doive savoir que la technique n'est pas la culture. Il revient donc à la philosophie de faire preuve de discernement et de ne pas penser la technique depuis la culture ni la culture depuis la technique, mais la technique depuis une philosophie de la technique et la culture depuis une philosophie que ne prétende pas comprendre la technique depuis la perspective culturelle. Ceci revient à confirmer qu'il y a une philosophie de la technique pour un domaine spécifique qui est celui de la technique à partir duquel doit être pensée fondamentalement la technique. L'apport principal de la philosophie est celui-ci. Ortega y Gasset, en faisant de la technique la condition de l'humanité en fait, paradoxalement, une matière à part et séparée qui doit être pensée depuis la perspective technique, pour ensuite, une fois qu'on a compris ce qu'elle est, l'intégrer aux autres domaines de la pensée, notamment l'éthique et la politique, et non plus l'inverse, c'est-à-dire, aborder la technique depuis la perspective éthique, politique, ou autre, comme cela est communément fait par une philosophie qui ne parvient pas à prendre, même momentanément, la technique comme sujet premier. Dire, à l'instar de Cart Mitcham, qu'Ortega y Gasset fut le premier philosophe professionnel, signifie, avant tout, qu'il fut le premier philosophe – et non pas ingénieur ou technicien penseur de la technique – à avoir compris cela.

Pistes, Revue de philosophie contemporaine 1 (2021)
326 p., ISBN : 978-2-7116-8425-0, p. 55-82, Vrin.

La « philosophie biologique de la technique » de Georges Canguilhem, à la lumière des notions de valeur et de norme

Emanuele CLARIZIO *

RÉSUMÉ

La « philosophie biologique » de Georges Canguilhem comporte un volet sur la « philosophie biologique de la technique », qu'il n'a pourtant jamais thématisé explicitement. Le but de cet article est de dégager, tout au long de sa production, sa conception originale de la technique. À la fois issue de la normativité biologique et vecteur de normalisation sociale, la technique occupe dans sa pensée une place stratégique sur le plan éthique et politique, permettant la séparation et l'articulation du biologique et du social en l'homme.

Mots-clés : Canguilhem ; technique ; éthique ; norme ; médecine.

* Centre d'Éthique Médicale/ETHICS, Université Catholique de Lille ; Emanuele.Clarizio@univ-catholille.fr.

INTRODUCTION

Georges Canguilhem a forgé l'expression « philosophie biologique de la technique »[1] en en faisant un programme de recherche ayant pour objectif de démanteler l'idée positiviste de la technique comme science appliquée, en faveur plutôt de l'affirmation d'une conception de la technique comme création originale de la vie. Les critiques à l'encontre la vision positiviste de la relation entre science et technique sont récurrentes dans ses ouvrages, et la thèse d'une philosophie biologique de la technique semble ainsi faire corps avec elles : la technique est une activité synthétique du vivant, préalable ou du moins autonome par rapport à la science, activité analytique ou discursive[2]. Dans cet article, je me propose d'esquisser, à partir des différents travaux de Canguilhem, les grandes lignes de sa philosophie biologique de la technique. Pour ce faire, un point mérite d'être éclairé préalablement – ce sera la tâche du § 1 – parce que l'expression « philosophie biologique de la technique » n'existerait probablement pas s'il ne l'avait pas pensée comme une espèce de ramification d'une plus générale « philosophie biologique » dont il a été également un représentant de premier plan et un historien. Autrement dit, l'émergence de la philosophie biologique de la technique est à comprendre sur l'arrière-plan d'une certaine philosophie biologique qui en garantirait la condition de possibilité énonciative. Suite à cette clarification préliminaire, j'analyserai deux textes de la fin des années 1930, dans le § 2, afin de reconstruire chronologiquement la pensée canguilhemienne de la technique, pour montrer qu'elle a subi des évolutions au cours du temps et que, probablement, elle n'a pas été depuis le début une

1. *Cf.* Canguilhem, G., « Machine et organisme », in *La connaissance de la vie* [1965], Paris, Vrin, 2009, p. 158.

2. Toutefois, il ne faut pas oublier que Canguilhem utilise cette expression d'abord pour indiquer un champ de réflexion auquel d'autres penseurs, notamment allemands et français, avaient contribué ou étaient en train de contribuer au moment où il écrivait son texte sur « Machine et organisme », où il utilise l'expression pour la première fois. Il existe donc une philosophie biologique de la technique chez Canguilhem, mais il existe aussi une telle philosophie au-delà et en deçà de Canguilhem, qui a eu le mérite d'avoir nommé une ligne de pensée dont il est l'un des interprètes majeurs, mais qui pourtant l'excède.

philosophie *biologique* de la technique à part entière. Grâce à ces textes, on peut en effet observer que la première problématisation de la technique de Canguilhem s'appuie sur une anthropologie encore incertaine, où l'homme est considéré tantôt comme un être vivant (sous l'angle de ses besoins biologiques), tantôt comme un être spirituel (sous l'angle de ses créations). La compréhension de la technique comme *activité technique*, entendue comme acte synthétique de création, tente de composer cette séparation entre le spirituel et le biologique en l'homme, mais c'est seulement avec l'élaboration successive de la notion de *normativité biologique* (§ 3) que Canguilhem arrive à imaginer une véritable genèse biologique de la technique, c'est-à-dire à la penser comme une production du vivant en tant que tel. Dans le § 4, je me concentrerai sur la portée épistémologique de sa vision de la technique, dans la mesure où celle-ci est indissociable des critiques que Canguilhem adresse régulièrement à deux de ses cibles polémiques préférées, à savoir l'idée de l'objectivité de la science et la conception mécaniste en biologie. Enfin, le § 5 sera consacré à l'opposition entre les notions de « normativité biologique » et de « normalisation technique », pour montrer à la fois la limite et la fécondité de la philosophie biologique de la technique de Canguilhem, lesquelles coïncident en l'occurrence : décrivant la technique soit comme une création du vivant, soit comme un vecteur de normalisation sociale, il ne l'envisage jamais comme un domaine ontologique à part entière relevant d'une normativité propre, ce qui lui permet, en même temps, de développer une éthique biologique des techniques qui représente probablement l'héritage plus important qu'il a légué à la philosophie des techniques.

1. NORME ET VALEUR DANS LA « PHILOSOPHIE BIOLOGIQUE » DE CANGUILHEM

L'expression *philosophie biologique*, forgée par Auguste Comte dans la 40 e leçon de son *Cours de philosophie positive*, se réfère génériquement, dans le champ français, à des philosophies de la vie, c'est-à-dire à des philosophies qui prennent la vie comme leur objet [3]. Plus exactement, Jean Gayon a précisé que « la philosophie biologique est un exercice de pensée qui s'engage tôt ou tard dans une réflexion sur la nature de la vie où, à tout le moins, sur la portée philosophique générale des phénomènes de la vie » [4]. Mais quelle est donc la philosophie biologique propre à Canguilhem ? Canguilhem inscrit en effet expressément sa propre réflexion dans le sillage de la philosophie biologique, il s'interroge à plusieurs reprises sur l'utilité de ce programme de recherche [5], et plus généralement sur l'utilité d'un vitalisme critique, mais c'est peut-être l'ensemble de son parcours intellectuel qui mérite d'être qualifié de « philosophie biologique » ; c'est du moins la thèse de Gayon, selon lequel « Georges Canguilhem entendait construire, au vieux et fort sens du terme, une "philosophie biologique" », c'est-à-dire, « une conception générale de la vie » [6]. Le caractère critique de son vitalisme consiste dans la mise entre parenthèses de toute thèse métaphysique sur l'essence de la vie, en vue de l'esquisse d'une conception *axiologique* de la vie, au

3. Pour ce type d'usage, au-delà des articles de Canguilhem sur Comte et de J. Gayon sur Canguilhem, cités dans les notes suivantes, *cf.* aussi par exemple Gayon, J., « Un objet singulier dans la philosophie biologique bernardienne : l'hérédité », *in* Michel, J., (dir.), *La Nécessité de Claude Bernard*, Paris, Klincksieck, 1991, p. 169-182 ou encore Dagognet, F., *Philosophie biologique*, Paris, P.U.F., 1955.

4. Gayon, J., « Le concept d'individualité dans la philosophie biologique de Georges Canguilhem », *in* Bitbol, M., & Gayon, J., (dir.), *L'épistémologie française 1830-1970*, Paris, Éditions Matériologiques, 2006, p. 391.

5. *Cf.* Canguilhem, G., « Note sur la situation faite en France à la philosophie biologique », *in* Canguilhem, G., *Œuvres Complètes*, t. IV, Paris, Vrin, 2015, p. 307-320 (d'abord paru in *Revue de Métaphysique et de Morale,* 52/3-4, 1947, p. 322-332), et « La philosophie biologique d'Auguste Comte et son influence en France au XIX e siècle », in Canguilhem, G., *Études d'histoire et de philosophie des sciences*, Paris, Vrin, 1975, p. 61-74.

6. Gayon, J., « Le concept d'individualité dans la philosophie biologique de Georges Canguilhem », art. cit., p. 418.

sein de laquelle le vivant puisse être compris dans sa spécificité pragmatique, qui est celle d'être étranger à toute indifférence : « vivre c'est, même chez une amibe, préférer et exclure » [7]. Dans l'*Essai sur quelques problèmes concernant le normal et le pathologique*, Canguilhem explique que

> la vie est polarité et par là même position inconsciente de valeur, bref la vie est en fait une activité normative. Par normatif, on entend en philosophie tout jugement qui apprécie ou qualifie un fait relativement à une norme, mais ce mode de jugement est au fond subordonné à celui qui institue des normes. Au sens plein du mot, normatif est ce qui institue des normes. Et c'est en ce sens que nous proposons de parler d'une normativité biologique [8].

Le concept de *normativité biologique* représente donc le pivot de la philosophie biologique de Canguilhem, véritable clef de voûte de son architecture, dont le sens se trouve indissociable du rôle qui, dans le même édifice, est couvert par les notions de *jugement*, de *valeur* et, bien sûr, de *norme*. Comme l'a bien montré Xavier Roth, la genèse de ce concept est à resituer, avant tout, dans la trace de la philosophie d'Alain, maître de Canguilhem qui avait élaboré « une philosophie du jugement fondée sur *la subordination de l'être à la valeur* » [9]. Sans abandonner cette perspective, Canguilhem la corrige en quelque sorte en déplaçant la source originaire des valeurs, qui serait non plus le *cogito* mais le vivant dans son activité concrète d'appropriation et de modification du milieu. La philosophie biologique de Canguilhem est alors une conception générale de la vie *par le vivant*, se configurant comme une espèce singulière de vitalisme, que Canguilhem définit comme « une exigence plutôt qu'une méthode » [10], qui s'efforce de « tenir du vivant l'idée du vivant » [11].

7. Canguilhem, G., *Le normal et le pathologique*, Paris, P.U.F., 1966, p. 84.

8. *Ibid.*, p. 77.

9. Roth, X., *Georges Canguilhem et l'unité de l'expérience*, Paris, Vrin, 2013, p. 128.

10. Canguilhem, G., « Aspects du vitalisme », in *La connaissance de la vie*, *op. cit.*, p. 87.

11. *Id.*, « La pensée et le vivant », in *La connaissance de la vie*, *op. cit.*, p. 13. Pour souligner le militantisme de Canguilhem, Charles Wolfe a préféré parler de « biophilosophie » plutôt que de philosophie biologique. Pour lui, « Il est intéressant en soi que Canguilhem, "historien du vitalisme", transforme cette histoire (ou cette épistémologie historique), en un argument en faveur du vitalisme lui-même » (Wolfe, C., « La biophilosophie de Georges Canguilhem », *Scienza & filosofia*, 17, 2017, p. 35, accessible en ligne depuis le site www.scienzaefilosofia.it).

Dans l'*Essai*, c'est plus précisément à partir de l'examen de l'expérience vécue de la maladie que Canguilhem tire une idée de la vie et du vivant, qui est une idée polémique, en ce sens que le vivant s'oppose à son propre milieu comme la valeur s'oppose au fait, engendrant ainsi un « conflit entre l'existence et l'exigence » [12]. C'est parce qu'il y a des vivants qu'il y a des valeurs, c'est le vivant qui valorise le milieu et sans cette activité de qualification et de valorisation, chaque milieu aurait certes des caractéristiques chimiques ou physiques, mais elles n'auraient aucune signification, elles seraient indifférentes, et le milieu, à la rigueur, n'en serait pas un mais resterait un lieu indifférencié [13]. Au contraire, l'organisme vivant, guidé par ses propres « exigences vitales », différencie l'environnement qui l'entoure en le constituant en tant que milieu, en le qualifiant ou en le disqualifiant, faisant ainsi émerger en son sein des objets chargés de valeurs et instituant en même temps ses propres normes : « la vie, étant non pas seulement soumission au milieu mais institution de son milieu propre, pose par là même des valeurs non seulement dans le milieu mais aussi dans l'organisme même. C'est ce que nous appelons la normativité biologique » [14].

Le rappel à l'héritage d'Alain n'explique alors qu'en partie la genèse de la théorie de la normativité biologique, dont les racines trouvent leur terreau aussi dans d'autres événements de la biographie intellectuelle de Canguilhem, et précisément dans sa réévaluation personnelle de Bergson [15], opérée dès la fin des années 1930 et le début des années 1940. Occasionnée probablement par la rencontre toulousaine avec Vladimir Jankélévitch [16] et par les cours sur *L'Évolution créatrice* que Canguilhem lui-même donna aux

12. Canguilhem, G., « Si l'on peut voir dans la Psychanalyse une théorie des valeurs ? », inédit, CAPHÉS, GC. 11.2, fol. 120, cité par C. Limoges dans l'Introduction à Canguilhem, G., *Œuvres complètes*, t. IV, *Résistance, philosophie biologique et histoire des sciences 1940-1965*, Paris, Vrin, 2015, p. 36.

13. À ce sujet, *cf.* l'article de Petit, V., « Le concept de milieu dans l'œuvre de Georges Canguilhem », in *Milieu, Mi-lieu, Milieux*, Milano, Mimésis, 2020.

14. Canguilhem, G., *Le normal et le pathologique*, *op. cit.*, p. 155.

15. Sur l'originale synthèse que Canguilhem accomplit entre Alain et Bergson, *cf.* Braunstein, J.-F., « Canguilhem avant Canguilhem », *Revue d'histoire des sciences*, 53/1, 2000. p. 9-26.

16. Je tire cette information du livre de G. Bianco : *Après Bergson. Portrait de groupe avec philosophe*, Paris, P.U.F., 2015, p. 242.

agrégatifs en 1942 et 1943, la relecture de Bergson lui a permis de réviser sa philosophie des valeurs dans le sens d'une philosophie des valeurs *biologiques*, reconnaissant la vie non seulement comme la source ultime des valeurs mais, plus spécifiquement, comme étant *essentiellement* une activité normative de position de valeurs dans le débat vivant-milieu. C'est aussi par la lecture de Bergson que Canguilhem arrive à concilier les fonctions de l'action et de la connaissance dans la perspective du vivant, suivant le passage bien connu de *L'Évolution créatrice* :

> La théorie de la connaissance et la théorie de la vie nous paraissent inséparables l'une de l'autre. Une théorie de la vie qui ne s'accompagne pas d'une critique de la connaissance est obligée d'accepter, tels quels, les concepts que l'entendement met à sa disposition : elle ne peut qu'enfermer les faits, de gré ou de force, dans des cadres préexistants qu'elle considère comme définitifs [17].

La vie nous garantit l'unité originaire de connaissance et d'action qui a été le problème majeur de la philosophie depuis Kant, et en ce sens la philosophie biologique de Canguilhem s'inscrit largement dans le sillage de celle de Bergson. Comme le remarque encore Gayon, il s'agit d'une philosophie qui pivote autour de trois idées principales, à savoir la « perspective axiologique » du vivant, la « proximité entre vie et connaissance » et la centralité de « la catégorie de relation » pour penser l'individualité biologique [18]. On voit bien que ces trois idées découlent l'une de l'autre : c'est parce que le fait de vivre est avant tout une relation entre un individu et un milieu que la philosophie biologique ne peut qu'assumer une posture axiologique, laquelle implique la proximité entre vie et connaissance. Mais en quoi consiste précisément la proximité entre vie et connaissance dont il est question ici ? C'est à travers une théorie de la technique que Canguilhem répond à cette question.

17. Bergson, H., *L'Évolution créatrice* [1907], Paris, P.U.F., 1941, p. IX.

18. Gayon, J., « Le concept d'individualité dans la philosophie biologique de Georges Canguilhem », art. cit., p. 418.

2. CRÉATION ET ACTION : LA QUESTION DE LA TECHNIQUE DANS DEUX TEXTES DE LA FIN DES ANNÉES 1930

Pour comprendre la genèse de cette théorie de la technique, il faut d'abord regarder les textes des deux premières conférences que Canguilhem consacre, en 1937 et en 1938, à la question de la technique : « Descartes et la technique » et « Activité technique et création ». Ces textes représentent une charnière ou un point de passage entre la philosophie des valeurs à laquelle il était attaché par l'enseignement d'Alain, et sa propre philosophie biologique qu'il développera à partir de sa thèse de médecine, l'*Essai sur quelques problèmes concernant le normal et le pathologique* (publié en 1943). Le problème de la création y est central, et il fait corps, comme remarqué par Jean-François Braunstein[19], avec la critique du déterminisme du milieu, en tant que ces deux thèmes engagent le problème moral et politique de la liberté du sujet, de sa capacité à réaliser ses valeurs face aux contraintes matérielles. C'est dans ce contexte qu'il faut situer l'émergence d'une réflexion sur la technique chez Canguilhem, qui deviendra ensuite une véritable philosophie biologique de la technique. Parallèlement, sa critique du déterminisme comporte aussi un volet épistémologique, en tant qu'elle s'adresse également contre la conception positiviste de la valeur universelle et objective de la science. Comme déjà suggéré, toute la philosophie de la technique de Canguilhem doit être comprise avant tout comme un effort de dépassement du rationalisme positiviste, ainsi qu'il le suggère lui-même dans le résumé du texte sur « Descartes et la technique » :

> L'activité technique est-elle un simple prolongement de la connaissance objective, comme il est devenu commun de le penser à la suite de la philosophie positiviste, ou bien est-elle l'expression d'un « pouvoir » original, créateur en son fond, et pour lequel la science

19. *Cf.* Braunstein, J.-F., « À la découverte d'un “Canguilhem perdu” », « Introduction » au t. I de Canguilhem, G., *Œuvres Complètes*, Paris, Vrin, 2011, p. 101-137, en part. p. 123-129.

élaborerait, parfois à la suite, un programme de développement ou un code de précautions [20] ?

Le problème épineux de la technique est donc abordé par Canguilhem afin de critiquer l'universalité de la connaissance objective postulée par le positivisme, lequel croyait trouver dans l'efficacité technique une preuve de l'objectivité de la science : si les objets techniques fonctionnent, c'est bien sûr parce qu'ils ont été construits en respectant les lois de la nature, préalablement révélées par la physique et la mécanique. Canguilhem entend justement détricoter cette thèse, à travers la démonstration de l'antériorité – et donc de l'indépendance au moins relative – de la technique par rapport à la science, qui permettrait de réfuter une fois pour toutes ce dogme positiviste. Sa stratégie consiste alors à faire l'hypothèse d'un « pouvoir créateur », préalable ou plus originaire par rapport à la normativité scientifique, qui serait la source de la technique et qui se situerait en deçà de toute activité théorique. Dans ce texte, comme dans celui sur « Activité technique et création », il demeure pourtant une certaine ambiguïté sur la nature de ce pouvoir, car si d'un côté Canguilhem avance résolument la thèse de l'enracinement de l'activité technique dans les « exigences du vivant », de l'autre il ne reconnaît pas encore le vivant comme doué d'un pouvoir créateur *en tant que vivant*, mais c'est plutôt à l'esprit, à la dimension idéale de l'homme, et de l'homme seulement, qu'il le confie. Ces textes expriment en somme un positionnement anthropologique sur la technique en dessinant une anthropologie encore incertaine, où l'homme est à la fois enraciné dans la vie par ses exigences biologiques, mais détaché de ces mêmes exigences en vertu de sa dimension spirituelle, par laquelle il réalise, ou réifie, des valeurs et des idéaux. En tant que vivant, l'homme n'est pas d'abord un être rationnel qui s'orienterait dans le milieu grâce à la connaissance théorique qu'il en aurait, mais un être dont l'action est guidée par les besoins qu'il ressent. Mais c'est en tant qu'être spirituel qu'il est capable d'élaborer une technique (qui serait le pendant de « l'instinct chez l'animal »), entendue comme le premier moyen par lequel il tente de combler le hiatus entre ses exigences et l'existence, entre les

20. Canguilhem, G., « Descartes et la technique », in *Œuvres Complètes*, t. I, *Écrits philosophiques et politiques 1926-1939*, Paris, Vrin, 2011, p. 490.

valeurs et les faits, soi-même et le milieu. Pour tout vivant, le besoin est le seul fait primordial, sentiment à partir duquel il est amené à valoriser l'existant. Chez l'homme, et grâce à sa dimension spirituelle, cette valorisation est consubstantielle à la fabrication technique, « activité par laquelle la matière de l'existence est liée à la forme de l'exigence, ou les moyens à la fin » [21]. La connaissance est, en ce sens, seconde par rapport à la technique,

> non pas en ceci que le vrai serait une codification de l'utile, un enregistrement du succès, mais au contraire en ceci que l'embarras technique, l'insuccès et l'échec invitent l'esprit à s'interroger sur la nature des résistances rencontrées par l'art humain, à concevoir l'obstacle comme indépendant des désirs humains, et à rechercher une connaissance vraie [22].

Le texte sur « Descartes et la technique » pose ainsi les termes du problème de la technique auxquels Canguilhem restera toujours fidèle : si la technique est première par rapport à la science, elle n'en est pas pour autant la source, mais plutôt l'occasion. Technique et science sont deux activités autonomes, c'est-à-dire qu'elles répondent à des systèmes de normes indépendants, qui trouvent leur source commune dans un même « pouvoir original, créateur en son fond », même si celui-ci reste pour l'instant plutôt imprécisé. Tout laisse croire en tout cas que ce pouvoir créateur est, dans ces premiers textes sur la technique, celui de l'esprit, car Canguilhem affirme que « l'essence de la création c'est de *réaliser un idéal* »[23], il parle de la technique comme ce qui « accord[e] la nature aux besoins de la conscience »[24], et la définit comme « un effort de *libération* des fins (…) proprement spirituelles » [25]. La séparation entre science et technique est ainsi démontrée, au sens où il s'agit de deux formes de « pensée (…) antinomiques »[26], car non seulement la technique n'est pas réductible à la science, mais aussi,

21. Canguilhem, G., « Si l'on peut voir dans la Psychanalyse une théorie des valeurs ? », cité par Limoges, C., *in* Canguilhem, G., *Œuvres Complètes*, t. IV, *op. cit.*, p. 36.

22. *Id.*, « Descartes et la technique », *op. cit.*, p. 496-497.

23. *Id.*, « Activité technique et création », in *Œuvres Complètes*, t. 1, *op. cit.*, p. 502.

24. *Ibid.*

25. *Ibid.*, p. 503.

26. *Ibid.*, p. 505.

réciproquement, la science ne s'épuise pas en une rationalisation des techniques.

« On notera aisément comment la thèse proposée se rapproche du bergsonisme (généralement si mal compris) et comment elle s'en écarte »[27], dit Canguilhem. Il entend par là souligner que sa propre philosophie, tout en rattachant la création technique à l'activité du vivant, n'est pas pourtant un pragmatisme, c'est-à-dire une « philosophie qui tente de réduire toutes les fonctions à la fonction de l'adaptation vitale, utilitaire ou technique »[28], puisqu'entre technique et science il y a une irréductibilité de fond ; alors que la technique s'enracine dans « l'expérience précritique » irréfléchie, la science prend au contraire le départ d'une « expérience réfléchie »[29] (en réalité, pour Bergson l'invention technique présuppose déjà un effort de réflexion). Pour Bergson autant que pour Canguilhem, en somme, la technique est une affaire de création[30], mais alors que le premier pense que c'est la vie elle-même qui crée des « organes artificiels » prolongeant l'organisme naturel, chez Canguilhem la vie est plutôt liée à l'instinctivité du besoin, qui déclenche en l'homme une sorte de pouvoir spirituel de création et de dépassement des obstacles ; la vie est donc ce qui provoque l'action, celle-ci étant par contre soutenue et guidée par la force idéale de l'esprit. Si sur le plan épistémologique la position de Canguilhem est plus tenable de celle de Bergson, comme de tout perspectivisme radical, parce qu'elle lui permet de défendre un constructivisme rationaliste dont les grandes lignes s'apparentent de celui de Bachelard (la conception de l'expérience comme obstacle nécessaire pour la formation de la science est un point un commun), sur le plan d'une théorie de la technique il en va tout autrement. Il y a dans cette première philosophie biologique de Canguilhem une sorte d'anthropologie négative, une conscience de la puissance du négatif qui est absente chez Bergson, mais qui a des répercussions sur sa théorie de la technique. Dans son idée

27. *Ibid.*, p. 506.

28. *Ibid.*, p. 501.

29. *Ibid.*, p. 502.

30. Guillaume Le Blanc a noté que le thème autour duquel le rapprochement entre Bergson et Canguilhem est plus vif, c'est justement celui du caractère créateur de la vie. *Cf.* Le Blanc, G., « Le problème de la création : Bergson et Canguilhem », *in* Worms, F., (dir.), *Annales bergsoniennes II : Bergson, Deleuze, la phénoménologie*, Paris, P.U.F., 2004, p. 489-506.

encore assez spirituelle du vivant humain, le ressort de l'action est certes constitué par l'émergence d'un *besoin* vital qui le pousse à agir, mais l'infléchissement de l'action dans le sens de l'activité technique est une « ruse » de l'esprit, grâce à laquelle l'homme fabrique des outils pour satisfaire le besoin ; de sorte que si Canguilhem peut à ce stade expliquer l'*exigence* primordiale de la technique en termes biologiques, il n'arrive pas encore à en proposer une véritable *genèse* biologique, la technique demeurant ainsi une catégorie anthropologique, une production de l'esprit [31]. Au contraire, le souci de Bergson étant justement celui de montrer le caractère créateur de la vie, sa philosophie est une ontologie à part entière, dans laquelle toute création trouve son explication, y compris la création technique dont il fournit justement une théorie de l'invention.

Finalement, bien que dans cette première phase de sa réflexion sur la technique Canguilhem ne cesse d'en parler en termes de création, le cadre général à travers lequel il pense cette création est plutôt celui d'une philosophie subjective des valeurs, comme le témoigne le recours constant à un lexique dualiste : la création est constamment ramenée au conflit entre l'exigence et l'existence (« Toute création a pour premier souci ce qui lui résiste ») [32], entre le fait et la valeur. En ce sens, c'est peut-être davantage le concept d'action, entendue comme acte synthétique du sujet, qui constitue, à cette époque de sa pensée, le paradigme de l'activité technique, étant donné que la catégorie d'action définit le domaine de l'expérience où le sujet humain est véritablement créateur, c'est-à-dire capable d'opposer ses propres valeurs (le possible) à la matérialité de ce qui existe, à ce qui est donné dans le réel : « l'effort technique mesure l'insuffisance du donné à contenter nos exigences » [33]. L'action est ainsi pour Canguilhem le schème de tout acte synthétique de

31. Bien que Canguilhem élaborera ensuite une théorie biologique de la technique, sa pensée de la machine sera toujours teintée d'un certain idéalisme : « L'invention et l'utilisation de machines par l'homme, l'activité technique en général, n'est-ce pas ce que Hegel appelle la ruse de la raison ? La ruse de la raison consiste à accomplir ses propres fins par l'intermédiaire d'objets agissant les uns sur les autres conformément à leur propre nature. L'essence d'une machine c'est bien d'être une médiation » (Canguilhem, G., « Aspects du vitalisme », in *La connaissance de la vie*, *op. cit.*, p. 110). La même idée de la machine comme ruse de la raison, avec référence à Hegel, est présente dans le texte plus tardif sur la question de l'écologie.

32. Canguilhem, G., « Activité technique et création », *op. cit.*, p. 502.

33. *Ibid.*

création, en tant qu'opposée à la connaissance, entendue comme acte analytique de réflexion. Il est clair que son intérêt pour la création technique est véhiculé avant tout, au début, par une volonté d'affirmer la primauté de la dimension normative du sujet contre la présumée nécessité des faits et de la réalité. Toutefois, ses travaux en médecine le conduiront à mieux définir le sens de cette normativité, à travers l'élaboration de la notion de normativité *biologique*, par laquelle il dépassera cette espèce d'indécision entre le spirituel et le biologique en l'homme comme sources de valeurs.

3. NORMATIVITÉ BIOLOGIQUE ET TECHNIQUE

L'introduction, dans la thèse de médecine, du concept de « normativité biologique » (ou indifféremment « vitale », « de la vie », ou encore « du vivant ») sera la condition pour l'élaboration d'une véritable « conception générale de la vie » comprenant en son sein une théorie de la technique. Néanmoins, si Canguilhem décide de faire une thèse en médecine, c'est pour prolonger son questionnement autour des rapports entre science et technique, car la médecine lui fournit un terrain où elles dévoilent de manière exemplaire leur autonomie respective, condition de leur interdépendance. Au début de l'*Essai sur quelques problèmes concernant le normal et le pathologique*, la médecine est définie « comme une technique ou un art au carrefour de plusieurs sciences, plutôt que comme une science proprement dite »[34], figurant ainsi comme le paradigme de toute technique, à savoir une activité a priori préthéorique qui, à un certain stade de l'évolution culturelle des sociétés humaines, ne peut que s'enrichir et profiter des avancées théoriques de la science, sans jamais s'y réduire. Cette définition permet en somme d'éviter à la fois les deux réductionnismes opposés, celui de ne voir la technique que comme une application de la science (le dogme positiviste), et celui de ne voir la science que comme formalisation de la technique (le pragmatisme). Le fait que science et technique soient interdépendantes et ne soient pas réductibles l'une à l'autre ne veut pas dire pour autant qu'elles sont équivalentes, et tout l'*Essai* peut être lu

34. Canguilhem, G., *Le normal et le pathologique*, *op. cit.*, p. 7.

comme une démonstration de la thèse de l'antériorité de la technique, de l'expérience et de l'action par rapport à la science, la connaissance et la théorie. Lorsque Canguilhem fait jouer la conception de Leriche contre la conception comtienne de la médecine (application directe du savoir physiologique expérimental), c'est qu'il voit chez le premier

> une théorie de la technique, une théorie pour qui la technique existe, non comme servante docile appliquant des ordres intangibles, mais comme conseillère et animatrice, attirant l'attention sur les problèmes concrets et orientant la recherche en direction des obstacles, sans rien présumer à l'avance des solutions théoriques qui lui seront données [35].

Comme dans les deux écrits de jeunesse sur la technique, c'est un certain sentiment du négatif qui déclenche la création : là, les besoins et les exigences du vivant occasionnaient l'activité technique d'abord et la formation de la science ensuite ; maintenant, le sentiment d'être malade engendre la nécessité de la thérapeutique et puis celle d'une pathologie scientifique (mais aussi d'une physiologie) corrigeant et orientant la technique thérapeutique. Si la normalité et la norme sont « secondes », c'est parce qu'au départ il n'y a pas l'objectivité du réel, mais la normativité originaire du vivant qui le valorise, et c'est pourquoi la science est seconde par rapport à l'expérience. Étudier le rapport entre les notions de normal et de pathologique permet donc à Canguilhem de préciser son épistémologie constructiviste et de porter un argument fort en faveur du retournement de la thèse positiviste.

La dénonciation de la fragilité épistémologique de la thèse de la technique comme application de la science, s'appuyant sur un positionnement constructiviste (il n'y a pas de science objective) et perspectiviste (la science s'enracine dans la normativité du vivant), est par ailleurs – et comme dans les textes précédents – un enjeu moral voire politique pour Canguilhem, qui dénonce l'usage souvent normatif du concept de normal. Contester la normativité du normal revient alors à réaffirmer, en continuité avec les idées exposées dans les deux premiers textes sur la technique, la primauté de la dimension subjective, en l'occurrence celle de la maladie, sur celle

35. Canguilhem, G., *Le normal et le pathologique*, *op. cit.*, p. 60.

objective de la science. C'est parce qu'il y a des malades qu'il y a des médecins, et non pas l'inverse : exigences du vivant, d'où technique, d'où science ; l'inverse étant toujours pour Canguilhem un mythe d'exactitude inexistant et aux conséquences politiques fâcheuses.

Par ailleurs, l'*Essai* ne s'arrête pas au constat de l'antériorité du pathologique sur le normal, mais donne aussi une interprétation de cette antériorité engageant une thèse sur la vie. Pour qu'il y ait médecine, en effet, le sentiment du pathologique ne suffit pas, mais il faut postuler en plus une volonté de dépasser ou de vaincre la maladie [36]. Il y aurait en somme une tendance générale du vivant à réagir à la maladie, plutôt qu'à lui céder, qui témoigne selon Canguilhem de l'existence d'une plus profonde normativité biologique, c'est-à-dire du fait que la vie est toujours une « activité normative ». L'enjeu n'est donc pas seulement celui d'affirmer l'antériorité du pathologique sur le normal, mais surtout celui d'établir l'impossibilité de fixer une normalité absolue et définitive, car le vivant est une activité constante et ininterrompue de dépassement de ses propres normes. Le concept de normativité biologique vient finalement préciser la nature du « pouvoir créateur » que Canguilhem semblait auparavant attribuer à l'esprit, et qui maintenant relève du vivant en tant que tel.

Pour que cette maturation ait été possible dans sa pensée, il a fallu substituer la notion de pathologique à celle de besoin : si le besoin est toujours un sentiment déterminé (besoin de nourriture quand on est affamé, besoin d'un abri quand on est exposé aux intempéries météorologiques...), le pathologique est au contraire la conscience indéterminée d'une perte, d'un amoindrissement dans l'être, et plus précisément d'un affaiblissement des interactions possibles avec le milieu. La maladie est donc amoindrissement d'une capacité propre au vivant d'être normatif, elle est une perte de normativité biologique, et nous avons conscience de ce pouvoir normatif seulement quand notre créativité subit un arrêt, quand

36. Canguilhem exprime d'abord cette exigence sur un ton interrogatif : « Nous nous demandons comment un besoin humain de thérapeutique aurait engendré une médecine progressivement plus clairvoyante sur les conditions de la maladie, si la lutte de la vie contre les innombrables dangers qui la menacent n'était pas un besoin vital permanent et essentiel », mais il déclare finalement : « Tel est le fait simple que nous voulons désigner en parlant de normativité biologique » (*ibid.*, p. 77-78 et p. 79).

nous pâtissons le milieu plus que nous ne le maîtrisons. Le pathologique est justement compréhensible comme un certain rapport rétréci[37] avec le milieu, un rapport qui, à l'état « normal », est au contraire normatif, c'est-à-dire plus que normal, parce qu'il prévoit la possibilité du dépassement des normes ; la vie est ainsi définie comme une activité normalement créatrice, en ce sens précis que le vivant normal est celui qui invente des nouvelles normes de vie, qui a une relation créative avec le milieu.

Si dans « Descartes et la technique » et « Activité technique et création » les notions d'« exigences de la vie » et de « besoin » renvoyaient à une sorte d'anthropologie négative qui expliquait la technique comme une création spirituelle comblant un manque biologique, la notion de « pathologique » est au contraire une notion qui fait signe directement vers le caractère créateur et normatif de la vie. La création est, dans l'*Essai*, tout aussi biologique que le pathos, et elle est même plus originaire que ce dernier, lequel ne fait que révéler le caractère fondamentalement créateur et normatif de la vie. Canguilhem n'a plus besoin de faire appel à une dimension spirituelle pour rendre compte de la création technique, qui est ainsi considérée comme une fonction de la normativité biologique et entendue comme une création biologique à part entière : « Il en est de la médecine comme de toutes les techniques. Elle est une activité qui s'enracine dans l'effort spontané du vivant pour dominer le milieu et l'organiser selon ses valeurs de vivant » [38]. La normativité de la vie est, autrement dit, inséparable d'une activité technique de façonnage et d'appropriation du milieu, car la vie est toujours une « activité d'information et d'assimilation de la matière »[39], écrit

37. Si l'on conçoit le pathologique comme le rétrécissement du milieu, on peut aussi donner une lecture pour ainsi dire topologique de la normativité comme une « certaine latitude » de la vie. Pour une analyse précise de cette notion, *cf.* la thèse de doctorat d'Agathe Camus, *Une « certaine latitude ». Santé et autonomie dans la décision médicale et dans la relation de soin en médecine interne*, Université Sorbonne Paris Cité, soutenue le 3 juillet 2019.

38. Canguilhem, G., *Le normal et le pathologique*, *op. cit.*, p. 156.

39. *Ibid.*, p. 80.

Canguilhem avec des accents très bergsoniens, dont Gilbert Simondon se souviendra [40].

4. TECHNIQUE ET ÉPISTÉMOLOGIE

Après l'*Essai sur quelques problèmes concernant le normal et le pathologique*, la question de la technique assume une plus vaste envergure dans les travaux de Canguilhem, elle s'articule de manière explicite et intime au thème de la philosophie biologique, tout en demeurant liée au problème de son rapport avec la science. La *Note sur la situation faite en France à la philosophie biologique* (1947) dresse ainsi un diagnostic selon lequel la théorie mécaniste de Descartes, qui n'accorde « aucune originalité ontologique au vivant », aurait généré un « culte de l'idée claire » en biologie qui serait la cause « de [la] méfiance et même d[e l]'hostilité à l'égard de la philosophie biologique en France » [41]. Pourtant, estime Canguilhem, s'il est vrai que le vivant n'est « rien plus qu'une machine » dans le système cartésien, cette machine est néanmoins « montée par les soins de Dieu », car Descartes sait bien que la théorie mécaniste de l'animal-machine peut expliquer le *fonctionnement* des machines, mais non pas leur *fabrication*, soient-elles humaines ou divines. N'importe quelle théorie mécaniste ne pourra donc jamais rendre compte des phénomènes génétiques et dynamiques du vivant, et elle devra toujours être complétée par une théorie de la création biologique. La tâche de la philosophie biologique serait alors celle de corriger la vision des rapports entre la technique et la vie, à travers une compréhension de la première comme création de la seconde, suivant en cela la voie ouverte par la philosophie de Bergson, dont

> la valeur (…) c'est d'avoir compris le rapport exact de l'organisme et du mécanisme, d'avoir été une philosophie biologique du machi-

40. *Cf.* Simondon, G., *Du mode d'existence des objets techniques* [1958], Paris, Aubier, 2012, p. 18 : « la machine, œuvre d'organisation, d'information, est, comme la vie et avec la vie, ce qui s'oppose au désordre ».

41. Canguilhem, G., *Note sur la situation faite en France à la philosophie biologique*, *op. cit.*, p. 311.

> nisme, traitant les machines comme des organes de la vie, et jetant les bases d'une organologie générale [42].

Encore une fois, la question de la technique est abordée par le biais du problème de la création biologique, laquelle entraîne toujours une contestation de l'antériorité da la science sur la production technique. Mais, par rapport aux travaux précédents, il y a ici des éléments de nouveauté non négligeables : tout d'abord, la production technique n'est plus abordée à partir des dimensions à la fois individuelles et déficitaires du besoin ou de la maladie, mais témoigne maintenant d'une inventivité générale de la vie. Désormais, la technique n'est plus conçue sous l'espèce d'une *pensée* ou d'une *activité* exclusive du vivant humain singulier, mais comme une stratégie que la vie a toujours utilisée pour s'imposer dans la lutte contre le milieu : « L'histoire du mécanisme doit être réinscrite dans l'histoire de la vie » [43].

Cette nouvelle perspective est gagnée – et on en vient au deuxième élément de nouveauté – grâce à l'analyse de la question épistémologique de l'analogie entre machine et organisme, qui donne le titre à la conférence de 1947. La célébrité de Descartes en matière d'analogies mécaniques est bien connue et incontestable, c'est lui qui a poussé le plus loin possible la vision mécaniste du corps, mais selon Canguilhem l'origine de l'usage analogique de la machine remonte en réalité jusqu'à Aristote. On sait en effet, comme Canguilhem le rappelle à plusieurs reprises [44], qu'Aristote avait déjà assimilé « les organes du mouvement animal à des *"organa"*, c'est-à-dire à des parties de machines de guerre » [45], mais qu'il n'avait pas encore osé l'analogie entre la machine et l'organisme tout entier. Cependant, s'il ne l'a pas fait, ce serait seulement à cause de l'état d'avancement des techniques de son époque, et non pas en raison d'une réticence théorique particulière, selon Canguilhem : les machines de guerre connues par Aristote étaient en effet des machines alimentées par la force motrice animale ou humaine, alors qu'au contraire Descartes avait en tête davantage des machines à

42. Canguilhem, G., *Note sur la situation faite en France à la philosophie biologique*, *op. cit.*, p. 319.

43. *Ibid.*, p. 319.

44. *Cf.* aussi son article sur « Le tout et la partie dans la pensée biologique », *in* Canguilhem, G., *Études d'histoire et de philosophie des sciences*, Paris, Vrin, 1975.

45. Canguilhem, G., « Machine et organisme », in *La connaissance de la vie*, *op. cit.*, p. 135.

ressort ou des machines hydrauliques. Cette différence est capitale selon Canguilhem, parce qu'il estime que, pour qu'il y ait assimilation complète de l'organisme à la machine, la plus ou moins grande similitude entre les pièces mécaniques de la machine et les parties du corps n'est pas condition suffisante, car il faut en plus l'existence d'un « décalage entre le moment de la restitution et celui de l'emmagasinement de l'énergie restituée par le mécanisme[,] qui permet l'oubli du rapport de dépendance entre les effets du mécanisme et l'action du vivant » [46]. S'il n'y a pas chez Aristote une théorie de l'animal-machine, c'est parce que les machines de son époque étaient alimentées par la force animale, et la dépendance de la machine du vivant était tellement patente qu'une conception de la machine comme entité autonome ne pouvait pas voir le jour. Chez Descartes en revanche, cela est désormais possible en vertu de l'existence d'automates dont le fonctionnement est largement autonome par rapport à l'opérateur technique (car la force motrice leur vient d'ailleurs), ce qui permet d'achever la démarche initiée par Aristote et d'oublier, ou en tout cas de mettre entre parenthèse à des fins épistémologiques, le fait que le fonctionnement de la machine dépend du vivant. La conception mécaniste de l'organisme est en somme fondée sur l'oubli progressif, dû à l'évolution historique des techniques, du rôle du vivant dans le fonctionnement des machines, et c'est pourquoi Canguilhem peut affirmer que

> On a presque toujours cherché, à partir de la structure et du fonctionnement de la machine déjà construite, à expliquer la structure et le fonctionnement de l'organisme ; mais on a rarement cherché à comprendre la construction même de la machine à partir de la structure et du fonctionnement de l'organisme [47].

Pour rattraper ce défaut, il estime qu'il faudrait resituer la théorie mécanique du vivant dans une théorie biologique de la technique. C'est parce que la vie est capable de créer des machines relativement indépendantes de l'opérateur biologique que celles-ci peuvent ensuite être utilisées analogiquement comme des modèles pour la connaissance des organismes. Ce faisant, Canguilhem revient à affirmer exactement la même chose que Bergson : la théorie de la

46. *Ibid.*, p. 135-136.
47. *Ibid.*, p. 130.

connaissance doit être doublée par une théorie de la création vitale, formant ainsi un tout qui serait la philosophie biologique. On peut en déduire que, pour Canguilhem autant que pour Bergson, il n'y a pas de philosophie biologique qui ne soit en même temps une philosophie biologique *de la technique*, tout l'enjeu étant celui de saisir le rapport de la vie à ses créations.

5. NORMATIVITÉ VITALE *VS.* NORMALISATION TECHNIQUE

Chez Canguilhem, l'affirmation de l'origine biologique de la technique est donc un moyen pour affirmer l'irréductibilité du vivant à la machine, mais le prix de cette critique épistémologique du mécanisme est un réductionnisme technique qui nie toute originalité ontologique à la machine afin de la situer en continuité avec la vie. Il serait tentant, en ce sens, de décrire sa philosophie biologique dans les mêmes termes qu'il utilise pour illustrer celle d'Auguste Comte, à savoir comme une « justification systématique » de « l'autonomie sinon de l'indépendance d'une discipline », la biologie, qui porte sur « un objet d'investigation échappant à toute analogie essentielle avec l'objet des sciences de la matière »[48]. C'est comme si, pour assurer la spécificité de la biologie et de son objet, Canguilhem devait nier celle de la technologie et de son objet, au lieu de reconnaître – comme le fera Simondon, par exemple – que l'originalité ontologique des objets techniques ne mine en rien celle des organismes, même si les deux domaines de réalité ne sont pas réductibles l'un à l'autre. Ainsi, Canguilhem consacre un grand effort dans « Machine et organisme » à l'illustration de toutes les caractéristiques des corps organiques qui ne seraient pas réductibles à des propriétés de la machine (parmi lesquelles il cite l'« autoconstruction », l'« auto-conservation », l'« auto-régulation » et l'« auto-réparation »), alors qu'au contraire il propose une vision réductionniste et presque caricaturale de la machine, comme un être où « Le tout est rigoureusement la somme des parties » et qui « De

48. Canguilhem, G., « La philosophie biologique d'Auguste Comte et son influence en France au XIXe siècle », art. cit., p. 64.

plus (...) présente une rigidité fonctionnelle nette »[49]. Toutefois, à bien regarder, l'impossibilité de reconnaître une spécificité ontologique aux techniques a des raisons, encore une fois, plus morales qu'épistémologiques. En effet, la défense de l'autonomie de la biologie ne serait pas incompatible, en principe, avec une reconnaissance de la spécificité ontologique des techniques, mais elle est un objectif moins urgent, chez Canguilhem, que l'affirmation de l'originalité normative du vivant, et c'est suivant ce fil rouge qu'il faut comprendre son incapacité, voire impossibilité, de saisir les spécificités des êtres techniques.

Cette vision réductionniste de la machine, qui la rabat sur le mécanisme, est soutenue également dans un autre article figurant dans *La connaissance de la vie*, celui consacré aux « Aspects du vitalisme », où Canguilhem parle de la machine comme d'un assemblage d'« objets agissants les uns sur les autres conformément à leur propre nature »[50], montés par l'homme de manière à accomplir ses propres fins. La machine ne serait en somme autre chose qu'un agencement de parties indépendantes, un mécanisme, ne présentant aucune organisation spécifique, et dont l'effet serait déjà prévu par l'ingéniosité humaine qui l'a montée. Toutefois, le but de Canguilhem n'est jamais celui de comprendre l'essence de la machine, mais plutôt celui de montrer l'origine vitale des théories mécanistes, et de hiérarchiser par conséquent, en les soumettant tous les deux à la normativité biologique, les domaines de rationalité antinomiques constitués respectivement par la technique et la science. L'affirmation selon laquelle « l'homme [est] en continuité avec la vie par la technique »[51], qui clôt l'article sur « Machine et organisme », est alors complémentaire à celle selon laquelle « l'homme c'est le vivant séparé de la vie par la science »[52]. Comme l'a noté Jan Sebestik, entre la technique et la vie la continuité est complète, « c'est la *science* et non pas la technique qui introduit une rupture »[53] dans la vie, c'est par la science que les créations

49. *Id.*, « Machine et organisme », art. cit., p. 149.

50. Canguilhem, G., « Aspects du vitalisme », art. cit., p. 110.

51. *Id.*, « Machine et organisme », art. cit., p. 164.

52. *Id.*, « Aspects du vitalisme », art. cit., p. 110.

53. *Cf.* Sebestik, J., « Le rôle de la technique dans l'œuvre de Georges Canguilhem », *in* AA. VV., *Georges Canguilhem. Philosophe, historien des sciences*, Paris, Albin Michel, 1993, p. 248.

humaines dépassent la normativité biologique jusqu'à créer un domaine de rationalité autonome, et non pas par la technique. Au fond, l'inscription de la technique dans la continuité de la vie empêche Canguilhem d'élaborer une notion positive de normativité technique ; au contraire, quand la normativité technique dépasse la normativité biologique, ce n'est pas en tant que modalité autonome de production ou d'organisation, mais toujours et seulement comme une rationalisation technique, c'est-à-dire comme application à l'homme de schèmes de fonctionnements mécaniques propres à la machine. Ainsi, la rationalisation technique ne peut qu'entrer en conflit avec la normativité du vivant, se présentant comme « normalisation technique ».

À bien regarder, le souci ultime de Canguilhem dans ses réflexions sur la technique paraît finalement moins épistémologique qu'éthique, l'enjeu principal étant pour lui d'affirmer le rôle primordial du vivant dans la création de normes, et de soumettre toute autre forme de normativité au point de vue normatif originaire du vivant, le seul légitime en dernière instance. Certes, il est peut-être injuste et erroné de demander à la philosophie de Canguilhem de résoudre des problèmes – en l'occurrence celui de l'essence de la machine – qu'elle ne s'est pas posée, sachant que par ailleurs elle a aussi permis que d'autres puissent les poser [54]. Son apport à une philosophie biologique de la technique doit être plutôt évalué d'un point de vue éthique et par le biais d'une philosophie sociale, étant donné son ancrage dans une plus générale philosophie des normes, dont la question principale consiste à se demander comment l'homme, être vivant qui s'organise en sociétés, peut résoudre les contrastes générés par le conflit entre systèmes de normes différentes (vitales, techniques, économiques, juridiques…). La philosophie de Simondon sera aussi hantée par ce problème, qu'elle affrontera par contre dans le cadre d'une pensée de la technique ayant reconnu l'existence de la normativité technique et lui ayant

54. La thèse complémentaire de G. Simondon, *Du mode d'existence des objets techniques*, est ainsi dédiée à Canguilhem, qui a par ailleurs dirigé sa thèse principale, *L'individuation à la lumière des notions de forme et d'information*.

même attribué un rôle politique [55]. Canguilhem au contraire semble nier toute normativité à la technique, en la comprenant soit comme un prolongement de la normativité biologique, soit comme un moyen de normalisation sociale. Ainsi, tout comme l'*activité technique* est une affaire immédiatement biologique, la *normalisation technique* est un fait davantage social que technique, comme il l'écrit dans les *Nouvelles réflexions* publiées vingt ans après sa thèse :

> la normalisation des moyens techniques de l'éducation, de la santé, des transports de gens et de marchandises, est l'expression d'*exigences collectives* dont l'ensemble, même en l'absence d'une prise de conscience de la part des individus, définit dans une société historique donnée sa façon de référer sa structure, ou peut-être ses structures, à ce qu'elle estime être son bien singulier [56].

La normalisation est donc à comprendre dans l'articulation entre le vivant humain et la société : si les « exigences du vivant » sont l'occasion de l'activité technique créatrice, les « exigences collectives » des hommes en société invoquées ici se traduisent dans la réglementation des pratiques et dans la rationalisation des techniques imposées aux vivants par les institutions sociales et politiques. Dans les deux cas – celui de la normativité vitale et celui de la normalisation sociale – la technique réalise une position inconsciente de valeurs, sauf que ces valeurs sont immanentes à l'organisme dans le premier cas, et transcendantes dans le second, puisqu'émanant d'instances de régulation institutionnelles, et donc techniquement construites, conventionnelles et non pas biologiques. De ce fait, les normes sociales sont contestables et effectivement régulièrement contestées, à moins d'assimiler la société à un organisme, ce qui ne correspond pas à réalité pour Canguilhem. Si l'*activité technique*, entendue dès ses premiers textes comme création, est une expérience irréfléchie de production par laquelle la fabrication

55. *Cf.* sur ce point Bardin, A., « Sur la technicité de la philosophie : l'œuvre de Simondon à la lumière de la *Note complémentaire* », *in* Clarizio, E., Guchet, X., (dir.), *Vie, anthropologie, politique. Perspectives italiennes contemporaines en philosophie des techniques*, Milan, Mimésis, 2019.

56. Canguilhem, G., *Nouvelles réflexions concernant le normal et le pathologique*, in *Le normal et le pathologique*, *op. cit.*, p. 176 (je souligne). Sur ce point, *cf.* aussi « Milieu et normes de l'homme au travail », compte-rendu publié en 1947 dans les *Cahiers internationaux de sociologie* du livre de G. Friedmann, *Problèmes humains du machinisme industriel*, maintenant *in* Canguilhem, G., *Œuvres complètes*, t. IV, *op. cit.*

technique est en continuité avec la vie, la normalisation technique au contraire, étant issue d'un procès de normalisation sociale, sépare la technique de la vie et institue un champ où la relation entre la vie et la technique ne va plus de soi, devenant problématique. Le problème qui surgit ainsi est celui de la régulation, c'est-à-dire celui de l'organisation sociale nécessaire pour composer les différentes normativités en jeu dans la société. La société se trouve dans une position paradoxale, étant « à la fois machine et organisme »[57], car l'organisation est pour elle, dans le même temps, un besoin et une impossibilité. « La co-relativité des normes sociales : techniques, économiques, juridiques, tend à faire de leur unité virtuelle une organisation »[58], mais cette organisation est purement mécanique, en ceci qu'elle est imposée par l'extérieur[59], comme une machine construite *partes extra partes.* Toutefois, cette organisation, en raison justement de son caractère mécanique, est pensée par Canguilhem dans les termes d'une invention technique, et plus précisément d'une « invention d'organes ». Les *Nouvelles réflexions* évoquent à ce propos les *Deux sources de la morale et de la religion*, œuvre dans laquelle Bergson accomplit son organologie générale en « traitant les machines comme des organes de la vie », et dans laquelle il se pose la même question que Canguilhem semble traiter ici quand il parle de régulation, à savoir celle du conflit entre valeurs éthiques et techniques qui surgit au sein du corps social « agrandi » par les techniques. Si l'on considère, comme Canguilhem et Bergson, toutes les institutions et tous les outils de régulation comme une invention d'organes, la question de la régulation se résout alors dans celle, à la fois éthique et politique, du conflit entre la technique et la vie.

Or, ce conflit entre la technique et la vie est précisément, selon Canguilhem, le sujet au cœur des débats écologiques, et c'est justement dans un texte consacré à « La question de l'écologie :

57. Canguilhem, G., *Nouvelles réflexions concernant le normal et le pathologique*, in *Le normal et le pathologique*, *op. cit.*, p. 187.

58. *Ibid.*, p. 185.

59. Sur la question de la régulation, *cf.* Canguilhem, G., « Le problème des régulations dans l'organisme et dans la société », in *Écrits sur la médecine*, Paris, Seuil, 2002. Sur la question de la régulation chez Canguilhem, *cf.* le livre de Le Blanc, G., *Canguilhem et les normes*, Paris, P.U.F., 1998.

la technique ou la vie ? »[60], prononcé en 1973, qu'il porte à aboutissement sa réflexion sur la concurrence des normes vitales et techniques et sur leur régulation possible. Il estime toutefois que l'écologie, ayant abandonné ses bases scientifiques, soit devenue un discours idéologique prônant la protection de la nature sans pourtant que ses catégories soient soutenues par une critique adéquate. En particulier, le sens commun écologique serait porteur de deux fausses idées contre lesquelles Canguilhem n'a cessé de se battre tout au long de sa carrière, à savoir une conception déterministe du milieu et, surtout, « une conception de la technique, héritée du Siècle des Lumières, selon laquelle la technique est l'application directe ou indirecte des acquisitions théoriques de la science » [61]. L'écologie serait en somme victime ou complice d'un substantialisme de la nature et de la technique, incapable de saisir leur dynamique et voyant la nature comme une entité donnée une fois pour toutes et nécessitant d'être sauvée, soit par un surplus de techniques qu'aujourd'hui on nommerait « vertes », corrigeant les effets néfastes des techniques polluantes, soit par un renoncement ascétique aux techniques permettant un retour mythique à la nature. La pensée biologique indique au contraire que la technique découle de la vie, que dans le rapport homme-nature le premier n'est pas sujet, la seconde n'est pas objet et la technique n'est pas simplement instrument. L'écologie doit donc repenser ses problèmes à partir de la prise en compte de la naturalité de la technique pour la vie.

Pourtant, le lecteur cherchant dans ce texte une solution au problème de la régulation sera déçu, car Canguilhem est loin de proposer des recettes théoriques comme solutions aux problèmes concrets posés par les techniques. Il se limite plutôt, en philosophe critique tel qu'il est, à reformuler la question de l'écologie, non plus comme une alternative entre la technique *ou* la vie, mais dans la forme d'une cohabitation : « la technique *et* la vie, s'il est vrai que la technique est originairement la forme humaine de l'organisation de la matière par la vie » [62]. Ainsi, le problème reste entier, mais il est

60. Canguilhem, G., « La question de l'écologie : la technique ou la vie ? », *Dialogue*, Cahier n° 22, mars 1974, maintenant *in* Canguilhem, G., *Œuvres Complètes, t. V. Histoire des sciences, épistémologie, commémorations 1966-1995*, Paris, Vrin, 2018, p. 631-645.

61. Canguilhem, G., *Œuvres Complètes, t. V*, *op. cit.*, p. 642.

62. *Ibid.*, p. 644. Ici la référence à Simondon (*cf.* n. 40 *supra*) est évidente.

posé à nouveaux frais et sur les bonnes bases : l'écologie ne doit pas viser la défense de la nature, simplement parce que les contours de cette nature sont flous, impossibles à définir, étant donné que « dans son évolution, la vie est parvenue à produire un animal dont l'action sur le milieu s'exerce par la main, l'outil et le langage » [63]. L'artificialité est donc naturelle, mais comment se fait-il que « la technique, complément originaire de la *régulation* de la vie en fonction des besoins, est devenue historiquement l'instrument de *dérégulation* dont l'alarme des écologistes exprime la prise de conscience » [64] ? Comme dans les *Nouvelles réflexions*, Canguilhem se demande en somme pourquoi la normativité biologique, source de la création technique, ait pu déboucher sur une normalisation technique qui va à l'encontre de la vie. Mais la réponse qu'il donne est maintenant différente ; dans le texte sur l'écologie, la normalisation technique n'est plus une affaire purement sociale de rationalisation des règles de la vie en collectivité, devenant plutôt une affaire directement technique : « l'explication semble pouvoir être cherchée dans la substitution de la machine à l'outil » [65]. À la différence de l'outil, la machine serait une « technique de dénaturation des choses », elle éloignerait l'homme de son propre milieu, au lieu de le rapprocher comme le ferait l'outil. Par ses créations techniques et plus exactement machiniques, l'homme vit en somme au sein de deux milieux, appelés ici la « biosphère » et la « technosphère », dont les valeurs s'avèrent en concurrence, en raison du fait que la machine n'est pas en phase avec le vivant.

63. Canguilhem, G., *Œuvres Complètes, t. V*, *op. cit.*, p. 643. Canguilhem se réfère ici en bas de page à A. Leroi-Gourhan, *Le geste et la parole*.

64. *Ibid.*, je souligne.

65. *Ibid.*

CONCLUSION

Canguilhem ne va pas plus loin dans cette analyse, mais il semble enfin reconnaître[66], quoique faiblement et sous un signe purement négatif, l'existence d'une normativité spécifiquement technique, celui-ci étant le dernier geste de sa philosophie biologique de la technique. À la fin de ce parcours, on peut donc se demander quel est l'objet de cette philosophie, quelles sont les questions qu'elle pose et quelles les réponses qu'elle propose. En réalité, il n'est pas facile de tirer ces conclusions, non seulement à cause du caractère stratifiée de la trajectoire de pensée canguilhemienne sur la technique, que j'ai tenté de dégager, mais aussi par une difficulté plus profonde, liée au fait que, simplement, Canguilhem n'a jamais eu le projet d'élaborer une philosophie biologique de la technique pour elle-même. Tout en occupant donc une place centrale et stratégique au sein de sa plus générale philosophie biologique, l'enjeu d'une philosophie de la technique demeure ancillaire par rapport aux deux préoccupations principales qui parcourent d'un bout à l'autre son œuvre, à savoir l'enjeu épistémologique de l'affirmation de la spécificité du vivant et l'enjeu éthico-politique de la régulation des normes depuis la perspective du vivant humain.

Envisagée du point de vue épistémologique, la philosophie de la technique de Canguilhem apparaît, comme on a vu, tout à fait insuffisante pour cerner les spécificités du mode d'existence des êtres techniques, dont il parle seulement pour montrer que leur degré d'organisation est loin de reproduire celui des êtres vivants. Qu'ils aient ou pas un mode d'existence spécifique, bien que différent de celui des êtres vivants, ce n'est pas un point qu'il entend éclairer (à la différence, comme on sait, de Simondon, qui a en ce sens comblé ce vide laissé par Canguilhem).

Envisagée du point de vue d'une philosophie des normes, la philosophie biologique de la technique de Canguilhem semble au contraire dévoiler des pistes de réflexion beaucoup plus intéressantes, quoiqu'au moins en partie incomplètes – voire insatisfaisantes pour le lecteur plus exigeant –. En effet, sa reconnaissance,

66. À cette époque, il connaît désormais très bien les travaux d'A. Leroi-Gourhan et de G. Simondon.

dans le texte sur l'écologie, d'une certaine normativité des techniques repose sur une opposition trop nette entre l'outil et la machine, suggérant de manière implicite, outre que contraire à son enseignement plus global, qu'il pourrait y avoir des techniques qui prolongent l'activité biologique (les outils) et d'autres qui risquent de la pervertir (les machines). Ainsi, les machines, tout en ne présentant pas un mode d'existence spécifique, auraient en même temps une capacité inédite de « dénaturation des choses », qui pourrait être le signe d'une normativité proprement technique. Cependant, Canguilhem ne dit pas davantage sur cette capacité de dénaturation des techniques, peut-être justement parce que l'explication de ce point demanderait une ontologie de la machine qu'il n'a jamais entendu faire.

La profonde originalité de sa philosophie biologique de la technique est donc à chercher ailleurs, et précisément là où elle nourrit la réflexion sur la régulation, entendue comme nécessité du vivant humain de rendre compatibles les différents régimes normatifs dans lesquels il est pris. C'est dans ce cadre qui prend forme celle que j'appellerais volontiers une *éthique biologique des techniques*, qui constitue peut-être son apport plus durable à la philosophie des techniques. La philosophie biologique de Canguilhem est entièrement parcourue par la question des normes et des valeurs biologiques, et c'est parce que l'activité du vivant est une position de normes allant *du vital au social* que la technique est conçue comme, à la fois, une création de la vie et un fait social, une sorte de charnière entre le biologique et le social. Sa philosophie biologique *de la technique* ne peut que se résoudre dans un prolongement de ce questionnement, mais dans le sens opposé, celui qui va *du social au vital*, en tant que les organes de la vie collective ainsi institués entrent en conflit avec les normes du vivant. Sa philosophie de la technique se configure donc comme une éthique biologique, dans la mesure où le vivant est le point de départ et d'arrivée de sa pensée ; il s'agit de reporter le sens des créations techniques d'abord, et de leurs effets ensuite, à la mesure des normes biologiques, faisant le constat d'une situation dans laquelle l'unité de la vie et de la technique est la condition de la désunité du biologique et du social.

Pistes, Revue de philosophie contemporaine 1 (2021)
326 p., ISBN : 978-2-7116-8425-0, p. 83-113, Vrin.

Technique et politique : diabolique et symbolique

Pierre MUSSO *

RÉSUMÉ

En Occident la généalogie des relations entre technique et politique a conduit de l'investissement du symbolique religieux dans le politique puis à sa dilapidation dans la technicité. Si la politique ne se définit que par le symbolique, la technique ne peut symboliser : elle est même le diabolique, soit l'inverse du symbolique. Mais instituée par l'Entreprise, la technique prétend désormais à la symbolicité, voire à la religiosité.

Mots-clefs : technique, politique, symbolique, institution, progrès, Etat, Entreprise, religion industrielle.

* Institut d'Etudes Avancées de Nantes ; pierre.musso@iea-nantes.fr.

INTRODUCTION

La critique des idéologies et des imaginaires de la techno-science-industrie – mise en chantier par Simondon, Hottois, Balandier, Sfez et bien d'autres – mérite d'être poursuivie. Il ne s'agit évidemment pas d'une critique des techniques dont l'imaginaire est toujours ambivalent : la technique et la machine sont à la fois merveilleuses, utiles, magiques et asservissantes, aliénantes et machinations. À partir de cette ambivalence essentielle des imaginaires, nous voudrions explorer la généalogie de la relation entre technique et politique en Occident. Notre hypothèse est que la technique est le diabolique de la symbolique politique. Nous n'entendons pas « diabolique » au sens du démoniaque, ce qui ferait de la machine une machination et de la technique une diablerie : nous le définissons selon son étymologie comme la figure inverse du symbolique. Symbolique et diabolique sont des antonymes : le verbe grec *ballein* signifie jeter, soit jeter ensemble *sym-ballein*, soit à travers ou en travers, *dia-ballein*. Ainsi le *dia-ballein* est facteur de guerre alors que le *sum-ballein* rétablit la paix. Si le symbole réunit deux choses apparemment différentes, le *diabolus/diabolon* les délie. Le symbole n'est pas un signe, ni un signe de signe, mais le signe d'une chose abstraite absente qui doit être représentée par un messager lui, bien présent (le Christ pour Dieu, le Président pour la République, le drapeau pour la patrie, etc.). L'Eucharistie, mystère de l'Incarnation, est le symbole le plus achevé produit par l'Occident, celui du Dieu absent incarné dans le Christ, Dieu-homme et homme-Dieu unis en une seule et même personne. Le symbole est opérant dans le réel : d'une part, il rend sensible ou concrétise (dans un objet ou une figure) une abstraction ou une croyance et ainsi la représente, et d'autre part, il relie deux individus qui se reconnaissent en unissant les deux moitiés d'un objet qui avait été partagé. Comme le dit Léon Brunschvicg, « le symbole s'oppose au signe artificiel en ce qu'il possède un pouvoir interne de représentation » [1]. Ce qui n'est pas le

1. Brunschvicg, L., Article « symbole », in *Vocabulaire technique et critique de la philosophie* d'André Lalande, Paris, P.U.F., « Quadrige », 1992, t. II, p. 1080.

cas de la technique : l'imaginaire et les représentations y sont greffées *ex ante* pour les générer et *ex post* pour les socialiser. Les techniques attirent les métaphores et les images comme la lumière les papillons ; mais elles demeurent dans l'ordre de l'imaginaire, des fictions, voire des imageries.

Toutefois si la technique ne symbolise pas, l'institution industrielle qui la met en œuvre, elle, le peut. Claude Lévi-Strauss note qu'« il est de la nature de la société qu'elle s'exprime symboliquement dans ses coutumes et ses institutions » [2]. Ainsi l'Occident a construit après l'an mil, trois entités institutionnelles majeures productrices de symbolique et de normativité : l'Église, l'État et l'Entreprise, ces deux derniers étant des « produits dérivés » (formule de Pierre Legendre) de l'Église institution matricielle, nés aux XII e-XIII e siècles de la réforme grégorienne ou papale qui marque le « big bang » de l'Occident, selon une formule de l'historien Harold Berman [3]. Ces trois institutions sont des réserves de symbolique : le politique s'est identifié à l'État autonome dès le XVI e siècle – Machiavel introduit le terme *Stato* dans son sens moderne –, puis les techniques se sont développées en un système techno-industriel piloté par des usines, puis à partir du XIX e siècle, par des entreprises, notamment les plus grandes apparues aux États-Unis à la fin de ce siècle. Aujourd'hui, les entreprises high-tech comme les GAFAM de la Silicon Valley sont des « techno-institutions » qui créent en continu des technologies qui portent promesses et peurs : les techno-utopies de la communication et les techno-dystopies de la surveillance. Ces institutions entrepreneuriales peuvent désormais rivaliser avec les États-nations, incarnant eux, la symbolique politique.

En Occident, le basculement historique du rapport entre symbolicité et technicité au profit de cette dernière, fut son institutionnalisation dans la grande entreprise née avec l'industrialisation qui fut un assemblage réticulaire de techniques, au sens de Simondon, ou de

2. Lévi-Strauss, C., Introduction à *Sociologie et anthropologie* de Marcel Mauss, Paris, P.U.F., 2013.

3. Berman, H. J., *Droit et Révolution, I*, trad. fr. R. Audouin, Aix-en-Provence, Librairie de l'Université d'Aix-en-Provence, 2002, « Introduction ».

« macro-systèmes techniques » au sens d'Alain Gras [4]. Alors triomphe la religion industrielle, une religion séculière toute terrestre, qui porte la religiosité technicienne à incandescence, en l'érigeant au rang de croyance collective au nom du « Progrès ».

Les relations entre technique et politique en Occident analysées à la lumière du couple diabolique/symbolique ont connu une dynamique qui conduit de l'investissement du symbolique religieux dans le politique à sa dilapidation dans la technicité. Or dans toute société dit l'anthropologie, la séparation et la complémentarité de la technicité et du symbolique, du faire et du langage, sont constitutives (I). Mais s'agissant de l'Occident la symbolicité passant du religieux au politique s'est dégradée dans la rationalité technico-industrielle contemporaine, jusqu'à s'y soumettre. Désormais le diabolique technicien l'emporte sur la symbolique politique (II).

1. LA SYMBOLICITÉ DISTINCTE DE LA TECHNICITÉ MAIS PAS DU POLITIQUE

Symbolicité et technicité sont constitutives du rapport de l'homme au monde ; elles sont complémentaires et dissociées. Les anthropologues ont insisté sur cette dualité essentielle pour définir le double rapport d'extériorité de l'homme au monde. L'homme doit séparer les choses et les mots par le langage et agir dans son milieu par l'outil, prolongement de la main pensante.

André Leroi-Gourhan dit que le propre de l'homme est de créer des techniques et des symboles dans un double processus d'extériorisation et d'objectivation, c'est la façon de *l'Homo faber* d'être au monde :

> L'homme fabrique des outils concrets et des symboles, les uns et les autres relevant du même processus, ou plutôt recourant dans le cerveau au même équipement fondamental. Cela conduit à considérer non seulement que le langage est aussi caractéristique de

4. Gras, A., *Les macro-systèmes techniques*, Paris, P.U.F., « Que Sais-Je ? », 1997, et Hugues, Th. P., *Networks of power : electrification in Western society, 1880-1930*, Baltimore (Md.), Johns Hopkins UP, 1983.

> l'homme que l'outil, mais qu'ils ne sont que l'expression de la même propriété de l'homme [5].

Cette dualité de la technique et de l'imaginaire a aussi été soulignée par Claude Lévi-Strauss qui définit « l'homme total » par ses productions et ses représentations : « Une technique n'a pas seulement une valeur utilitaire, elle remplit aussi une fonction et celle-ci implique pour être comprise, des considérations sociologiques » [6]. Pour sa part, Gilbert Simondon défend que la relation de l'homme au monde se dédouble en technicité et religiosité, formant un couple indissociable et considère que l'essence de la technique inclut « la religiosité ». Dans la « phase magique » originelle de la relation de l'homme au monde, ce dédoublement s'est opéré, dit-il :

> L'univers magique originel, riche en potentiels, se structure en se dédoublant. La technicité apparaît comme l'un des deux aspects d'une solution donnée au problème de la relation de l'homme au monde, l'autre aspect simultané et corrélatif étant l'institution des religions définies [7].

Cette hypothèse a pour conséquence que

> la technicité des objets ou de la pensée ne saurait être considérée comme une réalité complète ou comme un mode de pensée possédant sa vérité propre à titre indépendant ; toute forme de pensée ou tout mode d'existence engendré par la technicité exigeraient d'être complété par un autre mode de pensée ou d'existence sortant du mode religieux [8].

Georges Balandier souligne aussi que, dans toute société, se combinent ce qu'il appelle « des générateurs de puissance » issus de la technique et « des générateurs de sens » associés au symbolique.

5. Leroi-Gourhan, A., *Le geste et la parole, Technique et Langage*, t. 1., Paris, Albin Michel, 1964, p. 162-163.

6. Lévi-Strauss, C., *Anthropologie structurale* [1958], Paris, Plon, 1974, p. 144.

7. Simondon, G., *Du mode d'existence des objets techniques* [1958], Paris, Aubier-Montaigne, 2012, p. 157.

8. *Ibid.*, p. 152. « Technicité et religiosité ne sont pas des formes dégradées de la magie, ni des survivances de la magie ; elles proviennent du dédoublement de complexe magique primitif… Technicité et religion sont contemporaines l'une de l'autre, et elles sont, prises chacune à part, plus pauvres que la magie d'où elles sortent » (*ibid.*, p. 173).

Il existe « une nécessaire alliance du pouvoir-faire – la capacité d'agir sur le monde par l'outil – et du pouvoir-symboliser – la capacité de concevoir des systèmes d'interprétation qui rendent la vie sociale intelligible et acceptable »[9]. Si Leroi-Gourhan soutient que « depuis le paléolithique supérieur, mais surtout depuis l'agriculture, le monde des symboles (religieux, esthétiques ou sociaux) a toujours hiérarchiquement prévalu sur le monde des techniques »[10], Balandier observe dans les sociétés occidentales, une dynamique originale de cette double relation de l'homme au monde. D'un côté, il constate « l'affaissement »[11], voire la dilapidation du symbolique, et de l'autre, la montée parallèle puis le triomphe de la technicité. Tout se passe en Occident, comme si avec la « modernité » qui combine la science et la technique à partir du XVIIe siècle, la seconde restreignait et dominait la première : « La science et la technique associées repoussent les mythes, les cosmogonies, les utopies et les idéologies d'ancienne facture. Elles leur substituent une idéologie pratique, véritable exaltation de l'accomplissement »[12]. Dans le même sens, Lucien Sfez souligne : « dans la mesure où le politique s'affaiblit, où il n'est plus chargé symboliquement… les questions de technologie sont une façon de revivifier un sentiment commun de la communauté »[13]. Nous suivrons Balandier et Sfez sur ce chemin généalogique, en insistant sur la période allant de la réforme grégorienne (XIe-XIIe siècles) à aujourd'hui, et qui met en concurrence trois institutions majeures maniant le symbolique et la normativité : l'Église, l'État et l'Entreprise.

Comme Heidegger n'a cessé de le répéter, la technique ne peut être réduite à un outil, *a fortiori*, utile : « la technique moderne n'est pas un outil », et « elle n'a plus rien à voir avec les outils »[14]. Son insistance était nécessaire car, ajoutait-il, « aussi longtemps que nous nous représentons la technique comme un instrument, nous restons pris dans la volonté de la maîtriser. Nous passons à côté de l'essence

9. Balandier, G., *Le Grand Système*, Paris, Fayard, 2001, p. 18.

10. Leroi-Gourhan, A., *Le geste et la parole*, *op. cit.*, p. 258.

11. Balandier, G., *Le Grand Système*, *op. cit.*, p. 17.

12. *Ibid.*, p. 185.

13. Sfez, L., *Technique et idéologie*, Paris, Seuil, 2002, p. 22.

14. Entretien de Martin Heidegger avec *Der Spiegel* tenu le 23/09/1966, publié le 31/05/1976 : « Seul un dieu peut encore nous sauver ».

de la technique »[15]. Cette essence, c'est-à-dire la technicité, est selon Heidegger, « un mode de dévoilement » à la fois « pro-ducteur » qui fait advenir le non-présent à la présence, et « pro-vocateur » car il arraisonne (idée d'une maîtrise du réel) en mettant en demeure la nature « de livrer une énergie qui puisse comme telle être extraite et accumulée. » Le préfixe « pro » que l'on retrouve dans pro-grès (du latin *pro-gredire*) ou pro-jet (pro-jection), désigne une représentation de ce qui est devant, une promesse ou un possible. Est ainsi convoqué l'imaginaire du démiurge (de *demos* et *ergon* ou travail, œuvre), le créateur de mondes qui rend présente la chose absente, la figure de Prométhée dans la mythologie ou celle du Dieu-homme ou de l'homme-Dieu, soit la figure christique.

C'est avec la chrétienté occidentale que naquit la « culture techno-faustienne » et même la « religion industrielle »[16], notamment dans les monastères cisterciens du XIIIe siècle, avec la révolution hydraulique, par exemple chez Roger Bacon et Albert le Grand :

> C'est là où jamais dit Spengler, que se révèle l'origine religieuse de toute pensée technique. (…) La *scientia experimentalis*, première définition qu'a donnée Roger Bacon des sciences de la nature, cette interrogation violente de la nature au moyen de ressorts et de vis, a commencé ce qui, dans nos plaines d'aujourd'hui, recouvertes de cheminées d'usine et de tours d'extraction, se présente à nos yeux comme résultat.

Pour les moines gothiques, la machine est diabolique car elle concurrence Dieu :

> C'est ce que signifie le songe de ces étranges dominicains comme Petrus Peregrinus rêvant du *perpetuum mobile* qui aurait arraché à Dieu sa toute-puissance. Ils n'ont pas cessé d'être victimes de cette ambition ; ils ont arraché son secret à la divinité pour être eux-mêmes Dieu. Ils ont épié les lois du tact cosmique pour les violenter, et ils ont créé ainsi l'idée de la machine, comme d'un petit cosmos qui n'obéit qu'à la volonté de l'homme. La machine est

15. Heidegger, M., « La question de la technique », in *Essais et conférences*, trad. fr. A. Préau, Gallimard, 1993.

16. Voir Musso, P., *La religion industrielle. Monastère, manufacture, usine. Une généalogie de l'entreprise*, Paris, Fayard, 2017.

> diabolique : ce sentiment n'a jamais cessé d'accompagner la foi authentique [17].

Réciproquement, à la même époque, la cloche associée à Marie et au Christ, est perçue comme la voix de Dieu appelant à la prière. La cloche et l'horloge, techniques qui accompagnent toute l'histoire de l'industrie occidentale, incarnent le pouvoir du Verbe divin ; elles équivalent en tant que techniques et mécaniques, au corps du Christ. La cloche faite de la fonte d'un alliage subtil de métaux – cuivre, étain, plomb, zinc, fer et antimoine – pour obtenir des sonorités diverses, est fabriquée exclusivement par des moines-métallurgistes dans le monastère-usine. Par la fabrication technicienne l'homme est à l'image du Dieu créateur.

La technique fonctionnelle et fictionnelle

L'objet technique est formé d'une dualité essentielle, fonctionnelle et fictionnelle : il est fonction et fiction, instrument et imaginaire, formant un véritable « techno-imaginaire », selon le mot heureux de Georges Balandier [18]. De la même façon, Cornelius Castoriadis soulignait que « la dimension instrumentale ou fonctionnelle du faire (le *teukhein* et la technique) et sa dimension significative sont indissociables » [19]. La technicité doit donner du sens au-delà de sa fonctionnalité ; c'est pourquoi elle est entourée de fictions et d'images pour advenir et pour se socialiser. Si les techniques sont si étroitement ficelées à l'imaginaire, c'est qu'elles sont le fruit d'une civilisation, de sa culture et de sa vision du monde. Le philosophe « matiériste » François Dagognet, dit que « l'objet concrétise l'homme… Il enferme en lui "une théorie" qui s'y est matérialisée… il inclut alors en lui la culture, l'imaginaire et les aspirations sociales » [20]. Dans les sociétés industrielles, désormais « hyper-industrielles » (et nullement « post-industrielles »), la technique tend à prendre une valeur totémique, érigée en symbole de modernité et de progrès.

17. Spengler, O., *L'homme et la technique* [1931], trad. fr. A. A. Petrowsky, Paris, Gallimard, 1958, p. 461.

18. Balandier, G., *Le Grand Système*, *op. cit.*, p. 20.

19. Castoriadis, C., *L'Institution imaginaire de la société*, Paris, Seuil, 1975, p. 521.

20. Dagognet, F., *Éloge de l'objet : pour une philosophie de la marchandise*, Paris, Vrin, 1989, p. 149.

La généralisation et l'accélération du développement des techniques depuis le milieu du XXe siècle entraînent leur suraccumulation qui appelle à son tour la multiplication des fictions, des récits, voire des propagandes industrielles pour des raisons commerciales, mais surtout pour donner du sens à leur développement et à leur utilisation. La prolifération technicienne oblige à « humaniser », voire à « naturaliser » les techniques. Pour Maurice Godelier la technique est « un gueuloir d'imaginaire et d'images ». Ainsi se déversent les « techno-discours », selon le mot de Dominique Janicaud, c'est-à-dire un « langage parasitaire branché sur la technique, contribuant à la diffuser » [21]. À un moment où la dite « révolution numérique », en fait l'informatisation généralisée, s'étend à toute la société et soulève des questions de sens, les métaphores, les images, les fictions, voire les utopies et dystopies technologiques, se multiplient.

La technique a toujours une dimension culturelle et sociale : pour Philippe Roqueplo elle est moins un objet qu'un rapport social cristallisé et réifié [22]. Dagognet rappelle que « n'importe quel objet, même le plus ordinaire, enferme de l'ingéniosité, des choix, une culture » [23]. Pour sa part, Balandier souligne que la technique génère des représentations faites d'alternance de « techno-messianisme » porteur des promesses de bonheur et de « techno-catastrophisme » avec les menaces de destruction : « c'est sans doute pour la première fois dans l'histoire des hommes, précise-t-il, que l'imaginaire est aussi fortement branché sur la technique, dépendant de la technique et cela mérite une considération attentive » [24]. Bien que la technique ne symbolise pas, les références au sacré et à Dieu sont omniprésentes dans les récits techno-scientifiques. Pour Jacques Ellul, la technique serait même devenue « le dieu qui sauve » [25].

21. Janicaud, D., *La puissance du rationnel*, Paris, Gallimard, 1985.

22. Roqueplo, P., *Penser la technique : pour une démocratie concrète*, Paris, Seuil, 1983.

23. Dagognet, F., *Éloge de l'objet*, *op. cit.*, p. 12.

24. Balandier, G., « Un regard sur la société de communication », *in* E. Duckaerts, P. Musso et J. M. Vernier (éd.), *Actes du colloque du CNCA*, Paris, Centre Georges Pompidou, 1986, p. 161.

25. Ellul, J., *La Technique ou l'enjeu du siècle*, Paris, Armand Colin, 1954, p. 131.

On ne peut dissocier un système technique du cadre culturel et de croyances qui le soutient, comme le montre toute l'histoire des techniques [26]. On peut même lire des rapports sociaux et les imaginaires cristallisés dans l'objet comme des sédimentations qui le forment. L'objet est sa généalogie et la géologie des imaginaires des acteurs qui l'ont constitué. Gilbert Simondon souligne que la genèse d'un objet technique fait partie de son identité. L'objet technique est toujours culturel, il s'inscrit dans une *Imago Mundi :* pour Jean Baudrillard, les objets « sont le reflet de toute une vision du monde » [27]. Une technique est choisie par une société à un moment donné, en fonction de son cadre culturel et symbolique. Il n'existe aucune linéarité, aucun déterminisme ni progressisme dans l'histoire technologique, ce sont des bifurcations, des conflits ou des blocages qui forgent cette histoire. Il y a ainsi dans l'objet un enchevêtrement de structures mentales et fonctionnelles. Il est possible de lire une civilisation dans ses objets techniques. Dans l'objet technique, dit Yves Stourdzé, se loge même un système de valeurs, « une tutelle morale qui fonde l'acceptabilité d'une technologie ». Ainsi les objets techniques parlent-ils en se taisant. Au sein de l'objet « s'esquisse toute une dramaturgie silencieuse » [28]. « Derrière » un objet technique, se tiennent des réseaux de sujets, d'acteurs, de mythes et d'imaginaires. Georges Canguilhem invitait à déceler ces diverses strates : « Derrière le machinisme, phénomène technique, il faut apercevoir le capitalisme, phénomène économique, et derrière le capitalisme il faut apercevoir un système de valeurs, un humanisme rationaliste » [29].

Mais si la technique est la réification de rapports socio-culturels, elle ne symbolise pas pour autant, comme le soulignent aussi bien Lucien Sfez que Gilbert Hottois ; elle est même le diabolique, soit l'inverse complémentaire du symbolique. Ce qui ne signifie nullement, répétons-le, le démonisme de la technique qui en ferait le mal absolu… Il y a « une différence irréductible entre le règne

26. Gille, B., *Histoire des techniques*, Paris, Gallimard, 1978.

27. Baudrillard, J., *Le Système des objets*, Paris, Gallimard, 1968, p. 39.

28. Moles, A., *Théorie des objets*, Paris, Éditions universitaires, 1972, p. 176-177.

29. Canguilhem, G., « P.-M. Schuhl, Machinisme et philosophie », *Revue Philosophique de la France et de l'Étranger*, 126/9, sept.-oct. 1938, p. 240-242.

technique et l'ordre symbolique », dit Hottois[30] qui précise, il y a « une altérité profonde et irréductible du technique et du symbolique »[31] ; « L'opératoire technicien… est, essentiellement, rebelle à l'assignation symbolique » [32]. Et Sfez affirme de son côté, qu'il y a « une impuissance technicienne à symboliser »[33] : la technique ne produit qu'une imagerie, c'est-à-dire « une constellation d'images ».

Si la technique est allergique au symbolique, elle est pétrie de fictions et d'images et en tant que techno-imaginaire, elle multiplie les figures ambivalentes. Diabolique, elle sépare ce que le symbole réunit. Pour les Grecs, elle est une « ruse » car elle trompe la nature et la détourne de ses lois : ils parlaient d'ailleurs à son propos de « machination » et de *pharmakon*, pour souligner son ambivalence (remède et poison). La technique est un mal-remède comme le dit Francis Bacon dès le début du XVIIe siècle : « Les arts mécaniques sont ainsi d'un usage ambivalent et peuvent tout à la fois produire le mal et offrir un remède au mal » [34]. Cette idée du mal-remède sera reprise par Rousseau qui développe une véritable philosophie de la technique afin de critiquer l'idée de progrès. La combinaison de la technique aux idées de progrès, d'utilité ou d'efficacité, renverse toujours sa magie en diablerie, et font de la machine une machination. Le dogme de l'efficacité technique (l'action efficace) s'impose contre l'efficience symbolique (le verbe-acte). La technique est de prime abord, un spectacle, une magie et un émerveillement mais une fois passé ce moment de découverte et de séduction, elle dépasse sa propre sphère et dégrade toute la culture, comme Rousseau le soutient dans le *Discours sur les sciences et les arts.* Dès qu'est recherchée « l'utilité », tout s'inverse; c'est pourquoi il refuse la « doctrine empoisonnée » de l'utilité économique.

Mais avec l'industrialisation des sociétés contre laquelle Jean-Jacques mettait en garde dès 1750, la technologisation généralisée et accélérée de la société européenne s'est accomplie. Aussitôt la dynamique de la relation entre technicité et symbolicité sembla porter la

30. Hottois, G., *Le Signe et la technique*, Paris, Aubier, 1984, p. 115.

31. *Ibid.*, p. 107.

32. *Ibid*, p. 106.

33. Sfez, L., *Technique et idéologie*, *op.cit.*, p. 133 *sq.*

34. Bacon, F., *Daedalus sive mechanicus*, cité par Rossi, P., *Aux origines de la science moderne* [1997], trad. fr. P. Vighetti, Paris, Seuil, 1999, p. 68.

technique vers la sacralité. En fait, cette idéologisation de la technique, dit Hottois, est « une pseudo-inscription symbolique de la technique ». Cet imaginaire technique vient combler le vide symbolique du technocosme : « Ce ne sont que des béquilles symboliques au service du règne technique »[35]. Le symbolique longtemps capturé par les religions, puis sécularisé par le politique, se délite avec l'industrialisation techno-scientifique ; la technicité tend alors à capturer les débris de la sacralité. Simondon observe aussi ce parallélisme entre dégradation de la sacralité et déploiement de la technicité. Il note que quand la technicité se fait système avec l'industrialisation qui apporte la réticulation des objets techniques, leur élargissement, leur interconnexion et leur augmentation, elle ne s'affaiblit pas. C'est même l'inverse :

> Si la technicité fournit une cosmicité plus parfaite et plus haute que celle de la sacralité, il se produit vers elle un déplacement de valeurs et de significations ; c'est la technicité qui se surdétermine alors que la sacralité se simplifie et devient mineure[36].

Si la technicité devenue « technocosme » prétend à la symbolicité, elle ne peut y parvenir, alors que par définition le politique, héritier du religieux, est spécifiquement du symbolique institué.

Si la technique ne peut symboliser, le politique ne tient que par le symbolique

La politique n'existe que par le symbolique, comme accroché à un clou, c'est sa définition même dit Lucien Sfez :

> Le politique n'est pas spécifiquement affaire d'intérêts sinon il se nommerait économie. Ni de structures, sinon son domaine serait couvert par la sociologie. Ni de rapports de force, métaphore machinique, énergétique propre au XIXe siècle. Non. Le politique est affaire de symbolique[37].

La politique parle au nom d'un Tiers, d'une Référence – par exemple, le Christ-Roi – qui dit le « pourquoi vivre » en communauté alors que la technique ne peut symboliser et se hisser au niveau fondateur d'une institution. Elle demeure dans l'ordre du

35. Hottois, G., *Le Signe et la technique*, *op. cit.*, p. 152 et p. 153.
36. Simondon, G., *Sur la Technique*, Paris, P.U.F., 2014, p. 80, p. 88 et p. 110.
37. Sfez, L., *La Symbolique politique*, Paris, P.U.F., 1988, p. 3.

« comment faire ». Si le politique fonctionne au symbolique[38], la technique fonctionne à l'imaginaire : seule une institution peut symboliser. Or la technique n'est pas instituante, et de ce point de vue-là, elle est antipolitique. La technique est un dissolvant diabolique du symbolique, donc du politique et du religieux. Ainsi aujourd'hui, « la forme du politique », dit Hottois, est « intégralement conditionnée par la technique » [39]. Or technologiser le politique, c'est le dissoudre en lui ôtant son fondement symbolique pour l'enfermer dans la seule rationalité et dans l'agir efficace. La technique ne peut unifier au nom d'un référent symbolique dans lequel la société communie : elle « joue, dit Sfez, le rôle d'agrégat pour une société éclatée »[40], comme l'illustrent internet et les réseaux sociaux pour ficeler des « communautés virtuelles » (Howard Rheingold) et des individus « seuls ensemble » (Sherry Turkle).

La technique est ainsi antinomique du symbolique – en ce sens elle est le diabolique – mais exclue de ce champ, elle partage avec le politique la production fictionnelle. Sfez formule ainsi la question-clef : « La fiction de la technique est-elle instituante ? » [41]. Il répond par la négative, notamment parce que la technique n'est pas une organisation sociale, elle est « une fiction en manque de symbolicité » [42]. Elle produit des images, des métaphores, des signes au nom desquels elle prétend opérer des « révolutions », c'est pour cette raison que le politique se sert de technologies pour se mettre en scène. En effet, la relation hiérarchique de la politique maîtresse et de la technique servante introduite par Machiavel – en même temps que la notion moderne d'État – a été portée à son acmé par Hobbes qui fait de l'État la « machine des machines » (*machina machinarum*). Mais avec l'industrialisation, la servante technicienne est devenue la maîtresse du politique, et la technicisation du politique et de l'État conduit à leur affaissement symbolique. La symbolicité politique affaiblie et le techno-imaginaire triomphant se rejoignent à un niveau intermédiaire : ils manient des fictions, des signes et des

38. Sfez, L., *La Politique symbolique*, Paris, P.U.F., 1993.
39. Hottois, G., *Le Signe et la technique*, *op. cit.*, p 120.
40. Sfez, L., *Critique de la communication*, Paris, Seuil, 1990, p. 32.
41. *Ibid.*, p. 246.
42. *Ibid.*, p. 265.

imageries. Tous deux dit Sfez, « sont habités par la fiction »[43], à tel point que la fiction technicienne peut « prendre la place de la politique ». Le politique s'effondre dans sa technologisation au nom de son « efficacité », variante moderne de la « doctrine empoisonnée » de l'utilité dénoncée par Rousseau, alors que la technique flirte avec la symbolicité, en recherchant la sacralité et la religiosité mais sans y parvenir. La technique séduit ou effraie, mais elle « est en manque de symbolicité » [44]. Le politique est durablement affaibli par sa désymbolisation, la technologisation étant sollicitée pour colmater cette insuffisance.

Mais le politique désymbolisé devient techno-politique

La neutralisation du théologico-politique a débouché sur le techno-politique. Le basculement hobbésien a inauguré le processus avec la mécanisation de l'État réduit à un système fonctionnel de la représentation politique. La désymbolisation du politique par désincarnation du représentant fut simultanément déplacée dans son incorporation dans une machinerie qui le neutralise. N'oublions pas que le *Léviathan* de Hobbes est contemporain de la première décapitation d'un Roi pendant la grande rébellion anglaise de 1650. Le paradigme fonctionnaliste et machinique réduit l'État à un « appareil » préparé à être soumis à la seule rationalité techno-scientifique.

Ce qui advient, c'est l'achèvement du processus de technicisation du pouvoir et du politique, inauguré par Machiavel et porté à son paroxysme par Hobbes. L'État désormais pensé comme une machine ne trouve sa « vérité » qu'en lui-même, c'est-à-dire dans son efficacité calculatrice et gestionnaire. C'est ce que Carl Schmitt appelle « la neutralité administrative étatique » :

> Un État neutre techniquement peut aussi bien être tolérant qu'intolérant ; dans les deux cas il conserve le même degré de neutralité. Sa valeur, sa vérité et sa justice résident dans sa perfection technique. (...) La machine étatique fonctionne ou ne fonctionne pas [45].

43. Sfez, L., *Technique et idéologie*, *op. cit.*, p. 13.
44. *Ibid.*, p. 246.
45. *Ibid.*, p. 104-106.

L'État techniquement parfait délimite l'espace de la rationalité : tout ce qui est hors de cette logique sera irrationnel. L'État usiné et manufacturé est soumis à la rationalité industrialiste que vont porter et apporter l'usine, et par la suite, la grande Entreprise cuirassée de la normativité managériale.

L'anthropologue américain James Ferguson avait employé la formule de « machine anti-politique »[46] pour caractériser les politiques dites de « développement », en fait de dépolitisation et de bureaucratisation appliquées par l'Occident au Lesotho, dans le sud de l'Afrique, durant la décennie 1975-1984, au nom d'une « assistance au développement » et de la lutte contre la pauvreté : dans ce « laboratoire » post-colonial, « la machine anti-politique dépolitise tout ce qu'elle touche »[47]. Ayant longtemps étudié l'Afrique, Georges Balandier[48], retournant son regard sur la situation française, a aussi observé la dégradation et l'effacement du politique dans les démocraties :

> La technique ne retient que l'action efficace et sa vérification par les résultats. Dans son expansion, elle mange la symbolique unifiante qui est la substance même du politique. Elle contribue (…) à la réduction du politique à une fonction de gouvernance[49].

Avec la technologisation, le sens se réduit à l'instrumentalité et à l'opérationnalité fonctionnelle. Carl Schmitt soulignait déjà que l'Occident comparait « l'optimisme technique qui espère en un monde nouveau et en un homme nouveau » à

> cette attente qui avait déjà été celle du christianisme ancien, et deux mille ans plus tard, au XIXe siècle, celle du socialisme, ce nouveau christianisme. Il leur manquait à tous deux *l'efficiency* des moyens techniques modernes capables de tout détruire[50].

46. Ferguson, J., *The Anti-Politics Machine. "Development", Depoliticization, and Bureaucratic Power in Lesotho*, New York, CUP, 1990.

47. *Ibid.*, p. XV.

48. Balandier, G., *Recherche du politique perdu*, Paris, Fayard, 2015.

49. Balandier, G., *in* Gras, A. et Musso, P., (dir.), *Politique, communication et technologies. Mélanges en hommage à Lucien Sfez*, Paris, P.U.F., 2006, p. 436.

50. Schmitt, C., *La Notion de politique, Théorie du partisan* [1932], trad. fr. M.-L. Steinhauser, Paris, Flammarion, 2009, p. 286.

Il en concluait qu'arrivait « l'ère des neutralisations et des dépolitisations ». D'un même mouvement se développent la technologisation du politique et sa désymbolisation. La technique servante du politique est devenue la maîtresse, et aurait même le grand mérite de promouvoir la dépolitisation absolue :

> La technique n'est plus un terrain neutre au sens de ce processus de neutralisation et toute politique se servira d'elle. (…) De nos jours, dit Carl Schmitt, encore parmi les peuples industrialisés, les grandes masses demeurent adeptes d'une obscure religion de la technicité, car elles sont, comme toutes les masses, avides de conclusions extrêmes et inconsciemment convaincues d'y avoir trouvé la dépolitisation absolue, recherchée depuis des siècles, qui signifie la fin de toute guerre et l'aube de la paix universelle [51].

La foi techniciste marque le triomphe de la neutralisation de la politique réduite à la prolifération des fictions maniant le vraisemblable : « *Technopolis*, dit Sfez, est un faisceau de discours de fiction. C'est la fiction, croyons-nous, qui est le moteur de la technique, et par là de la politique »[52]. Les deux sont enchevêtrés dans « le techno-politique », mais la technique est à l'opposé du politique qui se définit en propre par le symbolique. La technique véhicule une imagerie faite de fictions (le progrès, la « révolution » technique, l'extériorité, la neutralité, etc.). Pour cette raison elle ne peut instituer, contrairement au politique qui lui, institue, notamment par et dans l'État. Si Lucien Sfez ne considère que l'État pour envisager l'institutionnalisation du symbolique, il faut souligner qu'une autre institution s'est dressée à côté, puis contre lui, à savoir la très grande entreprise industrielle, fabrique de techniques et de leur mise en réseau. Alors que le techno-politique s'aplatit dans le fictionnel et les images, l'entreprise peut instituer les techniques et tente même de les accrocher à un clou symbolique. Certes la technique n'est pas « instituante », mais elle peut être « instituée ».

51. Schmitt, C., *La Notion de politique*, *op. cit.*, p. 152.
52. Sfez, L., *Technique et idéologie*, *op. cit.*, p. 13.

2. L'INSTITUTIONNALISATION INDUSTRIELLE DES TECHNIQUES

Comme le montre Simondon, les techniques mises en réseau créent un système techno-industriel qui vient contester le techno-politique. Ce « système technicien » n'absorbe pas le tout social comme le défend Ellul, mais il fait apparaître à côté du techno-politique, l'Entreprise – notamment la grande entreprise high-tech contemporaine – dressée contre, ou combinée avec, l'État en tant qu'institution susceptible de symboliser et donc d'instituer les techniques.

Pour instituer, dit Sfez, il faudrait que les fictions de la technique soient agissantes, et « relayées par des grands corps d'État pour s'imposer » [53]. Mais l'État a largement déserté les politiques industrielles – sauf dans le domaine militaire (le fameux « complexe militaro-industriel ») – et désormais c'est l'entreprise, autre grande institution contemporaine, qui s'en charge : l'exemple des GAFAM est illustratif de ce nouveau type de techno-institution entrepreneuriale. La technique est ainsi « instituée » par l'industrie elle-même. Si David Noble a pu évoquer la « religion technologique », elle est en fait dérivée de « la religion industrielle » occidentale structurée autour de l'entreprise [54].

L'entreprise, institution de la technicité

Le concept d'institution désigne ce qui fait tenir debout une société à partir de sa vision du monde, de sa croyance collective fondatrice – ce que Paul Valéry appelle sa « structure fiduciaire » (de *fides*, « foi »). « Institution, dit Pierre Legendre, ce mot venu de la latinité se réfère à la fermeté, à la solidité de ce qui tient. Littéralement, faire en sorte que la chose humaine tienne debout » [55]. L'institution concrétise et théâtralise les croyances fondatrices dans lesquelles une communauté ou une société s'unit et se reconnait. Le juriste Maurice Hauriou a publié en 1925 un article de référence dans lequel il écrit :

53. *Ibid.*, p. 225.
54. Voir notre ouvrage *La Religion industrielle*, *op. cit.*
55. Legendre, P., *Argumenta & Dogmatica*, Paris, Fayard, 2012, p. 10.

> Une institution est une idée d'œuvre ou d'entreprise qui se réalise et dure juridiquement dans un milieu social. (…) Entre les membres du groupe social intéressés à la réalisation de l'idée, il se produit des manifestations de communion, dirigées par les organes du pouvoir de l'institution et réglées par des procédures [56].

L'institution est la réalisation dans la durée d'une idée ou d'une croyance qui permet à une collectivité de communier et d'organiser des règles de vie communes. Un autre juriste et politiste, Georges Burdeau prolonge cette définition quand il écrit

> Qu'est-ce qu'une institution, en effet, sinon une entreprise au service d'une idée et organisée de telle sorte que l'idée étant incorporée dans l'entreprise, celle-ci puisse disposer d'une puissance et d'une durée supérieures à celles des individus par lesquels elle agit [57] ?

Une autre juriste, Danièle Lochak écrit « Dans l'*institutio*, le donné social et matériel se conjugue inextricablement avec l'aspect spirituel et symbolique : l'*institutio* est un *corpus mysticum* véritable et particulier » [58]. L'institution ne tient que d'un côté, accrochée à une fiction, à une Référence, ou à un « clou » symbolique fondateur, objet de la foi commune, et de l'autre, appuyée sur une base normative, notamment juridique. Elle « colle »[59] la légitimité et la légalité, formant et fermant une structure ternaire dans laquelle elle est une instance médiatrice. Toute institution colle la foi et la loi d'une communauté et répond implicitement aux deux questions posées par Isidore de Séville, un des pères de l'Église au début du VIIe siècle : la première, « pourquoi vivre ? » fixe la légitimité, et la seconde, « comment vivre ? » ordonne la normativité. Parce que toute communauté humaine partage une croyance (un mythe ou un mystère) dans laquelle elle communie, elle peut en retour accepter les interdits et les règles communes (dérivées de sa foi). Comme le

56. Hauriou, M., « La théorie de l'institution et de la fondation », *Cahiers de la Nouvelle Journée*, 4, 1925, p. 1-5.

57. Burdeau, G., *L'État*, Paris, Seuil, 1970, p. 30 et p. 71.

58. Lochak, D., *Dictionnaire encyclopédique de théorie et de sociologie du Droit* [1988], A.-J. Arnaud, J. G. Belley, J. A. Carty, J. Commaille *et al.*, (dir.), Paris/Bruxelles, Librairie Générale de Droit et de Jurisprudence, Story-Scientia, 1993.

59. Ces métaphores de la colle et du clou sont empruntées au *Phédon* (XXXIII) de Platon et aux néo-platoniciens.

résume Vincent Descombes, « les institutions sont des manières de penser autant que des manières d'agir » [60].

Si la définition de l'État comme institution ne fait guère débat, il n'en va pas de même pour l'Entreprise. Or ces deux institutions nées ensemble en Europe aux XIIe-XIIIe siècles, après la révolution grégorienne, ont évolué différemment : l'État s'est autonomisé de l'Église et de la référence théologique à laquelle il a emprunté sa dimension symbolique, l'Entreprise s'est développée à bas bruit dans l'ombre de l'État avant d'apparaître en pleine lumière avec l'industrialisation. L'entreprise qui fut d'abord manufacture puis usine, n'a cessé de concevoir, de développer, d'assembler et de diffuser des technologies et des récits, voire des propagandes associées, pour les socialiser et donner du sens aux usages.

Les premières théories des relations industrie/politique ont été élaborées au début de l'industrialisation, avec le radicalisme anglais de la fin du XVIIIe siècle. Bentham et Godwin, puis Saint-Simon, Comte et surtout les saint-simoniens ont défendu que le politique pouvait être réduit et marginalisé (« le gouvernement est un mal nécessaire » dit Thomas Paine) au profit de l'industrie, de l'ingénierie ou de l'économie. Pour liquider la dimension symbolique, notamment religieuse, du politique au moment des révolutions américaine et française, il suffit de poser au politique, la question de son utilité ou de son efficacité, c'est-à-dire celle qui est posée à la machine et à la technique par l'ingénierie. Ainsi l'État technologisé et désymbolisé s'aplatit dans la gestion techno-rationnelle et calculatrice, il se contente d'administrer et de gérer.

> Le *Léviathan* moderne, dit Georges Burdeau, est enchaîné par ses propres prétentions ; assimilant la technique pour en faire l'instrument de son empire, il est finalement colonisé par elle. Léviathan conserve l'apparence d'un souverain, choisissant son heure et ses fins, mais en réalité il est téléguidé par la force même qu'il utilise pour régner. La technique lui dicte ses objectifs [61].

Ainsi l'État rationnel et fonctionnel peut être transformé en une « technostructure » (J. K. Galbraith) maniant les techniques d'organisation du management, et même devenir une machinerie dans le

60. Descombes, V., *Les Institutions du sens*, Paris, Éditions de Minuit, 1996, p. 296.
61. Burdeau, G., *L'État*, *op. cit.*, p. 179.

projet marxiste-léniniste. Lorsque la dimension symbolique se retire de l'État, il ne reste qu'une « machine d'État » (Marx) ou un « appareil » selon la formule léniniste[62] – en préalable à son « extinction » – c'est-à-dire un ensemble de rouages et de pièces, un agencement de fonctions substituables. L'État ayant dilapidé son capital symbolique se retrouve sur le même terrain que la techno-industrie et la doctrine managériale. Les utopies technologiques ont même pris le relais et la place des utopies socio-politiques : les premières ont déchargé les secondes du fardeau de leur promesse d'actualisation, puisque toutes les techno-utopies finissent par se réaliser grâce à l'industrie.

L'hybridation Entreprise sacralisée – État désymbolisé

Castoriadis a noté que

> de toutes les « techniques », la plus importante est l'organisation sociale elle-même, l'appareil le plus puissant jamais créé par l'homme est le réseau réglé des rapports sociaux. Certes, il faut reconnaître que ce réseau c'est l'institution, et l'institution est beaucoup plus et autre chose que la technique, mais elle contient indissociablement la « technique » sociale… et est impossible sans elle [63].

Après la Seconde guerre mondiale, l'alliance des technologies et du management dans le *cybermanagement* fut la solution élaborée pour neutraliser le politique, c'est-à-dire le désarmer en achevant sa désymbolisation, en envisageant même un pouvoir automate. D'un côté, l'État se dépolitise et s'aplatit, réduit à un simple « organe de la rationalité technique »[64] n'ayant qu'une mission de bonne gestion « efficace » ; de l'autre, la grande Entreprise se politise par extension de sa sphère d'action et de sa dogmatique managériale. Tout se passe comme si un transfert d'« hégémonie », au sens gramscien de direction intellectuelle et politique de la société, s'opérait entre ces

62. Balibar, É., « Appareil », *in* Labica G., Bensussan G., (éd.), *Dictionnaire critique du marxisme*, Paris, P.U.F., 1985.

63. Castoriadis, C., Article « Technique », in *Encyclopedia Universalis*, 1990, vol. 22, p. 123-129 ; p. 126.

64. Weil, É., *Philosophie politique*, Paris, Vrin, 1956.

deux institutions qui font ensemble tenir l'architecture fiduciaire occidentale.

La religion industrielle portée par l'Entreprise et ses technologies managériales soumet le politique à la question de sa performance et de ses effets opérationnels. On peut y voir avec Carl Schmitt le triomphe du libéralisme dépolitisant le politique, mais surtout la soumission du politique désymbolisé à la technologisation généralisée. L'ingénierie de l'État peut être confiée aux experts et aux ingénieurs de « l'intégrisme gestionnaire »[65] car le « fondamentalisme managérial promoteur du Politique est libéré de l'art juridique par un nettoyage scientifique et de l'Homme nouveau garanti démythifié », comme dit Pierre Legendre[66].

L'Entreprise marque l'État de son emprise techno-industrielle. Par mimétisme l'État, réduit à une administration gestionnaire, affiche son épuisement symbolique, via la crise profonde de la représentation politique, car toutes ses actions sont finalisées par le souci utilitaire de l'efficacité.

> Si, dans les grands siècles de la modernité, l'État fut la construction industrieuse qui imposait au domaine public sa puissance et sa domination, il est en passe de devenir aujourd'hui une entreprise qui traite le problème politique comme une affaire socio-économique, résume la philosophe Simone Goyard-Fabre[67]. On assiste ainsi à la déstabilisation de « l'État stabilisateur »[68].

Dès 1916, Carl Schmitt se désolait de l'émergence d'une société « du commerce, de la technique et de l'organisation. En effet, l'entreprise semble être ce qui la caractérise : l'entreprise en tant que moyen extrêmement efficace en vue d'une fin lamentable ou absurde, priorité universelle du moyen sur la fin »[69]. Le diabolique de la technicité inverse et renverse la symbolique politique. Pour Schmitt, technicisation et entreprise sont ficelées : « le XXe siècle à son début se révèle être l'ère, non seulement de la technique, mais

65. Legendre, P., *Fantômes de l'État en France*, Paris, Fayard, 2015, p. 26.

66. *Id.*, *Les Enfants du texte. Leçons VI,* Paris, Fayard, p. 67.

67. Goyard-Fabre, S., *L'État, figure moderne de la politique*, Paris, Armand Colin, 1999, p. 101-102.

68. *Ibid.*, p. 106-107.

69. Cité par Meier H., *La leçon de Carl Schmitt. Quatre chapitres sur la différence entre théologie politique et la philosophie politique*, trad. fr. F. Manent, Paris, Cerf, 2014.

encore d'une foi religieuse en cette même technique »[70]. La technicisation du politique ne peut que conduire à sa neutralisation et à son évidement. L'Entreprise désarme, c'est-dire désymbolise, l'institution politique concurrente et fait émerger un techno-État, un *État-Entreprise* usiné et managérialisé [71].

Le transfert d'hégémonie entre l'Entreprise et l'État aboutit d'un côté, à l'autolimitation ou à la « dépolitisation de l'État » – épuisé par ses combats pour la sécularisation et la « dé-théologisation » de la société – réduit à l'administration et à la gestion « scientifique », et d'un autre côté, à la politisation de l'entreprise, institution séculière porteuse d'une foi techno-industrialiste, qui élargit sa sphère de pouvoir bien au-delà de son activité de production.

De l'efficience symbolique de la parole politique à l'efficacité technique de l'action industrielle s'effectue le grand déménagement du pourquoi au comment, du primat du symbolique à celui de la rationalité. Au moment où l'État et le politique désymbolisés sont « aplatis » dans le technico-rationnel et rabattus sur l'administration des choses, l'Entreprise elle, déploie simultanément la technicité et sa puissance imaginaire pour gouverner les hommes. « Aujourd'hui est advenue la religion de l'entreprise, souligne Pierre Legendre, tout aboutit à l'entreprise et tout en procède » [72]. Parce que la grande entreprise fabrique des technologies, elle capture toujours plus l'imaginaire : elle porte une religiosité que, de son côté, le politique a dilapidée. L'imaginaire technicien ficelé à la normativité managériale est mobilisateur. C'est « une mythologie agissante »[73], et qui plus est, désidéologisée et dépolitisée. Ainsi les *supercorporations* de la Silicon Valley, les « GAFAM », partagent déjà le pouvoir politique avec les États. À tel point qu'un consultant en stratégie d'affaires, Larry Downes conseilla à Microsoft d'acheter un pays et de se comporter comme une Nation souveraine[74] et qu'en 2017, le gouvernement danois a nommé un ambassadeur « numérique », ou une « start-up ambassade », auprès des multinationales de la Silicon Valley.

70. Schmitt, C., *La Notion de politique*, *op. cit.*, p. 137.

71. Voir notre ouvrage *Le temps de l'État-Entreprise*, Paris, Fayard, 2019.

72. Legendre, P., Dominium Mundi : *L'empire du management*, Paris, Mille et une nuits, 2007, p. 46.

73. *Ibid.*, p. 76.

74. Cité par Legendre, *ibid.*, p. 76.

La création de ce poste diplomatique met en évidence le poids politique de ces firmes high-tech et la formation de Nations-Entreprises et d'Entreprises-Nations ; comme l'a expliqué le ministre danois des Affaires étrangères, « Ces firmes sont devenues un nouveau type de nation » [75].

Un des gourous de la Silicon Valley, Tim O'Reilly, a poussé à l'extrême ce processus en introduisant en 2014 l'idée d'une « régulation algorithmique » : « Il est temps, écrit-il dans un article intitulé "Open Data and Algorithmic Regulation", pour le gouvernement d'entrer dans l'âge du *big data.* La régulation algorithmique est une idée dont le temps est venu ! ». L'essayiste Philippe Vion-Dury décrit ainsi ce « projet politique » de la Silicon Valley : « Ce qui est proposé dans ce prêt-à-penser californien, c'est une société en pilotage automatique, s'autorégulant grâce à des dispositifs algorithmiques » [76]. Exit le politique au profit de l'industrie du logiciel. La fabrique de grands récits s'est déplacée : elle s'est éloignée de l'État pour se concentrer dans les temples nord-américains de la high-tech, tels que le Massachussetts Institute of Technology (MIT) ou la Silicon Valley. Le transfert d'hégémonie de la *propaganda fide* de l'entreprise à l'institution étatique est opéré avec, par et pour la technique. La grande entreprise forge des technologies de l'esprit et des « technologies de gouvernementalité », à commencer par le management et le marketing – « techniques de pouvoir » (M. Foucault) – exportables clefs en main dans le champ politique : Antonio Gramsci disait que « l'hégémonie naît dans l'usine » [77].

75. Le ministre des Affaires étrangères Anders Samuelsen a ainsi présenté le projet : « Ces firmes sont devenues un nouveau type de nation et nous avons besoin de nous confronter à cela ». Source : Normand, G., « Le Danemark nomme un ambassadeur auprès des GAFA », *La Tribune*, 09/02/2017.

76. Vion-Dury, P., *La nouvelle servitude volontaire. Enquête sur le projet politique de la Silicon Valley*, Limoges, FYP éditions, 2014, p. 182.

77. Gramsci, A., *Cahiers de prison, Quaderni 22*, Editori Riuniti. Édition critique des Œuvres de Gramsci par Valentino Gerratana, Turin, Institut Gramsci de Turin, 1975, p. 442.

Les dieux-ingénieurs

Les imaginaires techniciens peuvent aller jusqu'à rivaliser avec la religiosité, tant le symbolique s'est affaissé en Occident, dans le champ séculier, notamment dans le champ politique. Les religions séculières et terrestres elles-mêmes s'affaiblissent et la religiosité technicienne vient occuper l'espace laissé vacant, « le lieu vide » (Claude Lefort). Ce n'est jamais qu'un retour à front renversé à l'origine mythologique des Dieux fabricants de techniques. Chez Homère, ce sont les dieux qui fabriquent les techniques : « Homère, rappelle Castoriadis, ne dit pas de Zeus qu'il fait être un orage de pluie et de grêle...mais qu'il le fabrique, le produit, l'assemble. Les dieux sont dans la techné, ils en sont les possesseurs initiaux »[78]. Et Eschyle dans *Prométhée enchaîné* (V, 506) dit que « Tous les arts, chez les hommes, viennent de Prométhée. » Prométhée qui a dérobé le feu sacré pour en faire don aux humains, leur enseigne la métallurgie et d'autres arts appris auprès d'Athéna. La technologie et la transcendance seront nouées par le christianisme, en prolongement de la mythologie gréco-romaine. Hephaïstos le dieu du feu, de la forge et de la métallurgie, était ingénieur et mécanicien, créateur d'objets magiques dans son laboratoire, une caverne sous-marine – caverne redécouverte sous la forme du garage par les techno-génies New Age de la Silicon Valley.

Dans *The Religion of Technology*, David Noble soutient que l'expérience christique a fourni les bases théologiques de l'imaginaire technologique. Il note que dans la Cité de Dieu de saint Augustin, les techniques et les arts sont présents et que la notion « d'art mécanique » apparaît chez le moine bénédictin irlandais Jean Scot Erigène au début du IXe siècle : « Les arts sont les liens des hommes avec le divin, les cultiver est un moyen pour leur salut » [79]. Une longue tradition va voir dans la technique une objectivation de la rédemption christique. À partir de « la première révolution industrielle » du XIIIe siècle, largement accomplie par les moines cisterciens, la mécanique et l'ingénierie prennent une dimension

78. Castoriadis, C., article « Technique », art. cit., p. 123.

79. Noble, D. F., *The Religion of technology. The divinity of man. The spirit of invention*, New York, Alfred A. Knopf, 1998, p. 17.

magique. Ainsi le franciscain anglais Roger Bacon (v. 1214–v. 1294), a-t-il imaginé de nombreuses inventions à tel point qu'Émile Bréhier a pu voir en lui un précurseur de Jules Verne [80]. Quant à Nicole Oresme (v. 1322-1382) ecclésiastique et mathématicien, évêque de Lisieux, c'est dans son œuvre que l'on trouve la première métaphore considérant le monde comme une horloge mécanique créée et mise en marche par un Dieu-ingénieur. Cette image va traverser l'histoire de la philosophie et de l'ingénierie, notamment chez Leibniz. On pourrait poursuivre cet inventaire : notons qu'aux débuts de la grande industrialisation de l'Europe, en 1818, Mary Shelley sous-titre son roman *Frankenstein*, figure diabolique de la grande industrie, « Le Prométhée moderne ».

On peut trouver aujourd'hui, de nombreuses illustrations de la prolifération du sacré dans les « techno-discours » sous la forme de techno-utopies. Citons un rapport célèbre sur les NBIC[81] co-rédigé par Mihail Roco, coordonnateur de la National Nanotechnology Initiative et par un spécialiste des religions, William Sims Bainbridge[82], rapport dont la sociologue Stéphanie Chifflet dit qu'il est « *l'expression moderne d'un défi démiurgique que l'homme* est invité à relever, devenant lui-même l'acteur d'une nouvelle religion : la religion de la technologie » [83].

Dans cette production de techno-utopies, Google excelle et ne cesse de manier la figure du Dieu-ingénieur : le groupe a ainsi créé en 2013, la société de biotechnologies *Calico* dont le but est « d'arrêter la mort », considérée comme une maladie qui peut se soigner : ce projet de « tuer la mort » signifie technologiser la dimension symbolique de l'humain pour l'anéantir. « Le moteur de

80. Bréhier, É., *La Philosophie du Moyen Âge*, Paris, Albin Michel, 1971, p. 338.

81. *Converging Technologies for Improving Human Performance. Nanotechnology, Biotechnology, Information technology and Cognitive science. NSF/DOC-sponsored report*, ed. by Roco M.C. and Bainbridge, W.S., National Science Foundation, Dordrecht, Kluwer Academic Publishers (currently Springer), 2003, http://www.techno-medecine.com/PDF/NBIC-rapport-de-la-NSF.pdf.

82. W. Bainbridge a écrit, avec R. Stark, *The Future of Religion*, Berkeley, University of California Press, 1985 et *A theory of Religion*, New York-Toronto, Lang, 1987. Il est l'éditeur associé du *Journal of Evolution and Technology*, revue des transhumanistes.

83. Chifflet, S., « L'imaginaire technoscientifique. Récits, mythe, image », *Raison Présente*, 171, 3 e trimestre 2009. Voir aussi sa thèse intitulée « L'imaginaire technoscientifique : cas de la convergence NBIC », soutenue dans le cadre du Centre de recherche sur l'imaginaire de l'Université Stendhal-Grenoble III.

recherche parfait » a déclaré le cofondateur de Google, Sergey Brin, « serait comme l'esprit de Dieu »[84]. Le père de la voiture autonome de Google, l'ingénieur Anthony Levandowski a fondé une « nouvelle religion » intitulée « Way of the Future » (La voie de l'avenir) afin de « développer et promouvoir la prise de conscience d'une divinité basée sur l'intelligence artificielle » pour « améliorer la société ». Les promoteurs de l'intelligence artificielle en font une super-intelligence divine, notamment dans la charte d'engagement à la *Singularity University*, think thank californien fondé par le « futurologue » Ray Kurzweil, autre gourou chez Google, qui affirme : « Dès les années 2030, nous allons, par hybridation de nos cerveaux avec des nanocomposants électroniques, disposer d'un pouvoir démiurgique. »

Après la Seconde guerre mondiale, la figure de l'homme-dieu démiurge avait été réactivée par la cybernétique notamment par Norbert Wiener dont le dernier livre écrit en 1964, est intitulé *God and Golem*[85]. Cette figure est inspirée du concept de Teilhard de Chardin, « le point Oméga » qui représente le point ultime du développement de la complexité et de la conscience vers lequel se dirige l'univers, c'est-à-dire pour lui, le Christ.

En 2011, la mort de Steve Jobs – qui avait lancé le *Ipad* d'Apple en rappelant que depuis Moïse personne n'avait créé de nouvelles tablettes – fut saluée par les mots : « dieu », « prophète », « messie », « pape », « icône », « apôtre » ou « gourou »[86]. Ainsi la Silicon Valley a adopté une « idéologie technico-mystique » héritière de la cybernétique, revivifiée par le New Age et certains courants artistiques des années 1960, comme l'USCO (The US Company) collectif d'artistes qui voulait fusionner « les cultes du mysticisme et de la technologie pour générer introspection et communication »[87]. Bien que la technique ne symbolise pas, les références au sacré et à Dieu sont omniprésentes dans les récits des industriels de la côté Ouest.

84. Cité par James B. Rule chercheur du Centre pour l'étude du droit et de la société de la Berkeley School of Law de l'Université de Californie.

85. Wiener, N., *God and golem inc. : sur quelques points de collision entre cybernétique et religion*, trad. fr. C. Wall-Romana, P. Farazzi, Paris, Édition de l'Éclat, 2001.

86. Lardellier, P., « Un anthropologue à l'Apple Store. », *Questions de communication*, 23, 2013, p. 121-144 ; URL : http://journals.openedition.org/questionsdecommunication/8378.

87. Turner, F., *Aux sources de l'utopie numérique, De la contre-culture à la cyberculture : Steward Brand, un homme d'influence* [2006], trad. fr. L. Vannini, Caen, C&F Éditions, 2012, p. 101.

La techno-industrie a été érigée en une religion performative toute puissante qui accomplit ce qu'elle promet, à l'instar du Verbe divin, le « Fiat divin » qui vaut action et création. Erich Fromm le résume ainsi :

> l'Homme a fait de lui-même un Dieu parce qu'il a acquis la capacité technique de procéder à une « seconde création » du monde qui remplace celle du Dieu de la religion traditionnelle. On peut également dire que nous avons fait de la machine un dieu et que, en la servant, nous sommes devenus des dieux [88].

De la religiosité technicienne à la religion industrielle

Au-delà du techno-mysticisme qui accompagne l'industrialisation occidentale depuis deux siècles et de la technicisation du politique, la religiosité technicienne s'est institutionnalisée dans la religion industrielle. Toutefois la technicité n'est qu'une des dimensions de cette religion industrielle qui est une vision du monde articulant de façon systémique de grandes abstractions à majuscule, construites par les Lumières, comme le Travail, l'Histoire ou l'Humanité, combinées à deux récits mythologiques puissants, ceux du Progrès et des « Révolutions industrielles ». Ces mythes modernes donnent un « sens » à l'histoire et la scande de ruptures techno-industrielles (mécanisation, électrification et informatisation) censées déterminer des transformations sociales. Ainsi un double déterminisme est fixé auquel adhèrent les idéologies industrialistes, qu'elles soient socialistes ou libérales : les sociétés sont orientées par le sens de l'histoire et par les « révolutions techno-industrielles ». Ces vagues révolutionnaires successives promettent toujours des sociétés nouvelles d'où leur force utopique ou dystopique : elles alimentent le « techno-messianisme » comme le « techno-catastrophisme ». Les marqueurs de cette religion industrielle séculière ont été explicitement fixés au début du XIXe siècle par les philosophes industrialistes, notamment Henri Saint-Simon, Auguste Comte et les saint-simoniens. Précisons ces six principaux marqueurs : le grand récit de la « Révolution industrielle » qui définit une nouvelle société dite « société industrielle » (mot de Saint-Simon) ; le nouveau grand acteur de l'histoire

88. Fromm, E., *Avoir ou être. Un choix dont dépend l'avenir de l'homme*, Paris, Robert Laffont, 1978, p. 178.

est désormais « l'Humanité », une et universelle, sacrée « Grand Etre » par la religion de l'Humanité (Pierre Leroux et Comte) ; la valeur « Travail » conçue comme un concept par Adam Smith permettant à l'Humanité d'exploiter et de dominer la Nature (religion saint-simonienne) ; la « technoscience-économie » érigée en rationalité et normativité pour toute institution laïcisée. Enfin, deux grands mythes mettent en dynamique l'Humanité : « l'Histoire » avec majuscule, une et unifiée, donne le sens orienté vers le futur et le bonheur terrestre, car elle est pilotée par le « Progrès ».

Cette religion industrielle s'est construite en Europe à partir du XIIIe siècle lors de sa « première révolution industrielle », mais elle l'a fait à bas bruit à l'arrière-plan de l'affrontement des religions monothéistes et de la religion politique émergente. La religion industrielle séculière a été bâtie dans les coulisses du théâtre politique combattant pour sa propre autonomie par rapport au religieux. Dans le silence des monastères, dans la pénombre des manufactures et derrière les murs des usines, cette religion s'est développée jusqu'à advenir aujourd'hui en pleine lumière à l'heure du triomphe de l'Entreprise et du management universel. La religion politique que marque la sacralisation de l'État, a occupé le devant de la scène dans la modernité occidentale, notamment du XVIe au XIXe siècle. La désécularisation que porte la religion industrielle s'est développée à l'abri de la grande sécularisation politico-théologique. L'industrialisation a joué un rôle clef car la technique est devenue au XIXe siècle, technoscience et même techno-industrie. L'idée de faire de la technique une « application » de la science n'avait émergé en Angleterre qu'avec Francis Bacon, et se concrétisa après 1650 dans l'Académie Royale de Londres. Un siècle plus tard, la technique pensée comme science appliquée, est mise en œuvre par l'industrie, à tel point que la « révolution industrielle » est souvent réduite à la machine de Watt. Avec la mécanisation, l'usine puis l'entreprise deviennent des institutions capables de rivaliser avec le politique et l'État. Les institutions de la religion industrielle, préfigurées par les monastères cisterciens puis esquissées par les manufactures, vont s'autonomiser comme l'État avait su le faire vis-à-vis de l'Église à la Renaissance. « Au nom de » l'économie et du marché, la religion industrielle maniant la technoscience appliquée dans le machinisme et les grands réseaux triomphe et s'impose à toutes les institutions, y compris à l'État affaibli et au politique désymbolisé. Plus l'industrialisation et la technologisation se développent et s'élargissent en hyperindustrialisation et plus elles promettent des « révolutions » à répétition ; et plus le politique se retire au profit de la techno-science-industrie. Après la Seconde Guerre mondiale, le paradigme cybernétique et managérial fondé sur la plus grande « efficacité » possible, a renforcé le modèle du pouvoir machinique, en créant une science du commandement ordinatique ouvrant l'horizon d'un pouvoir automate et algorithmique. La religion industrielle contemporaine cimente ainsi une légitimité scientifico-positiviste et une normativité managériale assemblées dans et par une puissante institution, la très grande Entreprise qui désormais rivalise avec l'État et le politique en crise. L'Entreprise tend non plus à compléter ou à assister l'État, mais à s'entremêler avec lui dans « un État-Entreprise ». C'est pourquoi la religiosité technicienne peut prétendre à la symbolicité instituée par et dans cette nouvelle institution hybride.

Le progrès, clou de la religion techno-industrielle

Si la religion industrielle a triomphé, plusieurs de ses marqueurs, ou de ses piliers, s'effritent : ainsi les mythes du « sens de l'Histoire » ou de « la marche de la civilisation » et surtout celui du Progrès. D'autres redoublent d'activité comme ceux de l'hyperrationalité (ou de la surrationalité selon Husserl) techno-scientifique ou de la « révolution industrielle » accolée à chaque nouvelle grappe d'innovations technologiques. Or « l'architecture fiduciaire » de l'Occident ne tient qu'accrochée à l'idée de Progrès au nom duquel elle s'est construite et imposée au monde. L'idée de progrès, née avec la révolution de la science moderne au XVIIe siècle, a triomphé au XIXe siècle industrialiste qui l'a transformée en une véritable « religion ». Devenu le grand mythe de l'Occident, « le Progrès » est aujourd'hui en crise, voire à l'agonie. Paradoxalement, alors qu'explosent « les progrès » techno-scientifiques, ce grand récit décline. L'idée de progrès s'était imposée en Europe par seuils successifs : elle fut le résultat de la sédimentation de plusieurs apports. Cette idée, souvent associée aux Lumières, est née avec la science moderne au début du XVIIe siècle. Francis Bacon, le « prophète de la société industrielle » selon un mot de Karl Popper, fut le premier à employer le mot « progress » dans un sens temporel, et non plus spatial. La marche du progrès semblait alors inexorable et Fontenelle put célébrer la science en affirmant, « Il y a un ordre qui règle nos progrès » [89]. C'est au XVIII e siècle avec Turgot et Condorcet que l'idée de progrès scientifique triomphe, considérée comme la cause et la conséquence de la civilisation. L'humanité se dirige vers une fin unique et doit s'affranchir de tout ce qui peut entraver sa « marche en avant », comme les « préjugés » ou le « poids du passé ». Le déterminisme de l'origine est remplacé par le messianisme de l'avenir : tel est le « sens de l'histoire » et une science de l'avenir devient possible. Au XIX e siècle, avec l'industrialisation et le machinisme, l'idée de progrès connaît en Occident son apogée et devient le grand mythe moderne. Antoine-Augustin Cournot peut parler de « religion du progrès » :

> Aucune idée, parmi celles qui se réfèrent à l'ordre des faits naturels, ne tient de plus près à la famille des idées religieuses que l'idée de progrès, et n'est plus propre à devenir le principe d'une sorte de foi religieuse pour ceux qui n'en ont plus d'autre. Elle a, comme la foi religieuse, la vertu de relever les âmes et les caractères. L'idée du progrès indéfini, c'est l'idée d'une perfection suprême, d'une loi qui domine toutes les lois particulières, d'un but éminent auquel tous les êtres doivent concourir dans leur existence passagère. C'est donc au fond l'idée de divin [90].

Or ce mythe fondateur de la modernité industrialiste, décline au XX e siècle avec les grandes guerres mondiales et il est remis en cause depuis les années 1980-90, après les catastrophes des centrales nucléaires de Three Mile Island, Tchernobyl, puis Fukushima qui se sont superposées aux crises économiques et financières mondiales depuis la fin des « Trente Glorieuses ». Le siècle dernier ne s'est pas achevé par une célébration du progrès, mais dans un climat de crise et de peur face à de nouvelles catastrophes annoncées et dans le retour du « déclinisme » voire de la collapsologie. Certains auteurs ont même dressé l'acte de décès de l'idée de progrès la qualifiant d'« idée morte » [91]. Sans doute vaudrait-il mieux parler « des »

89. Fontenelle, préface des *Éléments de la géométrie de l'infini*, Paris, Imprimerie Royale, 1727, p. 53.

90. Cournot, A. A., *Considérations sur la marche des idées et des événements dans les temps modernes* [1872], in *Œuvres complètes*, éd. A. Robinet, Livre VI, chap. 6, Paris, Vrin, 1973, p. 535.

91. Pfaff, W., « Du progrès : réflexion sur une idée morte » [1995], *Commentaire*, 74, été 1996, p. 385.

progrès au pluriel et sans majuscule pour réagir à la dilapidation du sens porté par la puissance techno-industrielle. Tel un apprenti-sorcier, le développement accéléré et généralisé de la « techno-science-industrie » s'est paradoxalement retourné contre son mythe porteur. L'explosion de la puissance technologique ouvre une interrogation majeure sur son sens. Le diabolique et le symbolique se sollicitent réciproquement, comme pour maintenir un équilibre des forces entre deux piliers qui font tenir l'architecture fiduciaire d'une société.

SECONDE SECTION

QUEL SENS POUR LES NOUVEAUX SYSTÈMES TECHNIQUES ?

Pistes, Revue de philosophie contemporaine 1 (2021)
326 p., ISBN : 978-2-7116-8425-0, p. 117-143, Vrin.

Tentations digitales. Réflexions sur le pouvoir mythogene de l'informatique

Daniel CÉRÉZUELLE *

RÉSUMÉ

La reconnaissance des enjeux éthiques et politiques de l'informatisation devrait inciter à la prudence, mais l'accélération technologique nous prive du temps nécessaire pour un usage responsable de nos outils digitaux. Cet obstacle à l'éthicité est renforcé par le fait que les algorithmes ne sont pas neutres existentiellement. Dès l'Antiquité la possibilité de créer des machines à penser, à parler, à communiquer, a fasciné les esprits. Le désir de surmonter grâce à l'automatisme les limites ontologiques de l'existence incarnée a nourri une mythologie computationnelle dont la puissance fascinatrice réduit notre capacité de vigilance éthique. Le cinéma contemporain atteste de la virulence de cette mythologie.

Mots-clés : informatique, accélération, animation, imaginaire techniciste, incontinence.

* daniel.cerezuelle@free.fr.

INTRODUCTION : UNE RAPIDE MONTÉE EN PUISSANCE

Dans cet article, nous nous en tiendrons à une définition « prudente » de l'informatique : il s'agit des techniques de stockage, de traitement et de transmission de données par manipulation automatique de symboles physiques enregistrés sous forme de signaux digitaux ; manipulations effectuées actuellement par des machines électroniques que l'on nomme ordinateurs. Aujourd'hui, les ordinateurs sont partout. Leurs capacités de stockage et de traitement ont augmenté de façon exponentielle, et leur prix en raison inverse. La diffusion de la technique a été si profonde qu'on a parlé d'informatisation de la société. Il en est résulté l'automatisation d'un immense registre d'opérations, en même temps que l'ouverture de nouveaux horizons manipulatoires, fermés jusque-là à l'intervention humaine. Avec la bionique, on peut même parler d'une dimension *onturgique* des applications de l'informatique, créatrices de nouvelles formes d'être. Le perfectionnement, la diffusion et la mise en œuvre de ces nouvelles techniques digitales posent inévitablement une multitude de problèmes sociaux, environnementaux, qui appellent des réponses éthiques et politiques. Or, aujourd'hui la question de l'articulation entre puissance technique et normes éthiques se pose, au sein d'un contexte civilisationnel très spécial., car nous vivons dans une époque d'accélération technologique.

La contraction du temps, l'accélération du changement social dans toutes ses dimensions sont une des caractéristiques de la société technicienne, comme le signale le livre de Hartmut Rosa, *Accélération*[1]. Bien entendu, cette accélération dont traite le livre de Rosa n'est pas un phénomène tout à fait nouveau. En 1948, au lendemain d'Hiroshima, dans son *Essai sur l'accélération de l'histoire*, l'essayiste français Daniel Halévy s'inquiétait de la difficulté des hommes à maitriser les problèmes résultant de la montée en puissance de leurs moyens techniques. Il citait la formule de

1. Rosa, H., *Accélération, une critique sociale du temps* (2005), trad. fr. D. Renault, Paris, Éditions La Découverte, 2010.

Bertrand Russell : « L'homme n'est pas fait pour tant de puissance » et, évoquant le risque de conflit nucléaire généralisé, il concluait en se demandant « Auront-ils le temps ? ». Auront-ils le temps nécessaire pour maîtriser la puissance nouvellement acquise ? Six ans plus tard, Jacques Ellul analysant le rôle de ce qu'il appelle *La technique* dans la société contemporaine, insistait précisément sur le fait que l'accélération de l'innovation et de sa diffusion rend cette maîtrise particulièrement difficile. Il soulignait l'importance de l'apparition de l'ordinateur, qu'il appelait *machine mathématique*, permettant de réaliser des servo-moteurs capables de se substituer à l'homme pour des travaux de plus en plus subtils par l'insertion dans la machine de la capacité de tenir compte de l'action en retour. Ellul avertit le lecteur : « Ceci est un commencement, toute la cybernétique est orientée dans ce sens »[2], Vingt-cinq ans plus tard Ellul insistait sur le rôle décisif des techniques digitales dans la constitution de ce qu'il appelle *le système technicien* qui se caractérise par l'interdépendance fonctionnelle et informationnelle d'un nombre croissant de techniques. La digitalisation a donné une impulsion considérable à l'accélération de l'innovation technicienne qui bouleverse nos sociétés, au point que l'on peut parler, comme Michel Thibon Cornillot d'un véritable « déferlement technologique » auquel nos sociétés s'époumonent à s'adapter[3]. Ainsi, en 2017 les inventeurs du monde entier ont déposé 243500 demandes internationales de brevet par l'intermédiaire de l'OMPI, soit 4,5% de plus que l'année précédente, grâce à une forte progression enregistrée en Chine et au Japon.

C'est donc dans ce contexte très nouveau d'accélération qu'il faut essayer de « civiliser » les techniques digitales et essayer d'apporter des réponses aux problèmes éthiques et politiques de cette nouvelle phase du progrès technique. Rappelons que nous n'avons toujours pas réussi à apporter des réponses satisfaisantes à divers problèmes sociaux et environnementaux posés par la diffusion des techniques industrielles du XIXe siècle (travail ouvrier, prolétarisation exploitation économique, dommages environnementaux, massification et concentration urbaine, etc.).

2. Ellul, J., *La Technique, ou l'enjeu du siècle*, Paris, Armand Colin, 1954, p. 124.

3. Tibon-Cornillot, M., « Déferlement des techniques contemporaines : instabilité, disparition des sociétés industrielles », texte d'une conférence donnée à Osaka le 30/10/2004.

DE QUELQUES ENJEUX ÉTHIQUES ET POLITIQUES DE LA DIGITALISATION

Il me semble nécessaire de rappeler quelques-uns des problèmes posés par les techniques digitales (il en existe d'autres que nous n'évoquerons pas ici)[4].

Le stockage de l'information : les banques informatisées de données nominales. Dès les années 1960 aux États-Unis, on a beaucoup discuté des dangers que représente pour la vie privée et l'autonomie des personnes la prolifération des fichiers nominatifs informatisés mis en place par les administrations publiques, les entreprises privées etc. L'informatique et la télématique facilitent le rapprochement et le traitement de données nominales dispersées dans plusieurs systèmes. L'accès à ces données ainsi que leur diffusion peuvent être quasi instantanés, et les verrous qui protègent leur confidentialité s'avèrent souvent aisément contournables. Se profile alors le risque de « mise en carte » du citoyen, débouchant sur la transparence, et donc le contrôle, de ses différentes activités. L'interconnexion des fichiers, permettant de presque tout savoir sur chaque citoyen, offrirait de puissants moyens de contrôle et de contrainte à un régime autoritaire. Toutes les voix dénonçaient les potentialités totalitaires d'une utilisation incontrôlée des banques de données nominales et les menaces qui pèsent sur la vie privée et sur les libertés publiques. Des réponses ont été envisagées à plusieurs niveaux.

Fondée en 1959 sous l'égide de l'UNESCO, l'IFIP (International Fédération for Information Processing) a rendu public en 1991 un code d'éthique des professionnels de l'informatique. L'efficacité d'un tel code suppose une société fortement morale, un contrôle mutuel des professionnels regroupés dans une sorte d'ordre mondial des informaticiens contrôlant l'accès à la technique, sanctionnant les manquements au secret, etc. Or, en pratique, l'immense majorité des informaticiens sont d'abord des agents d'organisations publiques et privées qui ont leurs objectifs économiques et politiques et qui

4. Pour une analyse plus complète, voir Cérézuelle, D., article « Informatique », *in* Canto-Sperber, M., (dir.), *Dictionnaire d'éthique et de philosophie morale,* 4 [e] éd. revue et augmentée, vol. 2, Paris, P.U.F., 2004, p. 920-925.

exercent un pouvoir direct sur les professionnels qu'elles rémunèrent. L'énoncé d'une déontologie n'oblige donc que les professionnels qui peuvent et veulent bien la mettre en pratique. Le décalage entre bonnes intentions et moyens de les mettre en œuvre est énorme. C'est pourquoi on a cherché à moraliser l'utilisation de l'informatique en la soumettant à des limites légales et obligatoires dont la transgression autorise le recours en justice et relève de sanctions pénales. C'est un progrès indiscutable, mais la plupart des législations ont une approche individualiste et libérale, qui ne s'intéresse guère qu'à la question de la vie privée de l'individu, et ne traite pas vraiment l'impact de l'informatique sur la réalité de la vie publique.

Ainsi, on relève le décalage entre le caractère national des législations et la dimension mondiale de la création de banques de données, de nombreux ficheurs opérant à l'échelle multinationale (banques, compagnies d'assurance, GAFA, etc.). Il est donc très difficile de trouver des réponses adéquates au problème des flux transfrontaliers, d'autant que les progrès de la télématique et des télécommunications (câble, satellites, etc.) favorisent l'accroissement rapide des échanges (au profit, soit-dit en passant, des pays les plus avancés.

Si on s'en tient à l'échelle nationale, on observe que les dispositions légales de protection sont constamment débordées par la banalisation et la généralisation du traitement automatique des données. L'innovation galopante permet un contrôle de plus en plus fin de la vie privée et publique. On citera pour mémoire la vidéo surveillance à enregistrement digitalisé dans les lieux publics et privés ; l'identification et la localisation électronique des véhicules et des appareils téléphoniques ; la facturation des communications téléphoniques dans les lieux de séjour ; l'enregistrement des opérations effectuées avec des cartes à mémoires, les dispositifs de reconnaissance faciale, etc.

Un des effets importants de l'omniprésence de l'informatique dans la vie quotidienne est le gommage progressif, par la puissance objectivante de la technique de la différence effective entre vie privée et vie publique. Les garde-fous légaux actuels reposent sur l'adhésion du corps social à un imaginaire démocratique, fondement qui peut à tout moment perdre sa force. L'expérience montre qu'on peut passer sans transition d'un régime libéral à un contrôle social généralisé, voire totalitaire ; les moyens techniques sont déjà là, comme le montre l'exemple des dispositifs de surveillance informatique mis en place aux USA par la NSA. La sphère décisionnelle des acteurs les plus puissants, publics ou privés s'accroît aux dépens de celle des plus démunis. La fonction centralisatrice semble inhérente à la « grosse » informatique. Au plan politique, la technicité des modes de construction des données d'aide à la décision crée une inégalité d'accès au savoir qui met en situation d'infériorité les représentants du peuple. On peut bien définir des délits, mais la plupart des mésusages ne peuvent être proscrits légalement. L'ultime garantie de la légalité, c'est la moralité, c'est-à-dire l'intériorisation des valeurs par l'ensemble des citoyens et leur incarnation dans des mœurs, mais force est de reconnaître que la sensibilité éthique du citoyen évolue avec le contexte social et technique.

Le traitement de l'information et l'automatisation de l'action. La capacité de traiter automatiquement des données est une des dimensions essentielles de la technologie informatique. Le progrès des ordinateurs a permis l'automatisation d'un grand nombre de tâches humaines ; ainsi ont été mises au point des techniques de discrimination entre catégories de personnes par construction automatique de types ou « profils » à partir des informations contenues dans des banques de données. Banques et compagnies d'assurance y recourent pour accorder ou non certaines facilités. L'évaluation de la fiabilité du client est donc transférée à la machine et retirée au banquier. Évidemment ces mêmes avancées techniques de traitement de l'information fournissent des outils précieux de contrôle social et politique. C'est ainsi qu'en Chine le gouvernement expérimente un *Social Credit System*, qui vise à la notation automatique de la fiabilité (c'est-à-dire de la conformité politique et sociale) des citoyens[5]. Au Canada, cette méthode est également utilisée en justice pour définir des profils de délinquants. Cette tendance à la mécanisation du jugement se prolonge par le transfert à des « systèmes experts » des capacités d'évaluation des situations humaines. On en utilise de plus en plus en médecine pour le diagnostic. En justice, on a vu apparaître au Canada une

5. Voir la conférence d'Antonia Hmaidi : https://media.ccc.de/v/35c3-9904-the_social_credit_system.

« Sentencing Database », qui guide le juge, à partir de profils, dans l'attribution des peines. En pédagogie, on a vu apparaître des logiciels d'apprentissage et de contrôle des connaissances. En matière de relations internationales, le rôle des systèmes experts ne cesse de croître pour la décision stratégique et la gestion des conflits militaires. Enfin en matière de gestion du risque naturel et technique, l'évaluation de la sécurité et des seuils d'alerte est de plus en plus souvent confiée à des dispositifs informatisés. C'est ainsi que, face au risque d'un tsumami majeur à la suite de la rupture de la faille de la Nankai qui longe le Japon sur 900 km, on a installé dans la baie d'Osaka 29 mini-centres de détections sismiques sous-marins réunis en réseau tandis que l'université de Kobe développe un système d'intelligence artificielle pour faciliter l'évacuation de la zone portuaire d'Osaka et de sa baie le jour de la catastrophe annoncée…[6].

Or plusieurs auteurs ont signalé les limites du recours à ce qu'on appelle avec beaucoup d'imprudence « l'intelligence artificielle ». J. Weizenbaum, S. Kramer, H. Dreyfuss, entre autres, ont rappelé que les opérations de la machine ne sont pas des équivalents de la pensée humaine. C'est pour cela qu'il n'est ni raisonnable ni éthique de confier aux ordinateurs certaines fonctions humaines, en particulier celles qui s'appuient sur des significations symboliques, celles qui exigent de faire des choix et celles qui s'enracinent dans une temporalité irréversible, spécifiquement humaine, laquelle échappe totalement aux procédures informatiques qui supposent un temps réversible et non humain.

Il faut ici faire une place particulière au management et au « gouvernement par les nombres »[7]. Après la Deuxième Guerre mondiale, il se produit en effet une convergence des techniques de management avec l'informatique qui fournit un modèle cybernétique d'organisation sociale. En 1948 Norbert Wiener publie un des grands textes fondateurs de la civilisation digitale : *Cybernetics or*

6. « Tsunamis, une menace planétaire », film de Pascal Guérin, Arte & ZED, 2020 ; https://www.arte.tv/fr/videos/080103-000-A/tsunamis-une-menace-planetaire/.

7. Supiot, A., *La gouvernance par les nombres. Cours au Collège de France 2012-2014*, Paris, Fayard, 2015.

control and communication in the animal and the machine[8]. Soulignons que cybernétique veut dire « art de gouverner » et que dès la création de ce que l'on appelle aujourd'hui l'informatique, la communication est associée au contrôle. Grâce à l'automatisation de la communication et du traitement d'informations et la mise en place de rétroactions (*feed-back*), Wiener envisage la possibilité d'un pilotage scientifico-industriel aussi bien de l'industrie que de la société en articulant rigoureusement trois paramètres : buts/moyens/résultats en fonction d'un critère d'efficacité. De même que l'on peut construire des modèles économiques de tous les comportements humains, de même, dans le cadre théorique de la cybernétique, il n'y a pas de comportement humain dont on ne puisse pas construire un modèle, c'est-à-dire un simulacre informatique en termes d'*input*, de programme et de rétroaction (*output*). La cybernétique vise un gouvernement des hommes par le pilotage automatique de leur action fondé sur le recueil de données numériques et leur traitement par des algorithmes, si possible en temps réel, comme l'illustrent déjà les marchés financiers. Le politique ayant failli, le cyber-management prétend apporter enfin la rationalité dans les décisions, grâce à la protocolisation généralisée. Comme le souligne Baptiste Rappin[9], le dogme managérial et le paradigme cybernétique visent désormais l'administration scientifique des hommes et le gouvernement des choses (dans une inversion du projet de Saint-Simon qui voulait *substituer l'administration des choses au gouvernement des personnes*).

Ainsi les progrès de l'informatique qui permettent le recueil, le stockage et le traitement des données en temps réel ont permis le perfectionnement des techniques de management d'entreprise dont Baptiste Rappin a montré qu'elles favorisent la dépersonnalisation du travail et l'émergence d'asservissements d'un nouveau type, confirmant ainsi le diagnostic de dépersonnalisation technicienne, porté par Ellul et Charbonneau dès les années trente du XXe siècle. Mais les choses n'en sont pas restées là et, après l'entreprise, ce fut l'administration puis, entre autres, tout l'univers des institutions médicales et médico-sociales qui, après s'être technicisé, et parce

8. Wiener, N., *Cybernetics or control and communication in the animal and the machine*, New York, Willey & Sons, 1948.

9. Voir Rappin, B., *Au fondement du Management*, Nice, Éditions Ovadia, 2014 ; et *Heidegger et la question du Management*, Nice, Éditions Ovadia, 2015.

qu'il s'est technicisé, a été ensuite facilement investi par les techniques de management et a dû se soumettre à un processus de rationalisation organisationnelle et de protocolisation informatisée généralisée, dont il résulte de nouvelles formes de travail aliéné et de mal-être individuel et collectif. Ainsi, nous avons eu l'occasion d'étudier comment, dans le domaine de l'Enfance Inadaptée, le processus de technicisation progressive de l'action éducative, porté au départ par un projet « humaniste », centré sur la personne, a favorisé involontairement le progressif asservissement des interventions des professionnels à des contraintes organisationnelles et managériales qui tendent à vider le travail éducatif de son sens au profit d'un formalisme techniciste[10]. De même on voit se multiplier les témoignages de médecins qui, soumis au même type de management informatisé, se mettent à « détester leur ordinateur », qu'ils vivent comme l'instrument de la soumission de leurs relations avec des patients individuels à des logiques managériales dépersonnalisantes[11]. On pourrait aisément multiplier les exemples de désincarnation et d'asservissement de l'action personnelle par les techniques managériales. La gestion de l'humain par des systèmes experts crée un risque de déshumanisation face auquel la réflexion éthique est fort peu développée.

Quant à l'automatisation de l'action de l'homme sur les choses, elle a profondément transformé le monde du travail et de l'industrie, et cela avec des effets très ambigus. Certes, robotisation, contrôle en continu de la production et de la gestion évitent le recours à certaines formes dégradantes de labeur et de division du travail. Mais certains défauts du taylorisme ont été aggravés, et surtout les gains de productivité ont entraîné d'énormes problèmes d'emploi et d'intégration sociale dans tous les pays industrialisés. La réponse éthique à ces problèmes qui avaient été anticipés, exigerait une réorganisation politique des économies modernes. Or le débat public préalable nécessaire à la maîtrise responsable des

10. Cérézuelle, D, *Pour un autre développement social. Au-delà des formalismes techniques et économiques*, Paris, Desclée de Brouwer, 1996.

11. Atul, G., « Why doctors hate their computers ? », *The New Yorker*, 5 Novembre 2018. Voir aussi *Vantage technology Consulting Group*, note du 4 Décembre 2018.

conséquences sociales de l'informatisation a été occulté et différé sous l'effet de l'idéologie productiviste et économiciste.

Si elle veut se traduire dans les faits, la préoccupation éthique, surtout lorsqu'elle concerne la vie publique, doit s'exprimer dans des normes légales, un droit par lequel le peuple impose à ses membres (individus, groupes, organisations) des restrictions quant à tel ou tel usage de l'informatique. L'éthique exige alors une politisation des choix techniques, c'est-à-dire un débat public permettant de faire émerger la diversité des intérêts et des enjeux de pouvoir liés à l'outil informatique. À cette condition, on pourra choisir de manière éclairée les types d'outils et d'utilisation conformes aux valeurs du peuple. Pour cela, le simple critère d'efficacité et d'utilité immédiate s'avère insuffisant. Puisque l'adoption de telle ou telle technique implique des choix sociaux et des rapports de force, soit pour les renforcer soit pour les modifier, le minimum de l'exigence éthique serait qu'on en débatte au grand jour. Pour de nombreux auteurs, ce n'est qu'à cette condition qu'on peut moraliser l'utilisation de l'informatique : en l'exprimant en termes de choix de société.

Les effets non intentionnels. Si ce champ technique est difficilement moralisable, c'est que le modèle instrumental de la technique comme outil amplificateur de la volonté de l'utilisateur s'y applique mal. L'usage est loin d'être toujours volontaire, l'objet précédant l'usage et le dictant souvent : sans que l'on sache à quels besoins va répondre la montée en puissance des ordinateurs, c'est parfois lorsqu'ils sont là que les usages s'imposent comme une actualisation, non pas d'une intention préétablie, mais des potentialités de la technique, qui oriente dès lors la volonté dans des directions qui n'auraient pas été les siennes. Or, une fois enclenchée, cette orientation, qui s'incarne dans des banques de données, des logiciels, des programmes, des réseaux, est difficilement réversible.

Par ailleurs, les progrès de l'informatique retentissent sur la culture et les modes de pensée, imposant une relation indifférenciée au réel, appliquant les mêmes logiques de traitement à des ordres de réalité très différents. L'efficacité des systèmes informatisés requiert la normalisation de l'échange et de la communication : tout ce qui sépare, cloisonne, isole, compromet leur fonction de coordination et freine leur développement. Même l'IFIP reconnaît dans son code de déontologie que la diffusion de l'informatique compromet la diversité des cultures. Plus profondément, l'informatique implique certaines formes de représentation du réel et tend à en exclure d'autres ; elle induit un imaginaire et une sensibilité et transforme en profondeur les attitudes et les valeurs du sujet. Il s'agit d'une mutation aussi importante que celle qui résulte de l'invention de l'écriture, analysée par J. Goody[12], modifiant la capacité de l'homme à se représenter les situations, à les juger, à faire des choix.

Par ailleurs, l'informatique, en se combinant avec d'autres techniques, crée de nouvelles modalités d'existence. Avec Jean Brun[13], on parlera ici d'une fonction « onturgique » de la technique. Par exemple, la bionique offre de multiples possibilités de dépasser les limites de notre structure organique. L'informatique est ainsi au cœur de nombreuses recherches, stimulées par les programmes spatiaux, visant à fournir à l'homme un « ex-organisme » technique. Elle est aussi au cœur de recherches visant à manipuler l'expérience externe et interne (par exemple les « espaces virtuels »). Outre l'ingénierie du corps propre et du « réel extérieur », on citera aussi les techniques d'intervention sur le patrimoine génétique de l'homme. Ainsi sans l'informatique, il n'est pas possible de donner une portée opératoire aux projets d'analyse complète du génome humain et de sa recomposition ou de son enrichissement éventuel. Par ailleurs, de par son dynamisme et sa fonction méta-technique, l'informatique manifeste, selon les termes de Gilbert Hottois[14], une « *virulence anéthique* » très difficile à réduire. Certains effets culturels, indirects et diffus, tenant moins à telle ou telle utilisation qu'à la logique propre de l'outil.

Incontinence et fascination. Pour décider de manière intelligente de l'utilité et de l'acceptabilité environnementales et sociales des usages de l'informatique, on doit s'interroger sur le type de vie et d'organisation sociale qui en découle. I1 faut « mettre à plat » les besoins, les intérêts en jeu, et les différentes solutions techniques et les soumettre à un débat public, en termes de choix de société, en

12. Goody, J., *La Raison Graphique ; la domestication de la pensée* sauvage, Paris, Éditions de Minuit, 1979.

13. Brun, J., *Le rêve et la machine, technique et existence*, Paris, La Table Ronde, 1992 ; *Les Conquêtes de l'homme et la séparation ontologique*, Paris, P.U.F., 1961 ; *Le retour de Dionysos*, Paris, Desclée de Brouwer, 1969.

14. Hottois, G., « Liberté Humanisme évolution », in *Évaluer la technique*, Paris, Vrin, 1988.

tenant compte de tous les effets indirects et à long-terme. Ce débat devrait être antérieur et non postérieur à l'introduction de l'innovation. De plus, il faudrait agir avec prudence en procédant à une évaluation continue des conséquences. Il est évident que pour répondre de manière éthique à tous ces problèmes nous avons besoin d'un esprit clair et rationnel, capable de prendre ses distances à l'égard des dimensions émotionnelles de l'action et de la satisfaction immédiate qu'elle nous procure. Or ce nécessaire travail d'anticipation des conséquences et d'évaluation des effets n'est réalisable que si nous nous imposons de prendre le temps nécessaire. Cela requiert un rythme beaucoup plus lent de l'innovation technologique. Or nous sommes toujours impatients de jouir des surcroîts de puissance et d'efficacité immédiate que nous procurent à leurs utilisateurs les nouvelles techniques informatiques et ce n'est qu'à contre-cœur que nous reconnaissons qu'il pourrait y avoir des effets négatifs indirects et différés. Nous renâclons à consacrer les moyens et le temps nécessaire pour effectuer ce travail de contextualisation. De plus cette "politisation" rationnelle, tant de la conception que de l'utilisation de l'informatique, si elle est nécessaire, n'est pas toujours une garantie suffisante de la moralité des usages. En effet, Carl Mitcham[15] soulignait avec justesse le risque *d'incontinence*, de faiblesse de la volonté et d'incapacité à contrôler nos actions : même lorsque nous connaissons les conséquences négatives de l'utilisation de certaines techniques, nous n'arrivons pas à résister à la tentation d'utiliser leur puissance. Nous connaissons le bien, par exemple d'arrêter de fumer, mais nous ne le faisons pas. Un examen un peu sincère de notre rapport personnel à nos outils informatiques montre bien la difficulté que nous éprouvons à nous imposer des limites. Bien souvent nous préférons ne pas savoir les conséquences pour ne pas avoir à renoncer à telle ou telle pratique, ou bien encore, selon la formule de Jean-Pierre Dupuy[16], « nous ne croyons pas ce que nous savons » des conséquences de nos entreprises techniques. D'où vient cette faiblesse de caractère, cette difficulté que nous éprouvons à résister aux possibilités offertes par nos

15. Mitcham, C., *Thinking through technology. The path between engineering and philosophy*, Chicago, The University of Chicago Press, 1994, p. 259-266.

16. Dupuy, J.-P., *Pour un catastrophisme éclairé. Quand l'impossible devient certain*, Paris, Seuil, 2002.

techniques ? Il y a là une question fondamentale qui conditionne notre capacité à « civiliser nos techniques », à les intégrer dans une civilisation.

Cette difficulté tient à plusieurs causes qui se renforcent mutuellement. Tout d'abord, les attitudes et les valeurs de l'homme moderne, qui devraient orienter les techniques sont elles aussi déterminées en retour par notre environnement technique. L'exigence éthique d'autonomie bute ici sur une limite fondamentale : la volonté qui doit orienter les techniques est elle-même orientée par les techniques. En effet la technique moderne n'est pas une médiation neutre, une collection d'outils, d'instruments qui permettent d'agir plus efficacement en changeant le comportement des choses tout en laissant intacte la volonté de l'utilisateur. C'est très souvent le contraire, et c'est le cas des technologies digitales : il n'est pas facile d'en maîtriser et réguler l'usage parce qu'elles transforment non seulement notre perception des problèmes mais aussi les motifs et les valeurs qui orientent notre action. À un niveau encore plus profond, nous sommes fascinés par ces techniques, par les possibilités d'action qu'elles nous offrent et par le *monde* dans lequel elles nous introduisent. Une des raisons pour lesquelles les technologies digitales ne sont pas culturellement et socialement neutres c'est qu'elles ne sont pas neutres existentiellement. Il y a dans ces outils informatiques quelque chose de fascinant qui fait que nous sommes tentés de les utiliser tout de suite, sans mesure ni restriction, et qui contribue à anesthésier notre sens critique et à endormir notre devoir de prudence.

APPROCHE DU POUVOIR FASCINANT DES AUTOMATES

Contrairement à une interprétation pragmatiste superficielle, qui nous fait croire que les techniques répondent à des **besoins** objectifs, elles répondent aussi à des **désirs** qui sont puissants, profonds et sub-rationnels. Dans la seconde partie de cette contribution je voudrais rappeler que, comme l'a montré Jean Brun dans son livre *La machine et le rêve*[17], les hommes ont d'abord rêvé ces techniques avant de pouvoir les opérationnaliser efficacement. Depuis très longtemps ils ont projeté sur le calcul automatique et l'intelligence artificielle leurs aspirations à une liberté désincarnée. C'est pourquoi, bien souvent et sans que nous en ayons une conscience claire, notre relation à ces techniques n'est pas gouvernée par des considérations d'utilité pragmatique mais par un imaginaire et une mythologie qui nous poussent à vouloir faire tout ce qui est faisable et à vouloir disposer le plus vite possible de moyens informationnels toujours plus puissants et efficaces à court terme, sans nous préoccuper des coûts et des conséquences indirectes ou différées.

Préhistoire des machines à penser. La cybernétique a relié la théorie formelle (mathématique) de l'information à la technologie appliquée pour créer des automates capables de modifier leur action en fonction des modifications de leur environnement et de leurs états internes. De tels artefacts sont munis d'organes grâce auxquels les impressions sont reçues. Ces organes seraient l'équivalent des organes des sens humains et animaux etc. La théorie des automates prétend pouvoir rendre compte du comportement « intelligent » en termes d'informatique et de théorie de la communication. Ce comportement intelligent pourrait être automatiquement simulé par des artefacts qui modifient leur action en fonction des « informations » qu'ils reçoivent ; ils « répondent » à des situations et, disposant de mémoires artificielles, ils atteignent un degré

17. Brun, J., *Le rêve et la machine*, *op. cit.*

d'« autonomie » qui semble comparable au comportement orienté et intelligent observable chez des êtres vivants. On attend même de ces automates qu'ils puissent produire de la connaissance par corrélation et par traitement de données dont le nombre rend l'homme incapable d'en tirer une vue d'ensemble, quand bien même il aurait le temps de les traiter.

Ce projet de créer des *machines intelligentes* n'est pas nouveau : qu'il s'agisse de machines à penser, de machines à savoir, à mémoriser ou à organiser, ou bien qu'il s'agisse d'algèbres ou de calculs universel, les dispositifs visant à réaliser l'idée d'un « automate spirituel » ont hanté depuis l'Antiquité jusqu'à nos jours la conceptualité occidentale. Toutes ces entreprises d'automatisation et de mécanisation de la pensée, voire de la vie elle-même, ont ceci en commun qu'elles visent, grâce à la connaissance, à libérer l'existence des contraintes associées à sa condition naturelle : le temps, l'oubli, l'espacement, le devenir, l'aléa, l'échec et la mort.

Il est significatif que, dès les origines de la technologie la fabrication d'artefacts « animés » avait pour but de symboliser et de rendre sensible la présence de l'esprit dans le monde matériel. Des historiens de la technique ont souligné le fait que les premières inventions mécaniques, et plus spécifiquement celles qui impliquaient des mouvements automatiques, avaient une fonction religieuse. Ces dispositifs fonctionnaient en quelque sorte comme des icônes, représentant et signifiant la structure spirituelle et ordonnée du monde. Il est aussi significatif que dans les spéculations hermétiques la fabrication d'automates soit liée à des préoccupations sotériologiques. Comme dans les cultures archaïques, le technicien est identifié au magicien qui apporte à l'humanité une procédure pour transmuter la matière en imitant les archétypes divins originels.

Les écrits hermétiques contiennent des mythes de la création dans lesquels l'homme est décrit comme un être divin dont la destinée est de s'élever au-dessus des pouvoirs astrologiques pour atteindre une union extatique avec la divinité. La cosmologie de cette doctrine est assez semblable à celle du néoplatonisme. Certains traités du *Corpus Hermeticum* (fin du Ier siècle) décrivent comment l'homme, un *magus* (magicien, mage) peut réaliser dans ce monde naturel, après avoir eu la révélation hermétique, l'union avec la divinité, dans laquelle la relation de l'Un au Multiple est révélée.

À travers cette vision gnostique, l'homme est capable de pénétrer et de contrôler les pouvoirs secrets de la nature. Ainsi le mage est capable de créer des dieux en animant la matière grâce à des forces cosmiques. Le rôle de cette fabrication d'automates imitant la vie, c'est de révéler symboliquement la réelle dimension spirituelle de la nature.

> Après avoir parlé de la société qui unit Dieu aux hommes, il te faut connaître, ô Asclepius, le pouvoir et la force de l'homme. De même que le Seigneur et Père est le Créateur des dieux dans les cieux, de même l'homme est le créateur des dieux qui sont dans les temples. Non seulement il reçoit la vie, mais il la donne en retour ; non seulement il progresse vers Dieu, mais aussi il fait des dieux... Des statues animées, pleines de *sensus* et de *spiritus*, qui peuvent accomplir de nombreuses choses, prédire le futur, apporter des maux aux hommes et les guérir [18].

C'était une des tâches des premiers techniciens que de réaliser les artefacts parlants, chargés de manifester comment l'âme cosmique peut habiter la matière. On trouve des traces de cette pratique dans la religion égyptienne archaïque. Les ontologies dualistes et gnostiques qui imprègnent les traités hermétiques accordèrent aussi une grande importance à ces pratiques. Avec la conception hermétique de la magie et son arrière-plan ontologique, l'intérêt pour la mécanique fut transmis aux néoplatoniciens de la Renaissance. Il est intéressant qu'un auteur comme Marsile Ficin (1433-1499) ait été fasciné par des textes tels que le passage suivant de Plotin :

> Les anciens sages qui ont voulu se rendre les dieux présents en construisant des temples et des statues, me paraissent avoir bien vu la nature de l'univers ; ils ont compris qu'il est toujours facile d'attirer l'âme universelle, mais qu'il est particulièrement aisé de la retenir en construisant un objet disposé à subir son influence et à en recevoir la participation. Or la représentation imagée d'une chose est toujours disposée à subir l'influence de son modèle, elle est comme un miroir capable d'en saisir l'apparence [19].

18. Pfaff, W., « Du progrès : réflexion sur une idée morte » [1995], *Commentaire*, 74, été 1996, p. 385.

19. Plotin, *Ennéades*, IV, 3, II.

Il est caractéristique que la tradition ait souvent attribué aux philosophes la construction de têtes parlantes animées, et certains de ces philosophes étaient d'ailleurs explicitement influencés par les spéculations gnostiques et néoplatoniciennes. On disait par exemple de Roger Bacon (1214-1292), surnommé *doctor mirabilis*, qui parle d'Hermès comme du « père des philosophes » qu'il aurait construit une tête parlante faite de bronze. On racontait la même chose d'Arnauld de Villeneuve (1240-1311), d'Albert le Grand (*ca* 1200-1280), et de beaucoup d'autres. Il est aussi significatif que dans une tradition différente, les mêmes influences gnostiques et néoplatoniciennes aient stimulé l'idée de fabriquer un homme artificiel. Dans la tradition juive, le thème de la fabrication du Golem (homme artificiel) a donné lieu a diverses créations littéraires basées sur la légende de la création au XVIe siècle d'un homme artificiel par Rabbi Loew de Prague (1520-1609). Cette idée du Golem a sa source dans la tradition spéculative de la Kabbale mystique, selon laquelle le Golem était un homme créé par magie. On peut faire remonter cette idée à certaines conceptions juives concernant Adam, le premier homme. En effet, comme le remarque Gershom Scholem, « Un homme qui crée le Golem rivalise en un sens avec la création d'Adam par Dieu. Dans une telle entreprise le pouvoir créateur de l'homme entre dans une relation soit d'émulation soit d'antagonisme avec le pouvoir de Dieu »[20].

Le mysticisme juif développa l'idée que l'acte de la création divine peut être répété par magie ou d'autres arts. Le juste peut participer au pouvoir de Dieu et l'imiter. Les textes kabbalistiques juifs donnent plusieurs exemples de rabbis qui, comme Eléazar de Worms (1160-1238), auraient fabriqué un homme d'argile et lui auraient insufflé une partie de l'âme cosmique, qu'il s'agisse de forces astrales ou telluriques. La tradition juive présumait que cette création impliquait la magie, mais toutefois d'une manière tout à fait autorisée. La procédure consistait à combiner les lettres de l'alphabet, qui comme celles du nom divin (ou de la Torah toute entière qui est l'instrument de la création divine), étaient sensées recéler des pouvoirs magiques secrets. Précisons que pour la

20. Scholem, G., « The idea of the Golem », in *On the Kabbalah and its symbolism*, New York, Schocken Books, 1965.

Kabbale cette création du Golem doit se faire sur un mode strictement symbolique. Sans cela, l'*hubris* de son créateur se retournerait contre Dieu. C'est pourquoi, souvent, cette création consiste en un simple processus d'extase qui permet à l'initié d'atteindre un état d'union mystique, sans réelle fabrication d'un être animé à partir de la matière.

On peut considérer que les tentatives modernes de création d'automates cybernétique et d'intelligence artificielle visant à rendre vivant l'inanimé et à projeter sur la matière les attributs de la vie, ont pour point de départ un contexte ontologique analogue, et visent le même but, à savoir la réunification des êtres en même temps que le dépassement de la finitude de l'existence humaine. Le parallélisme que nous suggérons entre des difficultés ontologiques similaires et des modèles de solutions similaires peut être étendu plus loin.

Les ancêtres de la machine à penser. Afin de rendre compte de la hiérarchie des êtres et de leur coexistence dans l'unité de Dieu, Jean Scott Erigène (815-877), influencé par la cosmologie de Platon et du Pseudo-Denis, développa un système dans lequel toute l'infinité des causes primordiales est rassemblée dans l'unité divine. Ainsi un arrangement de ces causes selon un ordre numérique, ou selon des séries, relèvent d'une décision arbitraire qu'on ne peut faire que dans l'intérêt de la contemplation. Ces séries de causes élémentaires issues de l'esprit de Dieu aident l'esprit humain en contemplation à se représenter la réalité infinie et incompréhensible, de sorte que le philosophe pieux et pur peut commencer à partir de n'importe quelle cause choisie, les faisant alterner selon un ordre contemplatif au fur et à mesure qu'il construit sur elles sa contemplation. C'est le même projet qui inspire Ramon Lulle (*ca* 1232-131). L'idée d'un art ou d'un calcul universel telle qu'elle fut exposée par Ramon Lulle consistait, pour simplifier, en une série de roues concentriques et tournantes et sur chacune desquelles étaient inscrits les noms des attributs divins. En faisant tourner les roues toutes les combinaisons possibles des exemplaires fondamentaux pouvaient être formées. De cette manière on pouvait calculer les caractéristiques de toutes les choses créées. Ainsi l'univers est conçu comme une sorte d'automate, de système déterminé, et d'incarnation matérielle d'un algorithme ; il est issu des archétypes et des principes existant dans l'esprit de Dieu. Ces principes, ce sont les « exemplaires » fondamentaux de toutes les choses créées, qui s'étendent à tous les niveaux du monde créé en une chaîne continue des êtres. Puisque tout ce qui est créé est une actualisation de ces archétypes divins, il est possible de combiner les éléments de base qui structurent la nature et ainsi, de déterminer par le calcul les propriétés et le comportement des êtres. Comme l'écrit Frances Yates

> On peut donc considérer l'Art de Lulle comme l'amorce d'un processus par lequel des méthodes conçues dans le but de la contemplation mystique des œuvres de Dieu dans la nature se transforment en une méthode scientifique ou pseudo scientifique [21].

Avec Ramon Lulle, en effet, la méthode conçue par Jean Scott Erigène pour contempler l'expansion de l'Un en une multitude, et la rédemption de la multitude par son retour en l'unité se transforme en une procédure mécanique permettant de gravir et descendre tous les degrés de la chaîne des êtres.

Nombres et communication artificielle. Les spéculations mathématiques, et en général la combinatoire, ne jouaient pas seulement le rôle de technique contemplative rendant possible la connaissance de la procession de la multitude des êtres à partir de l'Unité. Des philosophes occultistes de la Renaissance ont donné aux mathématiques et au calcul un rôle opératoire qui a eu beaucoup d'avenir. Reuchlin (1455-1522), dans son *De arte Cabbalistica*, se livrait à des spéculations pythagoriciennes et donnait une grande importance aux nombres. Un exemple étrange de ce passage de préoccupations religieuses, sotériologiques et contemplatives à un programme pragmatique, se trouve dans un livre de magie appliquée, la *Steganographia* publié par Johanes Trithemius (1466-1516), abbé de Sponheim, ami de Reuchlin et maître d'Agrippa (1486-1535). La *Steganographia* est censée n'être qu'un traité de cryptogramie, mais c'est aussi un traité de magie angélique Kabbalistique. Selon Frances Yates,

> le premier livre a pour objet de convoquer les anges régionaux ou les anges qui règnent sur les parties de la terre. Le second livre traite des anges du temps qui contrôlent les heures du jour et de la nuit.

21. Yates, F. A., « R. Lull and J.S. Erigena », *Journal of the Warburg and Courtauld Institutes*, 23/1-2, 1960, p. 1-44.

> Le troisième traite des sept anges encore plus élevés qui gouvernent les sept planètes. Trithemius cherche à utiliser le réseau angélique dans le but très pratique de transmettre des messages à distance par télépathie II semble aussi espérer obtenir la connaissance de tout ce qui se passe dans le monde L'aspect technique de celte science est très complexe, et implique des pages et des pages de calculs élaborés [22].

De son côté, dans sa *Magie Naturelle*, publiée en 1533, Agrippa insistait sur le fait qu'un magicien doit être versé en mathématiques. Par les mathématiques, il est en effet possible de produire sans aucune vertu surnaturelle, c'est-à-dire par des moyens purement mécaniques, des « opérations merveilleuses » telles que le vol du pigeon de bois fabriqué par Archytas, les statues de Dédale, qui se déplaçaient, et les statues parlantes de Mercure (Hermès trismegiste), etc. Un magicien connaissant la philosophie naturelle. Les mathématiques et aussi la mécanique pourrait faire des choses merveilleuses. Un passage similaire de Campanella (1568-1639) montre combien l'intérêt hermétique pour l'animation a pu engendrer un intérêt très « moderne » pour la mécanique :

> La véritable magie artificielle produit de véritables effets, comme lorsque Archytas fit une colombe de bois volante, et récemment à Nuremberg, selon Boterus, un aigle et une mouche auraient été faits de la même manière. (...) Cet art, toutefois, ne peut produire des effets merveilleux si ce n'est grâce à des mouvements locaux et des poids ou des poulies ou en utilisant le vide comme dans les appareils pneumatiques et hydraulique, ou en appliquant des forces à des matériaux. Mais des matériaux ou des forces de ce genre ne peuvent être tels qu'on capture une âme humaine [23].

Dans son ouvrage très stimulant, Frances A. Yates a montré que l'intérêt des modernes pour la mécanique a été stimulé par la diffusion lors de la Renaissance des traités magiques hermétiques, et qu'il faut voir là l'origine de certains aspects de la technique moderne. Nous en resterons ici à une interprétation non causale. Ce qui est frappant, c'est que des arrière-plans ontologiques

22. Yates, F. A., *Giordano Bruno and the hermetic tradition*, Londres, Routledge, 1964.

23. Campanella, T., *Magia e Grazia. Inediti. Theologicorum liber XIV*, texte établi par R. Amerio. Rome, Istituto di studi filosofici, 1957, p. 180.

similaires ont donné lieu à des manifestations analogues d'intérêt pour l'animation, le calcul combinatoire, et la technique de contrôle dynamique des forces de la nature. La comparaison des procédures et des méthodologies anciennes et nouvelles est intéressante car elle révèle combien la science et la technique modernes ne peuvent être comprises sans une référence au problème ontologique qu'elles essaient de résoudre. De ce point de vue, les solutions tentées par les modernes sont analogues à celles que la magie, la gnose et l'hermétisme avaient mises en œuvre. Dans les deux cas, le même contexte dualiste donne lieu à une même vision de l'homme comme opérateur – mage ou technicien – qui grâce à ses talents, participe à un grand-œuvre : il cherche à transmuter l'inerte en un vivant spirituel et à réunifier la nature en une totalité primitive dans laquelle l'homme cesse de s'éprouver comme un être séparé. C'est pour cela que l'on peut dire avec Heidegger que l'essence de la technique, et en particulier de la cybernétique, c'est la métaphysique.

CONCLUSION PROVISOIRE

Nous aurions tort de croire que depuis l'avènement des temps modernes, c'est uniquement la rationalité calculante qui triomphe. Notre rapport au monde et à nos outils reste profondément inspiré par un imaginaire techniciste dont la puissance est d'autant plus insidieuse qu'elle est inconsciente[24]. L'idée de pensée et de mémoire artificielles n'est pas existentiellement neutre. Elle s'inscrit sans le savoir dans un projet fort ancien d'animation qui cherche à rompre les cadres ontologiques de l'existence et à nous apporter une libération qui n'a pas grand-chose à voir avec la catégorie de l'utilité[25]. Cet imaginaire est une des sources du dynamisme technoscientifique et il nous conduit à entretenir avec nos outils un rapport de fascination qui inhibe notre capacité collective à évaluer leurs implications sociales, politiques, éthiques et culturelles. C'est pourquoi,

24. Pour une exploration de cet imaginaire techniciste, le lecteur peut se reporter à notre ouvrage : Cérézuelle, D., *La technique et la* chair, Lyon, Parangon Vs, 2011.

25. C'est ainsi que Philippe Breton montre comment autour de l'informatique s'est organisée une véritable religion séculière qui vise à libérer l'homme des limites de l'incarnation. Voir Breton, P., *Le culte de l'Internet, une menace pour le lien social ?,* Paris, La Découverte, 2000.

tant que nous n'aurons pas procédé à une démystification de notre rapport aux techniques, nous resterons prisonniers d'un « optimisme sous-critique » (Jean Brun), qui risque de faire tourner le rêve informationnel en cauchemar informatisé.

Aujourd'hui c'est dans le cinéma que les mythologies informatiques se manifestent avec le plus de clarté. À l'instar de *The Matrix*[26], la plupart des films de science-fiction nous proposent une vision pseudo critique, mais au fond très complaisante du potentiel existentiel des techniques digitales. Le succès commercial de *The Matrix* montre que les scénaristes avaient bien compris comment les dispositifs informatiques peuvent s'offrir comme support à un investissement fasciné et addictif, et favoriser un rapport pervers et halluciné au monde et à autrui. Cette fascination tient à ce que l'univers informatique a un potentiel existentiel très puissant. Il permet d'accéder à des expériences inouïes qui répondent à des désirs archaïques. Il donne l'impression de pouvoir passer instantanément d'un lieu à l'autre, d'un ordre de réalité à un autre, de gommer la frontière entre le réel et le virtuel. Ubiquité, extemporalité, désincarnation : voilà les attributs que l'existence cherche à obtenir grâce aux techniques digitales. Finalement l'ordinateur est investi de la mission de tuer la loi de l'existence et d'en finir avec ce que Freud appelle le « principe de réalité ». Le succès de ce film révèle à quel point notre rapport à la technologie digitale s'inscrit dans un imaginaire qui contribue à donner forme à l'usage que nous faisons des techniques informatiques particulières.

C'est ce qu'a bien compris David Cronenberg qui s'attache dans plusieurs de ses films à déconstruire ce pouvoir mythogène des techniques digitales en poussant jusqu'au bout les désirs que nous n'osons pas nous avouer. Dans *La Mouche*[27], Cronenberg met en scène un jeune homme qui a mis au point un procédé informatique capable de procéder non seulement à l'analyse totale d'un individu, mais aussi à sa synthèse. Par ailleurs, la possibilité de réduire l'identité de l'individu à un ensemble de données digitales électroniques permet d'effectuer cette synthèse en n'importe quel lieu. Ce qui a été décomposé ici, peut être instantanément recomposé

26. *The Matrix*, film australo-américain de science-fiction, écrit et réalisé par Larry et Andy Wachowski et sorti en 1999.

27. Cronenberg, D., *La Mouche* (*The Fly*), 1986.

ailleurs[28]. Ainsi les progrès de la technoscience assurent la victoire du concept sur le principe d'individuation selon lequel il ne peut exister d'être concret qu'incarné dans un lieu et dans un temps et dans une chair qui définit son identité et sa différence. Or, précisément ce nouvel alchimiste a trouvé le secret qui permet de mettre la chair en équations. Non seulement il sait comment la faire passer instantanément d'un ici à un là-bas et abolir l'espace en même temps que la durée, mais il finit par vouloir devenir le maître du temps et du secret de la création des espèces nouvelles. Pouvant réduire les formes substantielles à une formule, il découvre qu'on peut aussi les combiner. Plus besoin de confier l'émergence de nouvelles formes de vie aux aléas d'une interminable évolution ! Bien évidemment, la machine qu'il a construite pour surmonter les limites inhérentes à l'incarnation ressemble à un œuf alchimique de couleur noire, dans lequel ce nouveau Faust expérimente sur lui-même le pouvoir de téléportation de sa machine. L'expérience de cette « traversée ontologique » va déclencher chez lui une furieuse soif d'absolu, affranchie de toute limite physique ou morale. Or, à la suite d'une erreur de manipulation, son génome va fusionner avec celui d'une mouche : il va perdre progressivement son identité biologique et son apparence humaine. Au début, cette situation le terrifie, mais bientôt, il va éprouver son statut de monstre comme l'expression d'une liberté inouïe. Des embryons d'aile lui poussent, sa force semble ne connaître aucune limite, il peut évoluer sur les murs et les plafonds, et semble avoir vaincu la pesanteur. D'avoir fait mentir Aristote selon qui « il n'y a pas de passage d'un genre dans l'autre » l'exalte. Progressivement cette jouissance du dépassement des limites de l'existence ordinaire le conduit à abandonner avec délectation tous les attributs de l'humanité, au physique comme au moral. À la fin du film il est certes libéré de son identité organique, de la pesanteur et de la distance, il s'est libéré de la tyrannie du temps, mais sa rage contre toute limite le conduit à parcourir à l'envers le

28. Déjà en 1964, dans *God & Golem Inc.*, Norbert Wiener spéculait sur la possibilité de réduire l'individu à une somme d'informations susceptibles d'être transmises par un moyen de télécommunication : « Il est conceptuellement envisageable de transmettre un être humain à travers une ligne télégraphique. » (Wiener, N., *God & Golem Inc. Sur quelques points de collision entre la cybernétique et la religion* [1964], trad. fr. C. Romana et P. Farazzi, Paris, Éditions de l'Éclat, 2016).

chemin de l'évolution des espèces : l'intellectuel subtil se transforme en brute capable des violences les plus extrêmes dès que son rêve rencontre un obstacle. Comme dans le film *Alien*, l'homoncule dont accouche l'œuf alchimique n'est qu'un monstre. Il dévore en partie le corps de son rival et se propose d'utiliser celui de la femme qu'il a aimée pour créer une nouvelle chimère. L'expérience du merveilleux pouvoir de la machine le dispose à sacrifier tout existant à sa passion du surhumain. « Qui veut faire l'ange fait la bête » : Cronenberg suggère que le désir d'une liberté désincarnée est un « instinct secret » qui peut pousser les hommes à la violence technicienne.

Dans *eXistenZ*[29], Cronenberg essaie de mettre en lumière le sens de la fascination pour les techniques de l'imagerie informatique. Nous aimons l'image parce qu'elle nous captive et nous transporte dans un autre monde. Mais que l'on aille au cinéma ou que l'on regarde la télévision chez soi, la capacité de l'image à nous ravir et à nous transporter reste limitée. La puissance de l'image associée à celle du son est fascinante, mais en dépit de la multiplication des effets spéciaux, nous ne pourrons jamais sortir de la réalité pour entrer dans la peau des personnages et éprouver ce qu'ils ressentent, ou voir ce qu'ils voient. Nous restons spectateurs d'une image et même les « patates de canapé » les plus « accrochées » sont obligées de temps en temps de se lever pour aller aux toilettes. Les techniques informatiques permettent de faire un pas de plus avec les dispositifs de « réalité virtuelle ». Ceux-ci sont fondés sur l'interactivité qui permet des effets saisissants. Mais celle-ci reste limitée à quelques impulsions motrices. L'illusion de réalité ne peut être totale. Si elle réagit à nos gestes, la machine ne peut réagir à nos seules pensées. Nous restons enfermés dans notre intériorité et nous ne pouvons pas non plus échapper aux sensations de notre corps. L'extase que procure cette technique reste incomplète et limitée dans le temps. Ce n'est qu'un divertissement. Dans *eXistenZ*, au contraire, toutes ces limites sont abolies. Les personnages du film sont invités à entrer dans un « grand jeu » virtuel total, stimulant tous nos sens, réagissant non seulement à nos gestes mais aussi à nos émotions et à nos pensées les plus intimes.

29. Cronenberg, D., *eXistenZ*, 1999.

Dans un célèbre passage des *Pensées*, Pascal s'écriait :

> Je vois ces effroyables espaces de l'univers qui m'enferment, et je me trouve attaché à un coin de cette vaste étendue sans que je sache pourquoi je suis plutôt placé en ce lieu qu'en un autre, ni pourquoi ce peu de temps qui m'est donné à vivre m'est assigné à ce point plutôt qu'à un autre de toute l'éternité qui m'a précédé et de celle qui me suit [30].

Or, l'interactivité informatisée met précisément fin à la facticité de l'existence et à toutes les angoisses qui en résultent pour l'homme. Les personnages du film peuvent passer d'un univers à l'autre ; ils ne sont attachés à aucun lien : ils peuvent mourir dans un monde et être vivants dans l'autre, et éprouver ainsi une liberté totale à l'égard du temps ; ils évoluent dans des univers oniriques qui sont sécrétés par leur propre imagination. L'altérité du monde qui provoque l'effroi de Pascal est abolie. Ce grand jeu virtuel leur donne également l'occasion de se projeter successivement dans des rôles aléatoires, et de s'évader à tout moment de leur identité biologique. L'expérience de ce nouveau mode d'être exalte les personnages, mais Cronenberg suggère que cette vie virtuelle, qui permet l'ouverture de la cage du moi et l'abolition des servitudes liées à l'incarnation, a des effets quelque peu inquiétants.

En effet, la possibilité de s'évader à tout instant des contraintes inséparables de l'expérience ordinaire de la réalité semble favoriser la décomposition rapide du moi, décomposition dont le film donne à voir différents symptômes. Le Grand Jeu évacue la catégorie du souci car il requiert de tous les participants une disponibilité totale à l'égard de n'importe quel rôle. Il s'instaure aussi un rapport essentiellement ludique au monde et aux situations rencontrées. Par ailleurs, l'intersubjectivité devient insignifiante. Autrui est réduit au statut d'apparence, de caricature qu'on peut éliminer sans conséquence dès qu'il fait obstacle au projet des personnages (c'est un des thèmes récurrents dans beaucoup de jeux vidéo). La possibilité de vivre des situations dans lesquelles nos gestes n'ont pas de conséquence définitive, car le « réel » est constamment recomposé par l'imagination, finit par détruire la capacité à éprouver des scrupules. Enfin, on voit les personnages perdre leur autonomie d'adulte :

30. Pascal, B., *Les Pensées*, éd. Brunschvicg, n°194.

ils régressent au stade de l'embryon totalement dépendant de son placenta informatisé. Mais une fois supprimées la réalité du monde et d'autrui ainsi que l'irréversibilité temporelle des conséquences des actes humains, le Grand Jeu ne peut plus avoir pour moteur que la satisfaction immédiate des pulsions. Branché directement sur nos émotions, le monde virtuel ne s'organise plus en fonction de la parole et de la raison : c'est l'inconscient qui finit par prendre les commandes : l'instinct et les pulsions les plus archaïques, telles la rivalité et la violence.

Tout comme les techniques de transport motorisé, les techniques de l'imagerie digitale ont pris une place considérable dans notre mode de vie ; le temps que nous leur consacrons, la fascination qu'elles exercent et la place privilégiée qui y est faite à la violence ne s'expliquent pas par les seules considérations utilitaires. Pour ce qui est du cinéma, de la télévision, des jeux vidéo et virtuels, il faut bien reconnaître que sauf de rares exceptions, leur contenu est d'une très grande pauvreté. Comment tant de gens peuvent-ils s'y intéresser ? Or, ce que montre bien *eXistenZ*, c'est que l'histoire racontée n'a rigoureusement aucune importance. Le ressort de la fascination et de la dépendance qui en résulte pour certains est ailleurs ; il réside dans la nature de l'expérience que l'usage des techniques audiovisuelles nous procure.

Ce qui nous procure la jouissance et le besoin de la répéter, c'est l'abolition du principe de réalité, du rapport au temps, de la responsabilité de nos actes : bref, c'est l'abolition des conditions inhérentes à l'existence incarnée. Il est essentiel de reconnaître qu'une partie de nous-mêmes est prête à tout pour jouir des « transports » que nous offrent les techniques ; y compris à la prise de risque et à la violence technicienne. Il y a là un ressort caché de nos pratiques techniques : ressort dont la compréhension ne peut qu'échapper à la connaissance scientifique, laquelle ne connaît que le mesurable. L'univers du symbolique lui est par nature étranger et, avec lui, une dimension essentielle du « facteur humain » qui contribue au risque technique. C'est l'art qui peut jouer un rôle précieux de révélateur de ce « facteur humain », et tout particulièrement certains films de science-fiction qui poussent à l'extrême des virtualités techniques et des comportements dont le sens nous échappe dans la vie quotidienne.

Que la technique puisse faire l'objet d'un investissement symbolique peut paraître étrange. Le philosophe Jean Brun a consacré une partie importante de son œuvre à montrer que la technique n'est pas existentiellement neutre et que c'est par nature qu'elle se prête à de tels investissements[31]. Déjà dans les *Mechanica*[32], Aristote soulignait que grâce à l'artifice mécanique « le plus petit l'emporte sur le plus grand ». L'exemple du levier montre en effet que la fabrication de l'outil le plus simple nous fait accéder à un monde dans lequel les rapports ordinaires entre les êtres peuvent être inversés. Les techniques digitales semblent de ce fait porteuses de la promesse d'une subversion des cadres ontologiques de l'existence. Or, pour parler comme Pascal, tout homme est habité par un « instinct secret » qui aspire à une liberté délivrée des servitudes inhérentes à l'existence incarnée. Comme l'a montré Jean Brun, à notre insu, ce désir peut trouver à s'investir dans la capacité de la technique à faire surgir de nouvelles modalités d'être et de nouveaux rapports au monde. Dès lors l'impatience à l'égard des limites charnelles de l'existence s'exaspère et incite à des prises de risque et des violences, parfois autodestructrices, dont toutes les assurances du monde ne sauraient nous protéger. Dans un contexte où les techniques informatiques contribuent à l'accélération technicienne, l'injonction raisonnable à prendre le temps nécessaire pour introduire prudemment de nouvelles techniques a peu de chances d'être entendue, et encore moins d'être mise en pratique.

31. Brun, J., *Le retour de Dionysos*, *op. cit.* ; *Les masques du désir*, Paris, Buchet-Chastel, 1981 ; *Le Rêve et la machine*, *op. cit.*

32. Aristote, *Mechanica*, 847 a, in *Problèmes*, éd. et trad. fr. P. Louis, 3 vol., Paris, Les Belles Lettres, 1991-1994.

Pistes, Revue de philosophie contemporaine 1 (2021)
326 p., ISBN : 978-2-7116-8425-0, p. 145-176, Vrin.

La technologie Blockchain et les tendances de la décorporéisation en droit et culture

Katrin BECKER *

RÉSUMÉ

L'article porte sur les tendances de décorporéisation inhérentes aux applications de la technologie blockchain. Partant d'une réflexion sur la relation entre *corps, corpus* et *nomos* au sens de l'anthropologie dogmatique de Pierre Legendre, il se penche sur la structure juridique de cette technologie afin d'analyser son impact sur les questions de représentation et de présence dans le contexte de la subjectivité juridique. En traçant la logique essentiellement anti-représentationnelle de la blockchain, l'article entreprend à montrer en quoi sa conception d'un droit robotisé, décentralisé, personnalisé (*lex cryptographica*) ainsi que d'une « identité auto-souveraine » décorporéisée concerne non seulement le champs d'applications virtuel, mais développe une pertinence indéniable pour le « monde réel ».

Mots-clés : Blockchain, décorporéisation, subjectivité juridique, représentation, Pierre Legendre.

* Université du Luxembourg, katrin.becker@uni.lu.

On ne doit jamais oublier que là
où il est question de pouvoir et de représentation,
le corps humain est nécessairement de la partie.
Pierre Legendre [1]

INTRODUCTION

La technologie blockchain a été décrite comme ayant la capacité de bouleverser les fondements de nos sociétés : avec son potentiel de décentralisation et de désintermédiation, elle est censée libérer les individus de l'emprise des institutions suspectes d'être corrompues et des entreprises avides de données, tout en accélérant et en facilitant les processus administratifs et juridiques. Une blockchain fonctionne en théorie comme un « nouveau système d'objectivation des valeurs, relativement perfectionné »[2] et aspire à remplacer les intermédiaires sur lesquels les systèmes de valeurs tels que les monnaies (banques), les religions (Église) ou les systèmes juridiques (État) se sont jusqu'à présent appuyés pour déterminer ou légitimer les valeurs. En conséquence, un nombre croissant d'entreprises, d'institutions gouvernementales et d'autres organisations (Universités, bourses…)[3] mettent actuellement en place des applications de blockchain. Toutefois, l'enthousiasme avec lequel cette technologie est accueillie tend à masquer le fait qu'elle s'accompagne de tout un ensemble d'imaginaires socio-technologiques nouveaux et susceptibles d'avoir un impact profond sur les fondements juridico-culturels de notre société.

1 Legendre, P., *Leçons VII : Le désir politique de Dieu. Étude sur les montages de l'État et du Droit*, Paris, Fayard, 1988, p. 155.

2. De Charentenay, S., « Blockchain et droit : Code is deeply law », septembre 2017 ; URL : https://blockchainfrance.net/2017/09/19/blockchain-et-droit/

3. *Cf.* pour un exemple d'administration, Dubaï : https://smartdubai.ae/initiatives/blockchain ; pour les Universités : Woolf University : https://woolf.university ; pour des projets de chaînes logistiques : http://www.ipsoa.it/documents/impresa/contratti-dimpresa/quotidiano/2019/01/07/blockchain-strategy-for-the-protection-of-made-italy-products ; et enfin concernant des bourses : https://www.forbes.com/sites/ericervin/2018/08/16/blockchain-technology-set-to-revolutionize-global-stock-trading/.

Dans cet article, nous nous pencherons sur les tendances à la décorporéisation inhérentes à l'idéologie de la blockchain et plus précisément sur celles qui sous-tendent les concepts de droit et de subjectivité négociés dans le cadre des applications de type blockchain. Le terme « décorporéisation » doit ici être compris au sens le plus large, c'est-à-dire comme une émancipation du corps, du *corpus* et du *nomos*, ce qui implique la conception d'un e-sujet décorporéisé, d'un droit déterritorialisé, autrement dit d'un droit dissocié du corps territorial et du corpus textuel, et amenant à la création de communautés *cloud*, c'est-à-dire sans matière [4]. Le point de départ sera une réflexion sur la logique de la représentation déterminant les rapports entre *nomos*, *corpus* et corps au sens de l'anthropologie dogmatique de Pierre Legendre. Nous examinerons ensuite l'impact que la décorporéisation menée par les applications blockchain pourra avoir sur les questions de représentation et de présence dans le contexte de la subjectivité juridique. Mais avant cela, nous nous pencherons en premier lieu sur le contexte technologique de la blockchain.

QU'EST-CE QUE LA TECHNOLOGIE BLOCKCHAIN ?

La blockchain désigne un registre public, décentralisé et numérisé qui a été créé avec la crypto-monnaie Bitcoin, elle-même fondée entre 2008 et 2009 par Satoshi Nakamoto, une personne ou un groupe de personnes anonymes dont l'identité véritable – dissimulée derrière ce pseudonyme – est restée obscure jusqu'à ce jour. Le caractère novateur repose sur sa technique spécifique de stockage d'informations : la procédure consensuelle de stockage (*preuve de travail/preuve d'enjeu*) confirme la validité de nouvelles informations d'une manière vérifiable pour toutes les parties concernées (en raison de la concaténation des données et de la nature décentralisée du système) et rend ainsi impossible la modification ou la falsification de n'importe quelle donnée. En effet, cela entraînerait automatiquement une modification de toutes les informations stockées

4. Barlow, J. P., « A declaration of the independence of cyberspace », february 1996 ; URL : https://www.eff.org/de/cyberspace-independence.

dans la blockchain. En conséquence, et dans ce point précis réside la clé de cette technologie, la confiance en un tiers garantissant l'exactitude de l'information devient superflue.

Outre la blockchain Bitcoin, il existe aujourd'hui de nombreuses autres blockchains, telle Ethereum, qui vont plus loin dans cette démarche et offrent, outre les transactions monétaires, l'implémentation de *contrats intelligents* (*smart contracts*). Ces contrats, qui « sont essentiellement des petits programmes informatiques » (*essentially small computer programs*)[5], permettent de coder certaines transactions juridiques et d'intégrer les conditions contractuelles individuellement négociées dans le réseau algorithmique sous-jacent d'une blockchain afin de les faire exécuter automatiquement. À titre d'exemple, la réception en crypto-monnaie du montant convenu sur le compte du propriétaire ou du vendeur déclenche l'ouverture de la porte intelligente de l'appartement loué ou le transfert de la propriété de l'objet numérisable à l'acheteur. La possibilité d'un stockage infalsifiable des informations et le lien cryptologique non ambigu des données de transaction avec une personne spécifique rendent l'exécution de tels « programmes contractuels » particulièrement sûre.

Dans la perspective de la mise en œuvre d'une « personnalisation de la gouvernance et des systèmes juridiques au moyen d'une blockchain (*blockchain-enabled personalization of governance and legal systems*) »[6], l'objectif de la technologie blockchain est ainsi de libérer l'individu des structures et des contraintes institutionnelles et de lui permettre de déterminer et de négocier au cas par cas les normes et les principes juridiques avec les partenaires de transaction respectifs. Ceux-ci peuvent alors être mis en œuvre de manière transnationale et autonome, c'est-à-dire « indépendamment de tout gouvernement ou autre autorité centralisée (*independently of any government or other centralized authority*) »[7]. Cependant, lorsque l'on écoute les déclarations des fondateurs ou des adeptes de certaines blockchains portant sur des « contrats sociaux » ou bien sur l'« organisation

5. Wright A., De Filippi, P., « Decentralized blockchain technology and the rise of lex cryptographica », mars 2015, téléchargeable en PDF à l'URL : https://www.intgovforum.org/cms/wks2015/uploads/proposal_background_paper/SSRN-id2580664.pdf, consulté le 24 avril 2020, p. 27.

6. Swan, M., *Blockchain. Blueprint for a New Economy*, Sebastopol, O'Reilly, 2015, p. 48.

7. *Cf.* Wright A., De Filippi, P., « Decentralized blockchain… », art. cit., p. 207.

sociale blockchainifiée », on comprend que l'objectif de cette technologie va au-delà de l'individualisation, l'autonomisation et la souverainisation de l'individu. L'idée est en même temps de créer les bases d'un système social entièrement nouveau [8].

C'est dans un tel contexte que se dessinent de nouvelles conceptions de la subjectivité et de la communauté qui se caractérisent notamment par un détachement des institutions, du corps et du territoire. À mon avis, c'est précisément le fait que cette innovation technologique inclut la conception d'une nouvelle structure juridique qui la fait aller au-delà de la numérisation et de l'algorithmique dans ses implications – au sens d'un changement fondamental de la logique de la représentation.

Pour expliquer ce que nous entendons par ce « changement représentationnel », nous nous référerons ci-après à l'anthropologie dite « dogmatique » de Pierre Legendre. Partant de son approche du concept de représentation, nous allons montrer dans quelle mesure la relation du droit au *corpus* et au *nomos* est inextricablement liée à la relation du sujet à son corps.

LA LOGIQUE DE LA REPRÉSENTATION : *NOMOS*, *CORPUS*, CORPS

Selon Pierre Legendre, la représentation est la logique centrale de la culture. Grâce au langage, l'humain possède la capacité de dématérialiser la matérialité, c'est-à-dire de (se) la représenter. La distance fondamentale entre le mot et l'objet qui en résulte est en même

8. Cr. Kratsch, B., « Portrait : Vitalik Buterin ist der Mark Zuckerberg der Blockchain-Welt », GQ & Wired, 22 mai 2018, URL : https://www.wired.de/collection/business/vitalik-buterin-der-mark-zuckerberg-der-blockchain-welt, consulté lé 23/04/2020 : « Ethereum fonctionne sur des milliers de PC et il est basé sur un contrat social. En tant que communauté, nous fixons des paramètres que nous estimons bons et justes. Nous veillons tous à ce que ce contrat social ne soit pas rompu / *Ethereum läuft auf tausenden von PCs, und es basiert auf einem Gesellschaftsvertrag. Wir legen als Community Parameter fest, die wir als Gemeinschaftsverbund für gut und richtig halten. Wir alle achten darauf, dass dieser Gesellschaftsvertrag nicht gebrochen wird* ». Ou, comme l'expliquent Paul Vigna et Michael J. Casey dans leur ouvrage *The Truth Machine. The Blockchain and the Future of Everything* (New York, HarperCollins, 2018, p. 8) : « The broad idea is that by deferring the management of trust to a decentralized network guided by a common protocol instead of relying upon a trusted intermediary, and by introducing new, digital forms of money, tokens, and assets, we can change the very nature of social organization. »

temps comblée par l'institution de la langue : le fait que les utilisateurs d'une langue croient en un fondement de sens sous-jacent confère aux objets ou concepts vus ou imaginés une existence représentable et communicable.

Il se produit quelque chose de similaire lors de la constitution de l'identité selon le paradigme du miroir de Lacan : pour qu'un individu s'identifie à son image dans le miroir, la distance entre le moi physique et l'image doit être comblée institutionnellement. Cette nécessité est d'abord satisfaite par le parent qui fait office de tiers et confirme et authentifie, moyennant le langage, la relation entre l'enfant et son reflet dans le miroir : « Oui, c'est toi »[9]. Ce processus se réitère ensuite au niveau institutionnel : dans la structure institutionnelle, le sujet se voit attribuer une position, un masque, un rôle à travers lequel il peut ensuite se reconnaître, reconnaître les autres et entamer un échange avec eux.

En Occident, c'est le droit qui assure cette institutionnalisation. Alain Supiot explique :

> Faire de chacun de nous un « *homo juridicus* » est la manière occidentale de lier les dimensions biologique et symbolique constitutives de l'être humain. Le Droit relie l'infinitude de notre univers mental à la finitude de notre expérience physique et c'est en cela qu'il remplit chez nous une fonction anthropologique d'institution de la raison [10].

Mais pour que la langue et le droit puissent agir comme des tiers légitimes, ils ont eux aussi besoin d'un fondement de légitimité – tout comme toutes ces institutions agissant comme médiatrices dans l'interaction sociale, qui garantissent les valeurs sous-jacentes dans les relations d'échange, qui incarnent un fondement commun de sens, qui déterminent ce qui est bien et mal.

Elles aussi doivent parler « au nom de », c'est-à-dire qu'elles doivent être représentatives, un besoin qui nous amène, en fin de compte, à poser la question du garant ultime. Une question que, selon Legendre, chaque société résout à sa manière, et ce également

9. Lacan, J., « Le stade du miroir comme formateur de la fonction du Je, telle qu'elle nous est révélée dans l'expérience psychanalytique » [1949], in *Écrits*, Paris, Seuil, 1966, p. 93-101.

10. Supiot, A., *Homo juridicus. Essai sur la fonction anthropologique du Droit*, Paris, Seuil, 2005, p. 10.

au sens de la logique du miroir. En créant le trompe-l'œil d'une « entité représentative ultime » qui incarne le dogme, le fondement de la vérité, chaque société dissimule et comble les abîmes qui se trouvent à la base de toute relation normative, abîmes qu'il faut surmonter pour que ces relations soient valables : la « Référence » ultime comble ainsi le vide entre signifiant et signifié, entre l'ego individuel et son image dans le miroir, et sert, finalement, de fondement de légitimation pour la force contraignante du droit et des institutions.

Selon Legendre, le processus d'établissement de cette Référence se base essentiellement sur des procédures d'« interprétation », c'est-à-dire sur ces moments où l'on parle « en son nom », où l'on promulgue et interprète des lois et où l'on négocie les sens communs sous-jacents à la société. D'autre part, son existence dépend de l'utilisation de moyens esthétiques : parler « *au nom de* » n'est effectivement possible, explique Legendre, que si la figure qui se cache derrière est rendue tangible, visible, par des mots et des images qui « peuplent » l'abîme. On pourrait ici penser à Dieu, au Peuple ou même à l'État : ces exemples se voient toujours attribuer une dimension esthétique par laquelle ces entités métaphysiques deviennent visibles et, en fin de compte, paraissent crédibles.

Ainsi la société elle-même se constitue comme « personne imaginaire (*persona imaginaria*) » [11], se créant elle-même un corps par le biais de l'interprétation : en référence explicite à la culture occidentale et à son système juridique romano-chrétien, qui repose essentiellement sur des lois écrites, Legendre se réfère ici au corps textuel du *Corpus Iuridicus* qui représente la Référence ultime et qui incarne donc le grand Tiers.

> *Le corps devient un texte,* et c'est cette transformation du corps en texte – symbolisation à l'état pur – qui rend pensable la problématique sociale de l'image et ouvre la perspective politique [12].

11. Legendre, P., *Leçons III : Dieu au miroir. Étude sur l'institution des images*, Paris, Fayard, 1994, p. 101.

12. *Ibid.*, p. 110.

Parallèlement, et compte tenu de l'« inscription territoriale des lois » [13], ce corpus implique nécessairement un lien avec un territoire : comme l'exprime « le vocable politico-juridique "*patria*" hérité de la latinité » [14], le territoire reçoit une « connotation généalogique » [15] pour la représentation du sujet de la société. Et ainsi, territoire et texte, ou comme l'explique Peter Goodrich, texte et *nomos* au sens de Carl Schmitt, se superposent dans la construction représentationnelle du grand Tiers : le *nomos*, selon Goodrich, est la visibilité spatiale de l'ordre politique et social [16] – et en même temps « l'âme, le *noos* ou l'esprit du droit et rend visible : la pleine immédiateté d'un pouvoir juridique non médiatisé par des lois [...] / *the soul, the noos or mind of law and renders visible : "the full immediacy of a legal power not mediated by laws"* [...] » [17]. De cette façon, le *nomos* devient cette référence qui est en même temps l'auteur du texte d'une culture : le texte est l'expression de l'ordre social qui s'établit à travers les « lieux, les emplacements, les positions sociales et les expressions juridiques du sujet et de la subjectivité (*places, locations, social positions and legal expressions of subject and subjectivity*) » [18].

Goodrich poursuit :

> Le texte, le territoire et la terreur ont des racines étymologiques communes. Leur homonymie réside dans la qualité spatiale du droit : soit vous êtes dans le texte, et appartenez au territoire, soit vous êtes en dehors de celui-ci, étranger, inconnu, ennemi [19].

Il faut toutefois un lien de croyance entre le droit, l'institution et leur destinataire pour que ces représentations du grand Tiers soient efficaces et pour que le droit soit perçu comme une force légitime et

13. Supiot, A., « L'inscription territoriale des lois », *Esprit*, 11, 2008, p. 151-170.

14. Legendre, P., *Leçons IX : L'autre Bible de l'Occident : le Monument romano-canonique. Étude sur l'architecture dogmatique des sociétés*, Paris, Fayard, 2009, p. 264.

15. *Ibid.*

16. Goodrich, P., « A Theory of the Nomogram », *in* Goodrich, P., Barshack, L., Schütz, A., (éd.), *Law, Text, Terror : Essays for Pierre Legendre*, Londres, Glass House Press, 2006, p. 13-33 ; p. 27, en référence à Schmitt, C., Th*e Nomos of the Earth in the International Law of the* Jus Publicum Europaeum, trad. angl. G. L. Ulment, New York, Telos Press, 2003.

17. Goodrich, P., « A Theory of the Nomogram », art. cit., p. 28.

18. *Ibid.*

19. *Ibid.*, p. 33 : « Text, territory, and terror have common etymological roots. Their homonymy lies in the spatial quality of law : either you are within the text, and belong to the territory you are outside of it, a foreigner, a stranger, an enemy ».

non pas comme une violence ou un pouvoir contingents[20] : l'individu ne (se) reconnaîtra comme sujet et comme partie du système institutionnel de la société que si ses propres représentations, ses propres interprétations – son imaginaire, son « univers mental » – s'entremêlent avec celles qui sont à la base de la société, c'est-à-dire, selon les mots de Castoriadis, avec l'« imaginaire collectif », l'« imaginaire social », dans lequel le « symbolisme plonge ses racines » [21]. À cette fin, explique Legendre, le sujet doit être adressé dans son désir par ce Tiers ou par ces médiateurs et interprètes qui « manient le miroir ». Ceci est assuré d'une part par l'utilisation de moyens esthétiques, qui interpellent le sujet directement en sa dimension imaginaire, son désir, et d'autre part, par son attachement spéculaire au Texte :

> Lire la page imprimée, c'est lire un montage d'image, *comme si* le texte venait à la place d'une image, plus exactement de l'autre que je suis dans un miroir [22].

Et ainsi, par la logique spéculaire de la représentation, le droit, tel qu'il est établi et rendu visible dans le texte et dans son lien avec le *nomos*, devient pour l'individu, comme l'explique Goodrich, « une lettre qui s'internalise, la norme est un message – elle nous donne nos missions, notre nom, notre place, notre rôle, notre compréhension de qui nous sommes et d'où nous venons » [23]. Le lien du sujet à son propre corps, à l'image de son propre corps, qui est indispensable à l'acquisition de la subjectivité juridique, est ainsi assuré grâce à cette représentation mise en scène juridiquement – dans le corpus textuel – dans laquelle se reflète parallèlement la qualité spatiale du droit : « la nationalité situe chacun de nous, dès la

20. *Cf.* Supiot, A., *La gouvernance par les nombres. Cours au Collège de France 2012-2014*, Paris, Fayard, 2015, p. 300.

21. Fressard, O., « Castoriadis, le symbolique et l'imaginaire », *in* Klimis S., Van Eynde, L., (éd.), *L'imaginaire selon Castoriadis : thèmes et enjeux*, Bruxelles, Facultés universitaires Saint-Louis, 2006, p. 119, p. 150 et p. 143.

22. Legendre, P., « Valeur dogmatique de l'esthétique », *in* Baur, R., (éd.), *La Loi et ses conséquences visuelles/Das Gesetz und seine visuellen Folgen*, Baden, Lars Müller Publishers, 2005, p. 322-341 ; p. 330.

23. *Cf.* Goodrich, P., « A Theory of the Nomogram », art. cit., p. 29 : « letter that gets inside, the norm is a message – it gives us our assignments, our name, our place, our role, our understanding of who we are and whence we came ».

naissance, à l'intersection d'un territoire et d'une filiation », explique Alain Supiot [24]. Selon cette approche théorique, la frontière territoriale, l'interdiction légale et les limites de la fusion narcissique se chevauchent donc dans une seule et même représentation.

La langue et le droit résonnent donc toujours des représentations du grand Tiers [25] – selon les termes de Freud : les images verbales et juridiques « représentent (…) les représentations (*representing, as he says, the representations*) » [26]. Et ainsi, à la lumière de ces imbrications, il apparaît clairement que des changements dans le domaine du droit, notamment au niveau des concepts de droit, de légalité, de société ou de subjectivité, ou des modifications de l'imaginaire qui le sous-tend ont nécessairement des conséquences au niveau des sujets, de leur perception de soi-même et du monde. Dans ce contexte, nous examinerons maintenant la tendance susmentionnée à la décorporéisation dans le cadre de la technologie blockchain afin d'analyser les implications qu'elle a sur les questions de représentation, de présence et, en particulier, de subjectivité juridique.

COMMUNAUTÉS DÉTERRITORIALISÉES, DROIT DÉTEXTUALISÉ : AU NOM DE QUI ?

En ce qui concerne les questions de déterritorialisation, il faut d'abord prendre en compte l'approche de Legendre qui souligne « l'expérience pontificale de l'universalisation-déterritorialisation de Rome », le « principe (…) d'une territorialité à usage purement technique » [27], dont l'existence suggère que la tendance à la déterritorialisation est essentiellement enracinée dans la tradition occidentale elle-même.

24. Supiot, A., « L'inscription territoriale des lois », art. cit., p. 151.

25. Je me permets de renvoyer ici à mon article : Becker, K., « Von der Mehrsprachigkeit der Einsprachigkeit : Ein dogmatisch-anthropologischer Blick auf die Relation Mensch – Recht – Sprache », *Critical Multilingualism Studies*, 3/1, 2014, p. 90-111.

26. Tort, M., « The Freudian Concept of Representative (Repräsentanz) », *Economy and Society*, 3/1, 1974, p. 18-40 ; p. 18, en référence au livre d'Octave Mannoni, « L'Homme aux rats », *Les temps modernes*, 228, 1965, p. 204.

27. Legendre, P., *L'autre Bible de l'Occident : le Monument romano-canonique*, *op. cit.*, p. 264.

L'ère de la gouvernance par les nombres, décrite par Alain Supiot, a déjà intensifié cette tendance dans le sens où l'on aurait désormais affaire non plus à une « inscription territoriale des lois », mais plutôt à la « soumission [du] contenu [des lois] à un calcul d'utilité ». Ainsi, la base juridique ne se nourrirait plus de la liaison au *nomos*, mais des « harmonies économiques » calculables « qui présideraient au fonctionnement des sociétés humaines » [28]. Toutefois, comme l'explique Supiot lui-même, « le processus de détachement des lois de leurs racines territoriales n'est évidemment pas achevé (ni achevable, si ce n'est sous la forme apocalyptique d'une liquidation du monde) » [29]. Malgré leur soumission aux « lois qui transcendent la singularité des territoires », malgré la « la dislocation des ordres juridiques territoriaux sous l'effet de la double poussée des lois personnelles, qui les minent de l'intérieur (…) et des lois universelles qui les démantèlent de l'extérieur […] » [30], toute institution politico-juridique reste essentiellement ancrée territorialement, légitimée par l'État-nation.

Avec son approche de décentralisation juridique, la technologie blockchain fait un pas de plus dans le détachement juridique et institutionnel du *nomos* et du *corpus*. L'établissement désormais décentralisé, algorithmisé et horizontalisé de légitimité et l'éventuel détachement du « corpus mystique » de l'État qui en résulte permet de négocier des ensembles de règles au cas par cas, c'est-à-dire sans corpus juridique, en fonction des préférences respectives des partenaires d'une transaction et de la situation individuelle [31].

> Dans ce contexte, on entend parler d'une « new *digital common law* » consistant en un système interconnecté de règles interagissant les unes avec les autres de manière fiable et prévisible, sans qu'il soit

28. Supiot, A., *La gouvernance par les nombres*, *op. cit.*, p. 103.

29. *Id.*, « L'inscription territoriale des lois », art. cit., p. 160.

30. *Ibid.*

31. *Cf.* Finck, M., *Blockchain Regulation and Governance in Europe*, Cambridge, CUP, 2019, p. 80 : La personnalisation des normes applicables permettrait aux individus de déterminer les règles qui leur sont applicables en fonction de leurs préférences respectives et de passer d'un ensemble de règles à l'autre en fonction du temps et des circonstances.

> nécessaire de faire appel à une institution tierce pour faire appliquer ces règles [32].

Les systèmes juridiques de ces formes communautaires qui pourraient éventuellement émerger – malgré l'approche juridique individualiste de l'idéologie blockchain – sont par conséquent conçus sans *nomos*, comme des *nations virtuelles sans frontières décentralisées* ou des *communautés cloud.* Ces « communautés non territoriales de type étatique » présentent des « caractéristiques traditionnelles des communautés politiques, mais pas nécessairement un territoire physique ».

> Les gens pourraient se regrouper et fixer des règles pour leur propre gouvernance, collecter des impôts et distribuer les richesses selon des modalités que le groupe juge équitables. Des communautés pourraient se constituer en nations, sans limites géographiques, et être régies par un ensemble de règles algorithmiques qui peuvent être établies et appliquées par des mécanismes de vote et des contrats intelligents [33].

32. Wright A., De Filippi, P., « Decentralized blockchain… », art. cit., p. 41 ; en référence à Clippinger, J.H., Bollier, D., « The Rise of Digital Common Law An Argument for Trust Frameworks : Digital Common Law and Digital Forms of Governance », ID3, 2012, https://idcubed.org/digital-law/the-rise-of-digital-common-law/ : « consisting of an interconnected system of rules interacting with one another in a reliable and predictable way, without the need of any third party institution to enforce these rules] As opposed to current legal systems, whose provisions are universal and applicable to everyone, regardless of whether they have actually been consented to, under this new paradigm, people would be free to choose among a particular set of provisions that better reflect their underlying preferences or needs. In fact, people could chose to participate into two or more regulatory frameworks, arbitrarily switching between one or the other depending on the contextual circumstances and contingencies ».

33. Wright A., De Filippi, P., « Decentralized blockchain … », art. cit. : « People could band together and set rules for their own governance, collect taxes, and distribute wealth in ways the group believes is fair. Communities could form into nations, unbounded by geographical boundaries, and governed through a set of algorithmic rules that can be both established and enforced through voting mechanisms and smart contracts ». Une illustration de leur propos pourrait être fourni par un exemple qui existe déjà, à savoir, le projet *Bitnation* : « Through simply downloading an app on your smartphone, you can choose your code of law, your preferred arbitration method, write a smart contract, and get married, title your land, notarize a will, incorporate a company, get health insurance, and much more, in just a few minutes for a couple of dollars. It is backed by an ID and reputation system dispute resolution, and an app library where people can upload and share or sell their own do-it-yourself governance apps » (Vollstädt, E., « Totalitarian cyber state vs. freedom unbound : Interview

Poursuivant l'idée d'un « smart contractualisme », c'est-à-dire l'idée d'une « algorithmisation et [l']automatisation totales des relations contractuelles pour commencer et de toute relation sociale pour continuer » [34], ces communautés numériques de *digital common law*, avec leurs conceptions acéphales et virtuelles du droit et de l'existence socio-juridique, rendent ainsi obsolètes tant le corpus textuel que le *nomos* et donc le fondement même que nous avons présentés ci-dessus comme l'élément essentiel pour la constitution de la subjectivité juridique.

Concentrons-nous donc à présent sur la question de savoir quel est l'effet de ces tendances sur les conceptions de la subjectivité juridique.

DÉCORPORÉISATION : IDENTITÉ SANS CORPS, AUTO-SOUVERAIN

En vue de la gouvernance technocratique moderniste, Legendre établit une analogie entre l'« approche du territoire » et le traitement moderne du « corps humain » qui, selon lui, sont tous deux de plus en plus « traité[s] comme relevant de l'ingénierie scientifique et des problématiques du marché » [35]. Il corrobore ainsi notre hypothèse principale d'un lien logique entre la décorporéisation et la déterritorialisation.

De ce point de vue, et compte tenu de l'imbrication des représentations individuelles et collectives précisées plus haut, les évolutions qui tendent à déterritorialiser, ainsi que toute autre évolution au niveau institutionnel, trouveraient logiquement écho dans des tendances similaires au niveau des individus. Cela semble être le cas si l'on considère la structure idéologique sous-jacente à la « gouvernance par le nombre », à savoir la prétention de pouvoir se

with Fabricio Terán & Susanne Tarkowski Tempelhof », avril 2015 ; accessible à l'URL : https://blog.bitnation.co/totalitarian-cyber-state-vs-freedom-unbound-interview-with-fabricio-susanne-part-2/).

34. Mekki, M., « Blockchain : l'exemple des *smart contracts.* Entre innovation et précaution », téléchargeable en PDF à l'URL : https://www.mekki.fr/files/sites/37/2018/05/Smart-contracts.pdf, p. 4.

35. Legendre, P., *L'autre Bible de l'Occident : le Monument romano-canonique*, *op. cit.*, p. 263.

« dispenser purement et simplement de toute construction sociale, de toute représentation, au profit d'un accès immédiat, d'une osmose avec le monde lui-même dans son invincible hétérogénéité. »[36]. Dans le sens d'une « complicité paradoxale »[37], l'individu s'approprie donc cette « vision algorithmique » promue par les institutions[38]. Grâce aux représentations de plus en plus individualisées fournies par les médias sociaux et aux contenus personnalisés véhiculés par la programmation algorithmique, l'individu se sent libre de tout besoin de croire au(x) « modèle(s) *a priori* »[39] traditionnellement incarnés et dictés par les institutions[40].

Dans le même temps, la déterritorialisation institutionnelle et l'alignement des opérations institutionnelles sur des vérités calculées semblent également se refléter au niveau individuel – dans le sens d'une généralisation de la « croyance en une domination totale [de l'esprit] sur le [corps] »[41] ou de l'idée d'un détachement total du domaine du physique, de la corporéité. Une telle évolution pourrait d'ailleurs être interprétée comme un perfectionnement (ou comme une perversion[42] ?) de l'imaginaire collectif du psychosomatisme qui sous-tend la culture chrétienne romaine occidentale.

Libérées de toute contrainte physique ou territoriale, ces conceptions de l'identité entraînent logiquement, comme le souligne Antoinette Rouvroy, une « dissipation ou une explosion de toutes

36. Rouvroy, A., Stiegler, B., « Le régime de vérité numérique. De la gouvernementalité algorithmique à un nouvel État de droit », *Socio. La nouvelle revue des sciences sociales*, 4, 2015, p. 113-140 ; p. 117.

37. *Ibid.*

38. *Id.*, « La vie n'est pas donnée », *Études Digitales*, 2, 2017, p. 201

39. Rouvroy A., Stiegler, B., « Le régime de vérité numérique… », art. cit., p. 117.

40. Je renvoie ici à mon article, Becker, K., « Das postfaktische Drängen in Zeiten rechtlich-sprachlicher Entgrenzung », *in* Geisenhanslüke, A., (éd.), *Buchstäblichkeit Theorie, Geschichte, Übersetzung*, Bielefeld, Transcript Verlag, 2019, p. 89-102.

41. Fabre-Magnan, M., *L'institution de la liberté*, Paris, P.U.F., 2018, p. 144.

42. *Cf.* Žižek, S., « The Matrix, or, the Two Sides of Perversion », *in* Weiss, J., Nolan, J., Hunsinger, J., Trifonas, P., (éd.) *The International Handbook of Virtual Learning Environments*, Dordrecht, Springer, 2006 : « As such, the pervert's universe is the universe of pure symbolic order, of the signifier's game running its course, unencumbered by the Real of human finitude. In a first approach, it may seem that our experience of cyberspace fits this universe perfectly : isn't cyberspace also a universe unencumbered by the inertia of the Real, constrained only by its self-imposed rules ? ».

les formes, objet ou personnes » qui se dissolvent en « ensembles d'indexations » se transformant selon le contexte respectif [43].

L'e-résidence, une forme de résidence virtuelle inaugurée en Estonie en 2014 et censée être « un passeport international pour le monde virtuel », pourrait être considérée comme un exemple de cette tendance à la déterritorialisation. Cependant, cette résidence continue de lier le sujet, dans son identité « nationale », au corpus d'une nation ainsi qu'à son propre corps, de même que ces nouvelles formes de « citoyenneté biologique » (*biologische*[*n*] *Bürgerschaft*) que l'on retrouve dans le contexte de la personnalisation juridique [44] et qui définissent l'identité nationale et l'appartenance en fonction de « caractéristiques biologiques ou génétiques spécifiques » (*spezifischen, biologischen oder genetischen Merkmalen*), c'est-à-dire de caractéristiques calculables du corps spécifique [45].

Là encore, la technologie blockchain franchit une étape supplémentaire dans l'accomplissement de ces tendances en donnant naissance à une forme de subjectivité qui correspond exactement à la conception d'un droit et d'une société détachée du *corpus* et du *nomos*. On retrouve ici la notion d'« identité auto-souveraine », c'est-à-dire d'une identité basée uniquement sur des données et qui peut être entièrement définie par le sujet lui-même. L'individu détermine souverainement quelles données sont divulguées, en quelle quantité et dans quel contexte. Étant donné que ces données définissent son identité, celle-ci est forgée indépendamment de toute prédéfinition institutionnelle. Étant « conçue de manière transnationale et numérique », l'identité institutionnelle n'est donc plus « dépendante du droit légal d'une personne basé sur sa citoyenneté ou sa présence physique dans un pays (*dependent on a person's legal entitlement through citizenship or physical presence in a country*) » [46].

43. Rouvroy A., Stiegler, B., « Le régime de vérité numérique… », art. cit., p. 117.

44. *Cf.* Supiot, A., « L'inscription territoriale des lois », art. cit., p. 163

45. Heinemann, T., Weiß, M. G., « Biotechnologische Grenzregime », *in* Heinemann, T., *et alii.*, (Hrsg.), *An der Grenze : Die biotechnologische Überwachung von Migration*, Frankfurt-New York, Campus Verlag, 2016, p. 7-21, p. 15.

46. Sullivan, C., Burger, E., « E-Residency and Blockchain », *Computer Law & Security Review*, 33, 2017, p. 470-481 ; p. 472.

Dans sa constitution virtuelle, c'est-à-dire en tant que sujet décorporéisé, le sujet est lié – ou se lie – au code seul, c'est-à-dire au droit sans *corpus* ni *nomos* de la blockchain, à la *lex cryptographica*, dont le fondement, comme nous l'avons vu, est lui-même acéphale et fluide : individuellement négociable, ses termes et dispositions dépendent du contexte transactionnel respectif ou des régulations de la communauté cloud choisie.

Étant donné que dans les structures blockchain, son existence est purement virtuelle et basée sur le code, le sujet « auto-souverain » est donc non seulement détaché de la souveraineté hétéronome de l'État et du droit, mais aussi de l'« hétéronomie » de son propre corps : cela commence avec l'idée de « services gouvernementaux décentralisés » (« le fait de vivre dans une région géographique particulière ne doit pas vous limiter à certains services gouvernementaux »)[47] et culmine avec des projets de « chaînes de pensée personnelles », au sens d'une sorte de « dossier d'esprit » (*mindfiles*), c'est-à-dire

> l'enregistrement de chaque « transaction » dans le sens de la saisie de chaque pensée et émotion de chaque entité, humaine et machine, de l'encodage et de l'archivage de cette activité dans des blockchains répertoriant toute une vie[48].

Avec cette « auto-souveraineté », nous avons donc affaire à une nouvelle définition de la souveraineté à la fois nouvelle et atypique : les « deux corps » qui, selon Kantorowicz, constituent le souverain[49] n'en font désormais plus qu'un, à savoir le « corps » virtuel, basé sur le code et dont la base de légitimation, le code juridique de la blockchain respective, est elle-même conçue sans corps et sa nature est fluctuante. L'hétéronomie du *corpus* textuel, du *nomos* territorial et finalement du corps physique se trouve donc, dans cette conception, remplacée par une autonomie totale du sujet virtuel qui peut désormais définir, individuellement et au cas par cas, les règles de

47. Swan, M., *Blockchain. Blueprint for a New Economy*, *op. cit.*, p. 47 : « just because you live in a particular geography should not restrict you to certain government services ».

48. *Ibid.*, p. 43.

49. Kantorowicz, E., *Les Deux corps du roi. Essai sur la théologie politique au Moyen Âge* [1957], trad. fr. J.-P. et N. Genet, Paris, Gallimard, 1989.

son existence décorporéisée, opérationnelle partout dans le monde, automatisée et légitimée par le réseau pair-à-pair.

DÉ-REPRÉSENTATION : JUSTICE OPTIMISÉE, PRÉSENCE NON REPRÉSENTÉE, DROIT ROBOTISÉ

Ce télescopage des deux corps du souverain dévoile une facette de ce que l'on pourrait appeler l'anti-représentationnalité de la blockchain et de son droit inhérent. Afin de mieux illustrer cet argument et d'en retracer les implications, il semble d'abord opportun de distinguer deux niveaux de représentation. Comme toutes les autres technologies, la technologie blockchain doit son émergence et sa mise en œuvre à un certain imaginaire collectif, à une certaine idéologie et représentation. Chaque technique, explique Pierre Musso, « produit des images, des métaphores, des signes au nom desquels elle prétend opérer des “révolutions”, mais ces révolutions ne sont que des techno-récits, des images symboliques, devenus un mythe moderne récurrent » [50].

Dans cette perspective, l'idée de créer des lois, des institutions et des conceptions de subjectivité par la programmation et le codage d'algorithmes blockchain s'appuie en premier lieu sur l'idéologie cybernétique selon laquelle la société pourrait et devrait être gérée par des programmes de contrôle calculables. La programmation de la *lex cryptographica* pourrait donc être vue comme un moment d'interprétation anticipée, comme l'explique notamment Mustapha Mekki, selon qui la sélection et l'interprétation des données et des valeurs et des principes juridiques ont simplement migré dans le code [51]. Et en ce sens, les applications blockchain sont clairement liées aux représentations sous-jacentes dont elles dépendent et qui

50. Musso, P., « Technique, symbolique et politique », texte inédit, p. 1-10 ; p. 8. *Pour les bases idéologiques de la technologie blockchain*, je renvoie également à mon analyse de ce point, Becker, K., « La technologie blockchain et la promesse crypto-divine d'en finir avec les tiers », *Études digitales*, 6, 2019, p. 33-52.

51. Mekki, M., « Blockchain : l'exemple des smart contracts. Entre innovation et précaution », art. cit. Voir également Garapon, A., Lassègue, J., *Justice digitale*, Paris, P.U.F., 2018, p. 37.

sont nécessaires à leur création. Pour qu'elles aient un impact notable, elles ont donc besoin, comme le souligne Michèle Finck, de la reconnaissance du « monde réel » [52].

Selon moi, la technologie blockchain dépasse cependant toutes les innovations techniques précédentes, précisément du fait de l'imbrication de son approche technologique et juridique : par sa conception d'un droit essentiellement anti-représentationnel et décorporéisé, elle n'est plus conforme à l'idée selon laquelle la technologie ne sait pas être instituante, ou, pour reprendre les mots de Lucien Sfez : elle ne constitue plus une « fiction en manque de symbolicité » [53]. Tout au contraire, elle prétend pouvoir remplacer ou bien même établir des institutions sociales dont elle dé-symbolise en même temps le fondement représentationnel.

Ainsi, il paraît problématique de considérer ce moment de programmation de la blockchain comme un moment d'interprétation, à savoir dans le sens où il est fondamentalement différent de l'interprétation au sens traditionnel, représentationnel ; car, comme l'expliquent Garapon et Lassègue, une telle considération mène à la « confusion entre formulation et exécution du droit, [et donc] un pas supplémentaire dans ce qui serait l'émancipation aussi bien du langage que des institutions et de l'État » [54]. À mon avis, c'est ce moment d'émancipation que nous devrions examiner plus attentivement, puisqu'il concerne beaucoup plus de niveaux juridiques et institutionnels et s'avère être le moment où la technologie blockchain abandonne la logique de la représentation. Et c'est selon moi précisément ce moment de la dé-représentation qui va nous aider à comprendre en quoi la tendance à la décorporéisation de blockchain est en fait l'affaire de tous.

Comme le soulignent Garapon et Lassègue, il s'agit d'une part de l'émancipation du langage : l'algorithme de la blockchain remplace la langue (en tant que moyen de représentation ultime) comme « support du droit » [55]. La blockchain se sert désormais d'« un langage sans représentation du monde » [56].

52. Finck, M., *Blockchain Regulation and Governance in Europe*, *op. cit.*, p. 85.

53. Sfez, L., *Technique et idéologie Un enjeu de pouvoir*, Paris, Seuil, 2002, p. 265.

54. Garapon, A., Lassègue, J., *Justice digitale*, *op. cit.*, p. 162.

55. *Ibid.*, p. 146.

56. *Ibid.*, p. 142.

> La blockchain supprime [la coupure qui ouvre l'espace de la fiction (Ricœur)], et l'étape de la représentation s'en trouve comme écrasée [57].

Par le télescopage du mot et de la chose, moyennant un algorithme programmé et agissant de manière automatique, l'espace d'interprétation est ainsi supprimé : avec ses instructions « SI et ALORS », la *lex cryptographica* agit selon le « principe logique de non-contradiction » [58]. Sa conception la dispense de toute « choses ambivalentes, voire paradoxales » [59], c'est-à-dire de ce domaine irrationnel et déraisonnable de la vie sociale humaine. Une fois programmé, ce droit agit comme « droit robotisé »[60] : toutes les étapes d'une procédure, même l'exécution des peines étant « automatisable et irrévocable, et découplées de toute entité de contrôle » [61].

> Grâce au registre distribué, [les données] pourraient être utilisées pour empêcher (…) l'ouverture de portes automatisées pour les personnes qu'un service d'évaluation des risques basé sur un contrat intelligent situe en dessous d'un seuil de désirabilité.
> (…) Une fois livrés et enregistrés dans les prisons, les tribunaux intelligents pourraient automatiser les peines sur la base d'une évaluation automatisée du potentiel de criminalité future [62].

D'autre part, et cela me semble encore plus important : l'automatisation des dispositions programmées, dont l'exécution est indépendante de tout contrôle et de toute possibilité d'intervention, fait que ce droit anti-représentationnel s'émancipe de surcroît de ces

57. *Ibid.*, p. 142.

58. Musso, P., *La Religion industrielle. Monastère, manufacture, usine. Une généalogie de l'entreprise.* Paris, Libraire Arthème Fayard, 2017, p. 56.

59. *Ibid.*

60. Garapon, A., Lassègue, J., *Justice digitale*, *op. cit.*, p. 146.

61. *Ibid.*

62. Bogost, I., « Cryptocurrency Might be a Path to Authoritarianism. Extreme libertarians built blockchain to decentralize government and corporate power. It could consolidate their control instead », *The Atlantic*, 30 mai 2017 ; URL : https://www.theatlantic.com/technology/archive/2017/05/blockchain-of-command/528543/, consulté le 24 avril 2020 : « A mandated DNA-test could accompany citizens' blockchainification, allowing their ethnic origins and medical predispositions to become attached to an identity record. (…) Thanks to distributed ledger, [these data] could be used to prevent (…) automated doors from opening for people whom a smart-contract risk-assessment service rates below a threshold of desirability. (…) Once delivered and booked into jails, smart courts could automate sentences based on an automated assessment of future crime potential. »

représentations, du récit et de l'imaginaire, sur lesquels repose la création de la technologie blockchain elle-même, à savoir la croyance en la supériorité d'une gestion automatisée et programmée – prétendument plus efficace ainsi que plus juste – du système social. Il s'émancipe donc de son cadre légitimateur. La *lex cryptographica* est un droit qui ne parle plus *au nom* d'une instance de garant culturellement établie, chose qu'elle n'a plus besoin de faire, car il n'y a plus besoin d'être reconnue. Le droit, la base juridique et l'application du droit ne font désormais qu'un. L'exécution automatisée de ce droit robotisé, acéphale et programmé au cas par cas rend caduque la nécessité de la croyance en sa validité ou en sa légitimité, de même que l'intégration représentationnelle du sujet dans le corpus juridique qui n'existe de toute façon plus.

Cependant, compte tenu du fait que la vie humaine est nécessairement liée à la présence physique et corporelle, et donc à la représentation, nous pourrions soulever la question de savoir en quoi nous devrions nous intéresser à un tel droit décorporéisé.

Et il est vrai que l'idée d'une émancipation du corps, d'une décorporéisation totale, l'idée que la blockchain nous permettrait d'établir et d'administrer la vie sociale humaine de manière purement virtuelle et sans corps, sans corpus et sans nomos, semble simplement irréaliste et utopique (ou plutôt dystopique). Dans le même ordre d'idées, des auteurs comme Michèle Finck soulignent que l'idée que la blockchain pourrait remplacer l'État et le droit est « erronée » (*misguided*).

> [Le] succès des chaînes de blocs dépend dans une large mesure de la reconnaissance par le monde réel (*success of blockchains is hence to no small degree contingent on recognition by the real world*), et il ne peut tout simplement pas refuser de tenir compte des exigences et des systèmes juridiques externes.

Et elle poursuit :

> la conformité avec les systèmes juridiques existants est nécessaire si l'on veut que les blockchains et les applications basées sur les blockchains aient un impact sur le monde réel [63].

Pourquoi insistons-nous néanmoins sur le fait que cette technologie et son droit nous concernent tous, et ce dès aujourd'hui ?

Tout d'abord, parce que nous sommes déjà témoins, non seulement dans le domaine économique, mais aussi dans le domaine politique et juridique, d'une reconnaissance croissante de certaines applications blockchain, et notamment des applications visant, avec une complexité toujours plus grande, à s'émanciper des « systèmes juridiques externes ». Dans ce contexte, nous nous intéresserons à l'entreprise qui incarne de façon frappante l'objectif susmentionné de la blockchain d'être plus qu'une « fiction en manque de symbolique » : à savoir, les applications pour la mise en place d'une « justice décentralisée » qui connaissent actuellement un succès croissant.

Dans la lignée de l'effort général des adeptes de la technologie blockchain voulant établir des structures institutionnelles décentralisées et contractualistes, détachées des *corpus* et des *nomoi* nationaux, ces applications promettent la possibilité de se passer des juridictions nationales, même en cas de litiges juridiques. Cela signifie que là où – malgré tous les efforts – la nature non-programmable des sujets, ou une ambivalence insurmontable des dispositions contractuelles nécessite une interprétation ou une résolution juridique *a posteriori*, des outils spécifiques de résolution de conflit fonctionnant de manière transnationale et transjuridictionnelle devraient maintenant prendre effet. Or, contrairement aux plates-formes de résolution des litiges en ligne (ODR) existantes liées à des organes centraux, ces applications misent sur une « résolution participative (*crowdsourcing*) des litiges par un pool mondial de jurés-arbitres volontaires », « qui interagissent tous par le biais

63. Finck, M., *Blockchain Regulation and Governance in Europe*, *op. cit.*, p. 85-86 : « compliance with existing legal systems is required if blockchain and blockchain-based applications are to have a real-world impact. »

d'applications décentralisées ("dApps") construites sur la blockchain »[64].

Pour donner un bref aperçu de leur fonctionnement, nous examinerons le projet le plus développé et le plus ambitieux parmi ceux qui existent déjà (Aragon, Jur, OATH, Juris, etc.)[65], à savoir le site Kleros. Par la mise en place des « cours décentralisées », ce site promet une « justice rapide, transparente et abordable pour tous et toutes »[66], qui est non seulement censée « rend[re] les choses plus rapides et moins chères, mais aussi amélior[er] les décisions »[67].

Conformément à l'approche de base de la technologie blockchain, la saisine de cette juridiction décentralisée s'effectue automatiquement, c'est-à-dire suite à la survenance de certaines circonstances conflictuelles dans le cadre d'un contrat intelligent. Il s'agit donc d'une procédure intégrée à la programmation contractuelle qui n'annule pas l'exécution automatique du contrat, mais la suspend jusqu'au moment de la résolution du conflit. Le *modus operandi* de cette soi-disant cour d'arbitrage repose ensuite sur une combinaison de principes crypto-économiques et de théorie des jeux : le point de départ est l'hypothèse selon laquelle des personnes inconnues les unes des autres, qui ne communiquent pas et ne se font pas confiance, peuvent malgré tout parvenir à un consensus en choisissant certains « points focaux » (appelés point de Schelling) qui leur semblent présenter des caractéristiques qui amèneront les autres à les choisir également.

Dans le cas de l'application Kleros, les points focaux sont « l'honnêteté et l'équité », c'est-à-dire que, dans un litige donné, il faut chercher la résolution juste – ou plutôt « vrai et équitable » – du conflit. Les personnes qui ne se connaissent pas sont des jurés sélectionnés au cas par cas selon un algorithme. Leur fonction est de

64. Metzger, J., « The current landscape of blockchain-based, crowdsourced arbitration », *Macquarie Law Journal,* 19, 2019, URL : https://www.mq.edu.au/__data/assets/pdf_file/0010/866287/Blockchain-Based-Crowdsourced-Arbitration.pdf, p. 81-101 ; p. 81 : « crowdsourcing the adjudication of disputes to a worldwide pool of willing juror-arbitrators », p. 83 : « all of whom interact through decentralised apps ("dApps") built on top of the blockchain. »

65. *Cf.* une liste détaillée chez Metzger, J., *ibid.*

66. https://kleros.io/fr/.

67. Winter, E., « On Game Theory, Decentralized Justice and Kleros », janvier 2019, URL : https://blog.kleros.io/eyal-winter-on-decentralized-justice/ : « making things faster and less expensive, but it's also making the decisions better ».

parvenir, indépendamment les uns des autres, à ce consensus de justice, qui s'avère finalement être une décision majoritaire : l'idée consiste à « voter ce qu'ils pensent, ce que les autres pensent, ce que les autres parties pensent… être honnête et juste » [68]. « [L]a résolution qui bénéficie du plus grand soutien des jurés l'emporte » [69]. La condition ainsi que l'incitation à participer à ces procédures est d'ordre financier : juré devient celui qui paye un certain montant en jetons « Pinakion », et est ensuite incité à participer de manière impartiale, à savoir, « à voter avec la majorité parce qu'il gagne des jetons » [70].

Jusqu'à présent, « les applications de Kleros [sont limitées] à la gestion des litiges concernant les comptes séquestres et les paiements d'assurance ainsi qu'à la résolution des plaintes pour abus sur les réseaux sociaux » [71], mais l'objectif est clairement d'étendre et de développer le champs d'application [72]. Ainsi, la bourse « Kleros Fellowship of Justice » fait avancer des projets visant à développer de nouveaux cas d'utilisation dans le secteur des entreprises, mais aussi dans des contextes d'arbitrages internationaux et des systèmes judiciaires spécifiques (actuellement en Inde, en Colombie, au Mexique…). Et même dans le contexte de l'actuelle pandémie du Covid-19, l'importance de cette possibilité d'« arbitrage

68. Lesaege, C., Ast, F., George, W., Kleros, « Short Paper v1.0. 7 », septembre 2019, URL : https://kleros.io/whitepaper_en.pdf, p. 8 : « to vote what they think, other parties think, other parties think… is honest and fair ».

69. Schmitz, A.J., Rule, C., « Online Dispute Resolution for Smart Contracts », *Journal of Dispute Resolution*, 103, 2019, URL : https://scholarship.law.missouri.edu/facpubs/726, p. 103-125 ; p. 118 : « the resolution with the most juror support wins ».

70. Ainsi l'explique le fondateur de Kleros Federico Ast, cité par Fenton, A., « Blockchain Startups Think Justice Can Be Decentralized, but the Jury Is Still Out », décembre 2019, URL : https://magazine.cointelegraph.com/2019/12/23/blockchain-startups-think-justice-can-be-decentralized-but-the-jury-is-still-out/

71. Schmitz, A.J., Rule, C., « Online Dispute Resolution for Smart Contracts », art. cit., p. 118 : « Applications for Kleros include managing disputes over escrow accounts and insurance payments, and resolving claims of abuse on social networks ».

72. George, W., « Kleros Research Roadmap. Scientific challenges for the future of decentralized justice », avril 2018, URL : https://medium.com/kleros/kleros-research-roadmap-bfb0b77df446 ; Ast, F., « Launching the Kleros fellowship – third batch », mars 2020, URL : https://blog.kleros.io/launching-the-kleros-fellowship-third-batch/.

décentralisé » virtuel est de plus en plus considérée comme une solution prometteuse [73].

Outre cette importance croissante – et la reconnaissance qui l'accompagne [74] – et son corollaire consistant en une régression inéluctable du champs d'activités des juridictions traditionnelles, il semble particulièrement pertinent de considérer ce phénomène du point de vue de la logique de représentation. Ainsi, la première question qui se pose est donc la suivante : ce jury transjuridictionnel pourrait-il donner naissance à un nouvel organe s'appuyant sur son propre fondement de représentation [75] ? En d'autres termes : la suspension de l'exécution automatique du contrat, crée-t-elle une lacune, dans le sens d'une nouvelle « coupure » ricœurienne, et initie-t-elle donc un moment où la technologie décrite, jusqu'ici, comme dé-représentationnelle s'avère, au contraire, liée à la représentation, et même à une version plus moderne, plus récente, voire « meilleure » ?

En effet, cette procédure de résolution de litiges qui nécessite une intervention humaine pourrait être considérée comme un moment où il est possible d'avoir une influence de logique représentationnelle. Dans ce sens, les préoccupations occasionnelles concernant la sélection et le recrutement des jurés, qui soulèvent des questions d'intégrité et d'équilibre, sont à mettre en relief [76] ; et à plus forte raison la question de savoir

> si le point Schelling est un mécanisme satisfaisant sur lequel on peut se baser pour supposer qu'un groupe de personnes non identifiables et dispersées, qui peuvent avoir une compréhension juridique et

73. Aves, A., « Kleros poised for success in the forthcoming WFH era », mars 2020, URL : https://thedailychain.com/kleros-poised-for-success-in-the-forthcoming-wfh-era/.

74. La Banque Publique d'Investissement de la France soutient le projet *Kleros* à hauteur d'un million de dollars : https://blog.kleros.io/french-bank-grants-subsidy-to-kleros/.

75. Ainsi, le fondateur des Kleros suggère une analogie avec le système juridique grec, ce qui est encore souligné par la dénomination du système de jurés (*Kleros*) et des jetons comme *Pinakion* : Ast, F., « Kleros, a Protocol for a Decentralized Justice System Building a Judicial System for the Internet Age », septembre 2017, URL : https://medium.com/kleros/kleros-a-decentralized-justice-protocol-for-the-internet-38d596a6300d.

76. Metzger, J., « The current landscape of blockchain-based, crowdsourced arbitration », art. cit., p. 100. Une certaine expertise n'est nécessaire que dans la mesure où un manque de connaissances augmente le risque d'une perte de jetons.

> culturelle différente d'un litige spécifique, sera capable de s'accorder autour d'une « issue correcte » [77].

Mais ce n'est pas seulement ce « groupe de personnes dispersées ayant des conceptions juridiques et culturelles différentes », c'est-à-dire son fondement à nouveau acéphale et fluctuant, qui nous amène à conclure que ce site et le concept de justice qu'elle promeut restent fidèles aux principes de base de la blockchain – et donc à la logique de décorporéisation et de dé-représentation : en considérant sa conception de justice reposant sur des décisions majoritaires et sur l'assertion selon laquelle le jugement consensuel est "correct", nous comprenons que cette représentation de justice n'a plus rien à voir avec sa conception traditionnelle. En effet, au lieu d'être conçue comme étant ancrée dans une négativité ultime, comme axiome fondateur d'un système juridique, comme fondement dogmatique « qui ne peut à son tour être fondé »[78], la justice dite décentralisée est désormais définie comme la victoire du vote « correct », du vote de la majorité. La justice devient ainsi quantifiable, mesurable, et, misant sur les « gagnants sur la blockchain », se transforme en une « justice de populace » [79].

Aussi, toute tentative optimiste d'interpréter l'activité du juré comme un processus de recherche collectif de ce sentiment indéfinissable de justice, qui, selon les mots de Simone Weil, « est ineffaçable au cœur de l'homme », et qui, par conséquent, devrait relier les jurés entre eux, est immédiatement rendu absurde si l'on consulte le site web où l'on apprend que la raison « la plus évidente » de devenir juré est le fait « que vous pouvez gagner de l'argent ».

Il semble d'autant plus approprié de garder un œil critique sur les conséquences représentationnelles que l'élargissement du champs d'application de ces instruments juridiques pourrait entraîner. Autrement dit, il est opportun de soulever la question de savoir quelles représentations, notamment de justice, risquent d'empiéter

77. *Ibid.* : « whether the Schelling Point is a satisfactory mechanism on which to base the assumption that a group of unidentifiable, dispersed people who may have different legal and cultural understandings of a particular dispute will be able to coalesce around a "correct outcome". »

78. Muriel Fabre-Magnan, *L'institution de la liberté,* Paris, P.U.F., 2018, p. 308.

79. Schmitz, A.J., Rule, C., « Online Dispute Resolution for Smart Contracts », art. cit., p. 117 : « mob justice ».

sur l'« imaginaire collectif », et pas nécessairement de manière subtile : la diffusion d'une nouvelle conception de la justice est précisément l'objectif déclaré des fondateurs et des adeptes des cours décentralisées. Ainsi, le professeur Eyal Winter, professeur d'économie et chercheur au Centre Federmann pour l'étude de la rationalité à l'Université hébraïque de Jérusalem, se plaint-il de l'attitude encore très répandue, « très difficile » et à surmonter, selon laquelle « on ne peut pas laisser un ordinateur prendre des décisions de justice » [80]. Le fondateur de Kleros ajoute quant à lui : « Je dis toujours que Kleros consiste à développer des logiciels informatiques, mais il s'agit aussi d'upgrader le logiciel mental de ce que les gens considèrent comme la justice » [81].

La seconde raison qui, à mon avis, montre clairement en quoi cette technologie et son droit nous concernent tous, nous ramène à la question du corps. Nous soutenons donc qu'il semble aussi erroné de croire que ce droit anti-représentationnel et décorporéisé, émancipé du *corpus*, du *nomos* et du corps, restera limité à son champs d'application virtuel tant qu'il n'est pas reconnu par le « monde réel ».

Si l'on examine les choses plus en détail, ce droit robotisé, qui n'est finalement rien d'autre qu'un système de programmation, ne peut couvrir que les champs pouvant se soumettre à ses lois, c'est-à-dire tout ce qui est programmable. La première condition pour faire partie intégrante de ce système juridique est donc que X soit programmable. Une condition qui, en raison de la « colonisation progressive du monde physique par des objets connectés », est sur le point d'être satisfaite par un nombre croissant d'objets matériels et physiquement présents : « En 2020, (...) toute personne "normalement connectée" devrait interagir avec des appareils ou objets connectés toutes les dix-huit secondes, c'est-à-dire 4 800 fois par jour » [82]. Par conséquent, la *lex cryptographica* aura de plus en plus la

80. Winter, E., « On Game Theory, Decentralized Justice and Kleros », art. cit : « you can't let a computer decide justice ».

81. *Ibid.* : « I always say that Kleros is about building computer software, but it's also about upgrading the mental software of what people see as justice ».

82. Rouvroy, A., « *Homo Iuridicus*, est-il soluble dans les données ? », *in* de Terwangne, C., Degrave, E., Dusollier, S., Queck, R., (éd.), *Law, Norms and Freedoms in Cyberspace/Droit, normes et libertés dans le cybermonde, Liber Amicorum Yves Poullet*, Bruxelles, Éditions Larcier, 2018.

capacité de sortir de son champ d'application virtuel et de s'étendre aux zones de présence matérielle.

Si l'on regarde maintenant l'individu en tant que sujet juridique dans le système de la *lex cryptographica*, celui-ci apparaît, dans le processus de sa « blockchainification » [83], en premier lieu et principalement comme un ensemble de données : les données que le sujet divulgue à des fins d'assurance, de transfert de propriété, de gestion de l'identité, etc. définissent son identité, ses droits de propriétaire, etc. Voyons les exemples suivants :

> Dans le cas des biens intelligents, (...) la propriété pourrait être à la fois définie et gérée par le code source. Une personne qui se qualifie comme propriétaire technologique (par opposition au propriétaire légal) d'un bien intelligent jouit d'une souveraineté absolue sur cette ressource, qui ne peut être saisie par quiconque, sauf si le code sous-jacent le prévoit expressément [84].
>
> Aux États-Unis, [les contrats intelligents] pourraient être utilisés pour vérifier automatiquement une plateforme d'identité en ligne décentralisée et des casiers judiciaires numérisés afin d'évaluer si la personne satisfait à certaines conditions préalables qui définissent qui peut et qui ne peut pas posséder ou utiliser des armes. (...) De façon plus radicale, les contrats intelligents pourraient être liés à une arme à feu connectée à Internet, arme qui ne pourrait alors être utilisée que si les conditions préalables étaient remplies [85].

Ainsi, en ce qui concerne la propriété blockchainifiée de ces ensembles de données, de ces e-sujets juridiques, nous assistons à ce que l'on pourrait appeler un télescopage non seulement du droit, de son fondement juridique et de son exécution, mais aussi du sujet juridique et de l'objet juridique. Avec le deuxième exemple,

83. Bogost, I., « Cryptocurrency Might be a Path to Authoritarianism », art. cit.

84. Wright A., De Filippi, P., « Decentralized blockchain... », art. cit. : « In the case of smart property, however, ownership could be both defined and managed by source code. A person who qualifies as the technological owner (as opposed to the legal owner) of smart property enjoys absolute sovereignty over that resource, which cannot be seized by anyone unless specifically provided for by the underlying code. »

85. *Ibid.* : « In the US, [smart contracts] could be used to automatically check a decentralized online identity platform and digitized criminal records to assess whether the person satisfied certain preconditions that define who can and who cannot own or use guns. (...) More drastically, smart contracts could be tied to an Internet-connected gun, which could only be operated if these pre-conditions were met. »

notamment, nous prenons conscience du fait que, contrairement à ce qui est habituellement proclamé quant à la pertinence et à la mise en œuvre de la technologie blockchain, celle-ci concerne bien la présence physique du sujet « auto-souverain ».

En raison de sa nature représentationnelle et donc non-programmable, le corps du sujet, sa présence physique, reste nécessairement exclu du système juridique de la blockchain, mais se voit néanmoins affecté par la portée de la *lex cryptographica.* Ainsi, compte tenu des deux dimensions de l'existence (la chair et l'esprit), qui restent, malgré tout, inévitablement constitutives pour tout sujet agissant en tant qu'« auto-souverain » dans l'univers blockchain, le concept de subjectivité blockchainifiée contredit fondamentalement la conception traditionnelle de la subjectivité juridique, en particulier selon la perspective de Legendre et Supiot décrite ci-dessus.

Permettez-moi de rappeler brièvement les éléments de base : selon les auteurs cités, la subjectivité est constituée par un processus de division entre le biologique et le symbolique par lequel le corps est, en même temps, inscrit dans la représentation symbolique. Se référant au paradigme du miroir de Lacan, Legendre explique que « *le corps se donne au sujet à travers l'image* » [86].

> [T]ransitant par la représentation, le corps décolle du statut d'objet biologique et prend statut de fiction [87].

En parallèle, l'individu devient également une partie intégrale du corps du grand Tiers, une lettre du *corpus* textuel juridique. En intégrant le corps de l'individu dans le *corpus* juridique, dans la représentation du grand Tiers, dans le domaine de la fiction, les institutions juridiques d'une société garantissent que le corps n'est pas traité comme un objet marchand.

Dans la logique anti-représentationnelle de la blockchain une dynamique opposée s'esquisse. Le corps nécessairement lié à la représentation n'y a pas de place. Il est exclu de l'ordre juridique et anti-représentationnel de la *lex cryptographica* en tant qu'objet non-programmable : il est donc inexistant dans la dimension de la blockchain.

86. Legendre, P., *Dieu au Miroir*, *op. cit.*, p. 41.
87. *Ibid.*

Dans le système symbolique dé-symbolisé de la blockchain, il n'y a pas de système de représentation et, par conséquent, – dans le sens d'une application inverse de la logique de Legendre – le corps perd sa place attitrée. Ainsi, dans le contexte du droit de la blockchain, la personnalité juridique, au sens de la garantie de l'« unité de sa chair et de son esprit »[88], se dissout. Le corps est laissé dans une dimension de présence non représentée et se trouve, vis-à-vis du droit de la blockchain, inévitablement dégradé au rang d'objet biologique. En tant que corps propre, il est, dans sa présence non représentée, confronté à des objets appartenant à un autre domaine de présence, à une présence robotique, d'un ordre juridique automatique et non-représentationnel.

En d'autres termes, les objets intelligents, tous ces objets matériels qui sont intégrés dans le système de programmation blockchain, mènent à l'émergence d'une nouvelle forme de présence programmée, agissant automatiquement, robotisée, et à laquelle se voient confrontées toutes ces entités qui, en tant que non-programmables, sont nécessairement exclues du droit anti-représentationnel de la blockchain parce qu'elles ne peuvent pas être incluses dans le code.

Indépendamment de la protection du corps qui reste bien évidemment de mise dans le système juridique traditionnel (lui aussi toujours en vigueur) et dans le monde réel, une telle confrontation entre une présence non représentée et une présence robotisée montre clairement en quoi les questions soulevées par la technologie blockchain sont déjà pertinentes à notre époque et pourquoi cette technologie nous concerne tous. À chaque fois que la blockchain exerce son pouvoir juridique, elle risque de créer une confrontation de ce type. La tentative de considérer la technologie blockchain comme une construction distincte du « monde réel », dont la « conformité avec les systèmes juridiques existants (*compliance with existing legal systems*) »[89] doit être assurée, ne s'avère être qu'un remède tardif et inefficace. Certes, l'exigence selon laquelle la blockchain doit « être reliée aux systèmes juridiques et à leurs idéaux primordiaux (*be bridged with legal systems and their overarching ideals)* »[90]

88. Supiot, A., *Homo Juridicus*, *op. cit.*, p. 10.

89. Finck, M., *Blockchain Regulation and Governance in Europe*, *op. cit.*, p. 80.

90. *Ibid.*

est juste et pertinente. Mais pour y parvenir pleinement, le rôle du corps et du territoire doit être pris en compte, car ces éléments de la vie humaine sont en effet inextricablement liés à l'interprétation, à la fiction et à la représentation et restent donc nécessairement exclus du droit de la blockchain.

L'humain doit se soumettre à l'hétéronomie de la représentation afin de développer de l'autonomie, explique Supiot [91]. Le lien avec le corps et un territoire quelconque est l'élément essentiellement hétéronome de la vie humaine nous empêchant de définir librement notre identité et notre appartenance communautaire. Ce n'est qu'en raison de sa contingence et de la nécessité d'être façonné par des mots et des images communs, par un design représentationnel, que cet élément d'hétéronomie peut être à l'origine d'une lutte pour l'égalité, la solidarité et la recherche de valeurs fondamentales qui deviennent la base d'une communauté. « Le caractère imposé de la cohabitation terrestre est, pour Arendt, la condition de notre existence même en tant qu'êtres éthiques et politiques »[92] explique Judith Butler, qui poursuit en ajoutant que les revendications éthiques et solidaires présupposent toujours la compréhension de la vulnérabilité de nos corps, la « compréhension incarnée de notre précarité (*embodied understanding of our precariousness*) ». Dans le même sens, Simone Weil souligne la nécessité d'un « enracinement », d'une « "épaisseur" du terrain », sans laquelle l'évocation de la solidarité ne serait pas possible [93].

91. Supiot, A., *Homo juridicus*, *op. cit.*, p. 8.

92. Butler, J., *Notes toward a performative theory of assembly*, Cambridge (MA), Harvard UP, 2015, p. 111 : « The unchosen character of earthly cohabitation is, for Arendt, the condition of our very existence as ethical and political beings ».

93. Christodoulidis, E., « Les "mots du droit" et le monde vécu », *in* Supiot, A., (éd.), *Mondialisation ou globalisation ? Les leçons de Simone Weil*, Paris, Éditions du Collège de France, 2019, p. 202.

CONCLUSION

Il est important de s'abstenir de rejeter la technologie blockchain comme une chose qui nous mènera au « chaos ou au néant ». Et certes, toute technologie repose sur une relation dialectique avec la pratique sociale et il nous appartient donc de la façonner.

Cependant, c'est précisément la structure anti-représentationnelle inhérente à la technologie blockchain et à son droit et la présence robotisée en résultant qui limitent notre marge de manœuvre dans le façonnage de ses effets et de ses mises en œuvre pratiques. Cela nous oblige d'autant plus à examiner plus attentivement ce moment d'« interprétation », c'est-à-dire le moment du transfert des représentations du droit et de la justice dans le code de la blockchain, un moment qui s'avère donc crucial.

À la lumière de nos propos ci-dessus, il semble donc évident que, lors de la programmation du système anti-représentationnel d'une blockchain, il ne suffit pas de garder à l'esprit le sens commun des représentations établies, de nos valeurs et principes traditionnels, traditionnellement conscientes de la dimension physique et sa précarité. L'accent doit plutôt être mis sur la question plus générale de savoir ce que l'émancipation du *nomos*, du *corpus* et du corps signifie pour les questions de justice, de solidarité et de pouvoir et jusqu'où nous voulons permettre à cette émancipation d'aller. Il faut prendre conscience des risques liés au transfert de certaines représentations dans les structures programmées d'un système anti-représentationnel et robotisé (et à l'auto-exécution automatique). Cela semble d'autant plus important dans la perspective de l'idée – qui semble jubilatoire à certains – d'éliminer les derniers éléments humains dans l'exécution du droit ou dans la détermination de ses principes sous-jacents ; ou bien dans le cas de la conception d'une justice décentralisée – et donc déracinée – qui reposerait sur des incitations économiques et des définitions majoritaires de ce qui est juste [94]. Avec chaque réaction enthousiaste accueillant l'idée de remplacer la notion de justice et les décisions juridiques créées par l'humain par

94. https://kleros.io/fr/.

une programmation algorithmique [95], la réalisation de ces représentations devient plus probable.

« [L]'accès humain à l'univers matériel », explique Pierre Legendre, « n'atteint à l'évidence des choses que soutenu par le *faire tenir ensemble* constitutif de la médiation symbolique » [96], une médiation symbolique qui, en même temps, assure le principe de l'altérité comme base de l'identité et de la solidarité. Si l'on abandonne la matérialité à une présence non représentée, la force de son hétéronomie risque de se faire ressentir de manière d'autant plus imprévisible. Ce choc sera d'autant plus violent que le pouvoir maniant la matérialité ne sera lui-même plus enraciné dans une sphère matérielle, dans un corps communautaire imaginaire, mais sera nourrit d'une structure acéphale agissant selon des critères programmés, algorithmisés et inaccessibles aux individus.

95. Ainsi, on entend que la prochaine étape logique et nécessaire dans les cours d'arbitrage blockchainifiée, comme Kleros, sera de remplacer les jurés humains par des algorithmes.

96. Legendre, P., *De la Société comme Texte. Linéaments d'une anthropologie dogmatique*, Paris, Fayard, 2001, p. 35.

Pistes, Revue de philosophie contemporaine 1 (2021)
326 p., ISBN : 978-2-7116-8425-0, p. 177-206, Vrin.

Véhicules autonomes et biais algorithmiques : deux impasses pour la pensée éthique

Marc-Antoine PENCOLÉ *

RÉSUMÉ

L'éthique, lorsqu'elle répond aux questions urgentes que posent les nouvelles technologies, le fait parfois en sapant ses propres fondements. L'analyse du cadre au sein duquel sont pensées la question des véhicules autonomes et celle des biais algorithmiques donne à voir un écrasement du raisonnement éthique sur la rationalité technique. Or, il est possible de réarmer la discussion normative de tels dispositifs en allant puiser dans certaines traditions de philosophie de la technique, qui proposent de comprendre cette dernière comme un ensemble d'institutions médiatrices de l'activité humaine et des valeurs qu'elle engage.

Mots-clefs : éthique appliquée, médiations, véhicules autonomes, biais algorithmiques.

* Université Paris Nanterre, marc-antoine.pencole@zaclys.net.

INTRODUCTION

Le développement et la diffusion de procédés algorithmiques de régulation des interactions sociales bouleversent certains attendus largement partagés quant à ce qui est juste et acceptable ou non lorsqu'il en va de décisions affectant profondément la vie des personnes impliquées. Prenons le cas des véhicules « autonomes », sans conducteur : leur mise en circulation suscite des interrogations d'ordre éthique notamment parce qu'il est possible que ces automates se trouvent parfois confrontés à des dilemmes moraux qui ne peuvent de recevoir de réponse triviale. La réflexion a finalement pris la forme d'une vaste expérimentation « éthique », la *Moral Machine*, dont l'ambition affichée est d'aider à résoudre les difficultés qui naissent à l'interface de l'éthique et de la conception d'agents machiniques « autonomes ». De même, les algorithmes d'aide à la décision interviennent potentiellement dans des domaines très sensibles : ainsi COMPAS propose d'évaluer le risque de récidive des candidats à une remise en liberté conditionnelle, et le débat s'est cristallisé autour de l'identification de biais irréductibles entre lesquels ils est nécessaire d'arbitrer, chacun engageant des valeurs opposées. Or, la voie empruntée pour articuler ces inquiétudes, celle de l'éthique dite appliquée, peut sembler souvent tout-à-fait problématique, et très en-deçà des enjeux réels, et la recherche contemporaine en philosophie de l'éthique et des techniques s'est construite, pour ce qui est de ses champs les plus actifs, sur des présupposés, une méthode et des objectifs contestables, qui amènent à penser les problèmes à travers des cadres où finalement se perd la dimension *éthique* même de la réflexion. Nous proposons d'identifier quelques-unes des limites du cadre philosophique dominant ces débats à partir du cas des véhicules automatiques et des biais algorithmiques, avant de proposer d'autres manières d'évaluer et de critiquer ces-mêmes dispositifs.

LE DILEMME DES VÉHICULES AUTONOMES

La *Moral machine* est une expérience lancée en juin 2016 par le Massachusetts Institute of Technology (MIT) situé à Cambridge aux USA visant à implémenter des normes morales dans le code des véhicules automatiques en cours de développement [1]. Les voitures sans pilote, dites « autonomes », sont devenues paradigmatiques de ces dispositifs techniques élaborés qui, étant en mesure de prendre des « décisions » analogues à celle d'un agent humain, suscitent un questionnement éthique inédit, tant quant à sa forme que par son ampleur. La souplesse d'adaptation de ces machines nouvelles doit nécessairement les confronter à des situations où les différentes conduites possibles engagent des valeurs ; alors les personnes en charge de concevoir l'algorithme qui règle leur comportement doivent faire face à des questions non triviales. Par exemple, imaginons une voiture sans pilote dont les freins ont lâché, qui se dirige à vive allure vers une intersection : dans un cas dramatique où elle ne trouve aucune trajectoire permettant de sauver tout le monde, doit-elle privilégier la vie de ses passagers ou des piétons déjà engagés sur la voie ? C'est pour offrir une réponse à ces questions de conception éthique de l'algorithme que la plateforme *Moral machine* a été mise en place : elle consiste à présenter le dilemme et ses innombrables variantes à des volontaires du monde entier pour recueillir et agréger leurs opinions en une moyenne dont on espère qu'elle représente objectivement la solution la plus morale.

À l'heure de l'analyse des résultats [2], 40 millions de réponses avaient été recueillies. Les paramètres du dilemme étaient les suivants : trajectoire initiale de la voiture, nombre des victimes, âge, genre, en attente d'un enfant ou non, apparence physique (athlétique, enrobée ou aucune des deux), statut de passager ou de piéton, statut social (médecin, cadre, sans-domicile, criminel, ou aucun de ceux-là), traversant la voie au feu rouge ou au feu vert. Ajoutons que parfois les victimes proposées étaient des chiens ou des chats.

1. Bonnefon, J.-F., Shariff, A., Rahwan, I., « The social dilemma of autonomous vehicles », *Science*, 352, n°6293, American Association for the Advancement of Science, 24 juin 2016, p. 1573-1576.

2. Awad, E., *et alii*, « The Moral Machine experiment », *Nature*, 563, n°7729, Nature Publishing Group, novembre 2018, p. 59-64.

Ces paramètres ont été corrélés aux données démographiques des personnes interrogées : situation géographique, âge, genre, niveau d'éducation, revenu, tendance politique (de conservatrice à progressiste) et engagement religieux (de très croyante à athée). L'analyse statistique révèle deux séries de constantes dans les déclarations. D'abord, en moyenne pour l'ensemble des participants, présenter un certain embonpoint diminue sensiblement les chances de se voir sauvé par un algorithme aligné sur ces préférences, par rapport à une personne mince. De même, les cadres l'emportent sur les sans-domiciles, les piétons qui respectent la signalisation sont préférés à ceux qui traversent au feu rouge, les femmes s'en tirent mieux que les hommes, et enfin de manière très significative, les jeunes sont favorisés par rapport aux personnes âgées. Dans un second temps, on observe des variations dans cette échelle de valeur qui sont corrélées à l'aire culturelle (par exemple la jeunesse accroît beaucoup plus les chances d'être sauvé en Amérique du Sud qu'en Asie de l'Est), au genre des répondants (les femmes sont plus enclines à choisir un algorithme qui privilégie les femmes), ou encore à divers facteurs structurels comme l'indice GINI de mesure des inégalités du pays des répondants (les pays très inégalitaires accordent plus de valeur à la survie des cadres).

Quelle est la pertinence de cette vaste étude pour l'éthique des techniques ? Les auteurs soulignent quelques limites quant à la représentativité des répondants (les hommes jeunes, éduqués et plutôt aisés étant surreprésentés dans l'échantillon), et se montrent plutôt prudents dans leurs conclusions, tout en défendant la nécessité de se rapprocher autant que possible de ces normes dans la mise en œuvre des véhicules automatiques. On pourrait naturellement rejeter d'emblée ce type de travaux en insistant sur l'abjection qui réside dans le fait de hiérarchiser la valeur de la vie des personnes sur des critères corporels ou socio-économiques. On pourrait également pointer plusieurs problèmes sérieux d'accès à la connaissance des normes éthiques qui sont ici simplement évacués. D'abord la confusion implicite entre la norme morale rationnelle et la norme statistique simplement descriptive, puisque cette expérience ne fait qu'établir une moyenne au sein d'une diversité d'opinions. Ensuite, l'équivalence présupposée entre l'opinion immédiate et la raison en matière morale. Enfin, la minimisation des effets de cadrage sur le contenu des déclarations : les différentes manières de formuler un même cas déterminent sensiblement les réponses, de même qu'aborder le dilemme dans une langue étrangère[3] ou dans le confort d'un bureau en navigant sur la plateforme, plutôt que de le vivre en première personne conduit évidemment à neutraliser des affects dont on peut pourtant imaginer qu'ils déterminent l'accès au contenu de la norme.

Mais surtout, il nous faut mettre en lumière une limite intrinsèque à la démarche : les philosophes que l'abstraction du dilemme du tramway et de ses variations actuelles rassure se représentent sans doute assez mal les difficultés qui surgissent lors de l'implémentation réelle d'un principe moral dans l'algorithme d'un véhicule automatique. Outre l'hétérogénéité des situations de jugement déjà mentionnée, c'est précisément l'abstraction des dilemmes tels qu'ils sont posés sur le papier – et sans laquelle il serait si difficile de leur apporter une réponse univoque – qui rendra caduque toute tentative de les coder tels quels. En effet, les dilemmes sont formulés de manière à présenter des possibilités d'action entièrement déterminées, ce qui ne pourra jamais être le cas d'un véhicule en circulation [4]. Mettre en œuvre un principe donné à l'occasion d'un accident réel suppose que la machine dispose d'une quantité infinie d'informations : en sus de sa propre vitesse, de la trajectoire apparente des autres véhicules et des piétons et quelques autres paramètres dont on conçoit qu'ils puissent être saisis et calculés par des capteurs perfectionnés, la machine doit également anticiper les choix des autres agents présents et estimer toute une foule de paramètres absolument déterminants – le camion qui arrive en face va-t-il tourner au dernier moment ? freiner ? Se renverser ? Les piétons vont-ils accélérer leur traversée ou revenir en arrière ? Les cahots sur la chaussée ne risquent-t-ils pas de fausser une des trajectoires calculées ? En somme, aussi loin que nous projetons nos rêves de perception machinique, nous trouvons de l'incertain, des paramètres impossibles à anticiper, ce qui a pour conséquence de faire du calcul réellement effectué l'évaluation d'une combinaison de risques et non

3. Costa, A., *et alii*, « Your Morals Depend on Language », *PLOS ONE*, 9/4, Public Library of Science, 2014, URL : https://journals.plos.org/plosone/article? id=10.1371/journal.pone. 0094842, consulté le 16 mai 2020.

4. Nyholm, S., Smids, J., « The Ethics of Accident-Algorithms for Self-Driving Cars : an Applied Trolley Problem ? », *Ethical Theory and Moral Practice*, 19/5, 2016, p. 1275-1289.

une évaluation proprement morale. Dès lors que nous tentons de prolonger le raisonnement éthique conçu sous forme de dilemmes stylisés dans l'implémentation technique réelle des principes dégagés, c'est-à-dire lorsque nous prenons en pensée la place des ingénieurs, nous sommes contraints de faire un certain nombre de choix arbitraires, et de résoudre l'indétermination des situations réelles par des approximations qui sont en dernière instance tout-à-fait subjectives et contingentes [5]. Ce qui apparaissait comme une tâche urgente et nécessaire semble désormais beaucoup plus accessoire, et nous pouvons tout-au-moins mettre en doute la pertinence d'un tel programme de recherche.

L'IMPOSSIBLE NEUTRALITÉ DES ALGORITHMES

Penchons-nous sur un autre cas exemplaire : celui des biais algorithmiques. Le perfectionnement des algorithmes, soutenu par le développement des technologies de captation et de communication de l'information et la puissance des calculateurs modernes, a conduit à la conception de systèmes complexes chargés d'identifier ou de trier les personnes. Il peut s'agir d'assister le travail de la police pour repérer dans une foule des individus suspects [6] – dans un aéroport, une gare, comme aussi dans un carnaval –, de faciliter l'attribution des lits d'hôpitaux aux patients par les médecins [7], de présélectionner des candidats à un entretien d'embauche [8], de signaler des enfants potentiellement victimes de mauvais traitements [9], etc. Il est apparu

5. Bonnemains, V., Tessier, C., Saurel, C., « Machines autonomes “ éthiques ” : questions techniques et éthiques », *Revue française d'éthique appliquée*, 5/1, ERES, 2018, p. 34-46.

6. Dodd, V., « Met police to use facial recognition software at Notting Hill carnival », *the Guardian*, 5 août 2017, https://www.theguardian.com/uk-news/2017/aug/05/met-police-facial-recognition-software-notting-hill-carnival.

7. Billings, J., Dixon, J., Mijanovich T., Wennberg, D., « Case finding for patients at risk of readmission to hospital : development of algorithm to identify high risk patients », *British Medical Journal*, 333, n° 7563, 2006, p. 327.

8. Dastin, J., « Amazon scraps secret AI recruiting tool that showed bias against women », *Reuters*, 10 octobre 2018, URL : https://www.reuters.com/article/us-amazon-com-jobs-automation-insight/amazon-scraps-secret-ai-recruiting-tool-that-showed-bias-against-women-idUSKCN1MK08G, consulté le 16 mai 2020.

9. Chouldechova, A., Benavides-Prado, D., Fialko, O., Vaithianathan, R., « A case study of algorithm-assisted decision making in child maltreatment hotline screening decisions in

très vite que les algorithmes employés présentaient un certain nombre de biais, c'est-à-dire que les taux de réussite ou d'échec de l'identification n'étaient pas égaux selon le genre, la « race »[10], la classe sociale – pour diverses raisons, un algorithme peut rendre ces appartenances sociales déterminantes dans ses opérations alors même qu'il n'a pas été programmé pour en tenir compte. De tels dispositifs techniques ayant vocation à conditionner l'accès à diverses ressources, ce type de biais de sélection aboutit donc à tout une variété de discriminations.

Les journalistes d'investigation de ProPublica ont abondamment documenté la méthode algorithmique COMPAS[11], laquelle propose une aide à la décision des juges quant à la remise en liberté conditionnelle des prévenus. La prédiction algorithmique des risques de récidive s'est vite installée au cœur du débat public et scientifique sur les biais algorithmiques en raison du caractère particulièrement sensible de son objet. Il est apparu que l'usage de ce dispositif prédictif désavantageait largement les personnes noires, les Blancs bénéficiant au contraire de scores de risques tendanciellement plus bas et donc de remises en liberté plus fréquentes. L'entreprise Northpointe, qui à l'époque le détenait, s'est défendue d'avoir tenu compte de la « race » dans son code ; et pourtant, à l'examen, le mécanisme d'entraînement de l'algorithme a reconstitué seul des catégories raciales à partir des données socio-démographiques et judiciaires utilisées pour déterminer le poids relatif des différents paramètres dans la fréquence des récidives. Il faut bien comprendre que les ingénieurs ont sans doute développé en toute bonne foi, sans aucune volonté de discrimination, un programme parfaitement discriminatoire, car même si les traits raciaux ne sont à aucun moment inclus dans le code de l'algorithme, la « race » est plus ou moins fortement corrélée à d'autres paramètres (le plus évident aux États-Unis étant le lieu de résidence), et l'entraînement automatique

Allegheny County. Fairness is a Process Property ! », *Conference on Fairness, Accountability and Transparency*, in *Proceedings of Machine Learning Research*, 81, 2018, p. 134-148.

10. L'usage universitaire du terme « race » est encore confus dans le contexte français : nous choisissons de le mettre entre guillemets pour signaler qu'il recouvre un mécanisme social d'assignation et en aucun cas une essence.

11. Angwin, J., Larson, J., « Machine Bias », *ProPublica*, 23 mai 2016, URL : https://www.propublica.org/article/machine-bias-risk-assessments-in-criminal-sentencing, consulté le 16/05/2020.

d'un algorithme consiste précisément à établir les corrélations les plus fortes : ainsi, il est tout à fait possible de discriminer un groupe racial en restant aveugle aux traits raciaux mais en classant les individus par le biais de « proxys », de paramètres qui expriment indirectement la « race ». La pratique est ancienne aux États-Unis, où dès la première moitié du XXe siècle les banques ont commencé à régler leurs décisions de prêts sur le lieu de résidence des demandeurs, ce qui revenait *de facto* à exclure les Noirs ; le *redlining*, comme on l'a appelé, en est venu à désigner toutes les stratégies indirectes de discrimination. Aujourd'hui, le déploiement de médiations algorithmiques a ceci de nouveau qu'il semble reproduire et dissimuler des formes de *redlining* en dépit des bonnes intentions de leurs concepteurs.

Les algorithmes en situation sont donc vecteurs de normes implicites et les conséquences de leur mise en œuvre pourrait vraisemblablement faire l'objet d'une réflexion éthique. Or, les travaux récents dans le champ émergent des FAT-ML (*Fairness, Accountability and Transparency in Machine Learning*) ont permis de comprendre que ce qui se jouait dans la conception des algorithmes quant à leur normativité relevait en réalité d'un conflit irréductible entre plusieurs concepts de justice, entre plusieurs valeurs [12]. Dans le cas de COMPAS – et c'est le point d'achoppement du débat sur les bienfaits de l'outil –, deux principes de justice s'opposent : d'un côté, celui qui a pu sembler évident aux concepteurs, qui consiste à minimiser le nombre total de récidives en incarcérant le moins d'accusés possible, donc à privilégier la sécurité de la population dans son ensemble à moindre coût ; de l'autre, celui qui exige de traiter chacun sur la base de ses actes, et non en fonction de mécanismes d'assignation à une identité de groupe. Les journalistes de *ProPublica* ont ainsi mis en lumière le choix utilitariste de la sécurité à moindre coût réalisé aux dépens de l'équité entre sujets de droits. Le conflit normatif est irréductible en ce sens qu'il ne peut être

12. Kleinberg, J., Mullainathan, S., Raghavan, M., « Inherent Trade-Offs in the Fair Determination of Risk Scores », *arXiv.org*, Cornell University, 2016, URL https://arxiv.org/abs/1609.05807, consulté le 16 mai 2020 ; Morgan, A., Pass, R., , « Paradoxes in Fair Computer-Aided Decision Making », dans *Proceedings of the 2019 AAAI/ACM Conference on AI, Ethics, and Society*, Honolulu, HI, USA, Association for Computing Machinery, « AIES '19 », 2019, p. 85-90.

résolu par aucune solution technique ; le développement « éthique par *design* » ne consiste alors plus qu'à expliciter les normes mises en œuvre par telle ou telle méthode de traitement de l'information.

L'angle par lequel la pensée éthique s'est emparée du problème des biais algorithmiques participe là encore d'une forme de distraction et de dévoiement de l'éthique. Si dans un premier temps, l'urgence a été d'appeler à considérer les dispositifs algorithmiques comme des facteurs de justice ou d'injustice majeurs – ce qui n'a pas pris moins de deux décennies, les premiers travaux systématiques sur la question remontant aux années 1990[13] –, des voix s'élèvent désormais pour éviter que la réflexion éthique ne se perde dans des arguties techniques stériles[14]. En effet, notons d'abord qu'à l'instar du codage de la « moralité » des véhicules automatiques, il y aura toujours un fossé entre la formulation abstraite de principes de justice et leur implémentation dans un algorithme. Un algorithme, qu'il serve de médiation entre juges et accusés, policiers et badauds, assureurs et clients, et quelle que soit la méthode de construction automatique de ses catégories opératoires, n'opère jamais qu'en soumettant à divers calculs des volumes importants de données numériques discrètes : son épine dorsale est ce qu'on appelle sa *fonction de coût* – c'est-à-dire la définition mathématique de l'efficacité choisie pour cet algorithme –, et c'est elle qui oriente tout le processus d'apprentissage machinique – à savoir la détermination des classes ou la pondération des paramètres du calcul. Or, un principe normatif, à moins d'être parfaitement trivial, n'a que peu de chance d'être immédiatement transposable sous la forme d'une fonction mathématique : cette hétérogénéité fondamentale creuse un

13. L'initiative de l'Algorithmic Justice League rattachée au MIT a été en cela décisive (*cf.* www.ajlunited.org). On notera également le travail séminal d'Helen Nissenbaum dans ce domaine : *cf.* Friedman, B., Nissenbaum, H., « Bias in computer systems », *ACM Transactions on Information Systems*, 14/3, 1996, p. 330-347.

14. Powles, J., Nissenbaum, H., « The Seductive Diversion of "Solving" Bias in Artificial Intelligence », *Medium*, *OneZero*, 7 décembre 2018, URL : https://onezero.medium.com/the-seductive-diversion-of-solving-bias-in-artificial-intelligence-890df5e5ef53, consulté le 16 mai 2020 ; Pasquale, F., « The Second Wave of Algorithmic Accountability », *Law and Political Economy*, 25 novembre 2019, URL : https://lpeblog.org/2019/11/25/the-second-wave-of-algorithmic-accountability/, consulté le 16 mai 2020 ; Zimmermann, A., Di Rosa, E., « Technology Can't Fix Algorithmic Injustice », *Boston Review*, 12 décembre 2019, URL : http://bostonreview.net/science-nature-politics/annette-zimmermann-elena-di-rosa-hochan-kim-technology-cant-fix-algorithmic, consulté le 16 mai 2020.

espace de traduction, de négociation entre différents acteurs, où on peut constater qu'interviennent des langages situés, des impératifs pratiques, et naturellement tout une série de décisions subjectives [15]. Il serait naïf de penser que la contingence du résultat final ne soit pas constitutive d'un tel processus et qu'elle puisse être éliminée en prenant plus de temps ou en laissant plus de liberté aux concepteurs.

Ensuite, on peut nuancer la centralité du problème des biais en identifiant leur cause générale : la stratification sociale et les inégalités structurelles. Un algorithme prédictif comme COMPAS est entraîné sur un ensemble de cas réels passés, en l'occurrence sur un ensemble de décisions de remise en liberté conditionnelle ou de mise en détention provisoire, prises par des juges sur un territoire donné, donc au sein d'un système de déterminants sociaux : les juges appartiennent sans doute à une catégorie assez particulière de la population, avec un *ethos* et une compréhension du monde déterminés, et les territoires sur lesquels ils rendent justice sont très probablement traversés par diverses fractures sociales, et autres phénomènes de ségrégation économique ou « raciale ». Or, si la réalité sociale à partir de laquelle l'algorithme est paramétré est structurellement défavorable aux Noirs (que ce soit en raison de biais racistes de l'appareil judiciaire, de mécanismes de reproduction de la pauvreté ou de ségrégation urbaine), celui-ci ne pourra que tendre spontanément vers la reproduction de cet état de fait. La conception d'un algorithme de ce genre prend appui sur un donné qui est lui-même biaisé : à moins d'admettre un essentialisme grossier qui associe nécessairement la blancheur de peau au respect de la loi, comment expliquer qu'à peine un tiers de la population carcérale est blanche quand celle-ci représente les deux tiers de la population du pays [16], sinon par une multitude de mécanismes structurels *a priori* défavorables aux personnes de couleur ? La technique jette ici un voile sur le social et dissimule non pas seulement les valeurs dont elle est vectrice, mais également l'origine sociale des injustices qu'elle reproduit. Ainsi, concentrer l'effort

15. Passi, S., Barocas, S., « Problem Formulation and Fairness », *Proceedings of the Conference on Fairness, Accountability, and Transparency*, Atlanta (GA), Association for Computing Machinery, « FAT* '19 », 2019, p. 39-48.

16. Bronson, J., Carson, A.E., *Prisoners in 2017*, U.S. Department of Justice, Bureau of Justice Statistics, 2017.

théorique sur les biais algorithmiques revient à recevoir comme un donné les biais sociaux qui conditionnent ceux de la technique. Il ne s'agit pas de nier les effets normatifs plus ou moins autonomes des dispositifs techniques mais de montrer le point aveugle de ce champ de recherche.

L'ÉTHIQUE APPLIQUÉE CONTRE L'ÉTHIQUE

Ces quelques remarques nous ont permis de faire apparaître une tension inhérente à la discussion éthique des nouvelles technologies (des véhicules autonomes et des biais algorithmiques, par exemple) telle qu'elle s'est constituée ces dernières années. Il semble que le projet de détermination des normes morales de fonctionnement de tels dispositifs rencontre deux obstacles en apparence insurmontables : le conflit irréductible entre les normes d'une part, et la difficulté de l'implémentation concrète de ces mêmes normes d'autre part. On peut interpréter cette paralysie de la pensée éthique aux prises avec la technologie contemporaine de deux manières : soit comme la constitution d'un nouveau champ de problèmes, émergeant au sein du cadre de ces nouvelles technologies, soit comme un épuisement de l'éthique par une rationalité étrangère – strictement technique et non plus pratique au sens large – qui la condamne à l'impuissance. C'est cette seconde lecture que nous proposons de défendre ici. Les domaines de questionnement que nous avons présentés jusqu'ici *ne relèvent en fait plus de la pensée éthique*, quoi qu'ils en aient l'apparence : cela ne veut pas dire qu'ils n'aient pas de valeur – ils sont même tout-à-fait indispensables –, mais simplement que *la question de l'éthique des techniques se pose à un autre niveau.*

Essayons d'abord de comprendre en quoi le problème des voitures sans pilotes et des biais algorithmiques ne relève pas à proprement parler de l'éthique. Ce que suggère l'étude du codage concret des normes pratiques dans le dispositif technique, c'est que le résultat de l'action est en grande partie contingent et dépend de facteurs extérieurs au dispositif lui-même. Et même, dans le cas des véhicules automatiques, la moralité des principes se dilue dans l'implémentation jusqu'à se perdre entièrement. Ajoutons à cela que dans le cadre imposé aux concepteurs, quand bien même on parviendrait à traduire authentiquement des normes pratiques générales en lignes de codes, le conflit des valeurs engagées semble irréductible. Finalement, quelle que soit la conception choisie, quelles que soient les valeurs adoptées, le résultat apparaîtra toujours largement immoral. C'est ce qui a conduit certains à considérer que dans certaines situations, le seul choix honorable est précisément de refuser de choisir si cela implique de hiérarchiser les vies[17], ou de s'en remettre au seul hasard pour décider quelles vies le véhicule doit épargner[18], c'est-à-dire qu'il peut être moins irrationnel d'ignorer certaines informations et d'introduire une dose d'opacité que de chercher à résoudre à tout prix notre incertitude morale.

Pour autant, les concepteurs *doivent* faire un choix informé, car si aucune solution, dans ce cadre, ne peut être moralement satisfaisante, il en est qui sont évidemment contraires à toute norme de justice. Par exemple, ne pas programmer de mécanisme d'évitement en cas d'accident pour un véhicule automatique, c'est faire le choix de sacrifier par défaut les piétons qui traversent devant la voiture ; or, si on ne parviendra pas à résoudre nos dilemmes éthiques, il est tout de même possible de trouver un arrangement moins catastrophique. Hegel, à propos de la décision judiciaire, avait déjà noté cela : « ce qui est plus important, c'est qu'une décision soit prise »[19] ; la détermination particulière du montant de l'amende infligée à tel contrevenant ne peut se faire sur aucune base rationnelle, et pourtant, il suffit qu'elle soit trop élevée ou trop faible pour que la décision bascule dans l'injustice, le pire étant qu'aucune décision ne soit prise. Il en est de même pour la programmation « éthique » des algorithmes : aucune option unique ne pourra être élue à l'exclusion des autres sur une base rationnelle, mais le plus irrationnel sera de n'en choisir aucune ; c'est là que se trouve donc malgré tout l'intérêt

17. Di Fabio, U., *et al.*, *Automatisiertes und Vernetztes Fahren*, Bundesminister für Verkehr und digitale Infrastruktur, 2017. On se rapportera notamment à la proposition n°9 de la commission : « Bei unausweichlichen Unfallsituationen ist jede Qualifizierung nach persönlichen Merkmalen (Alter, Geschlecht, körperliche oder geistige Konstitution) strikt untersagt » (p. 11).

18. Grinbaum, A., « Contre la transparence : la valeur du hasard pour une machine apprenante », *Revue française d'éthique appliquée*, 5/1, ERES, 2018, p. 47-53.

19. Hegel, G. W. F., *Encyclopédie des sciences philosophiques en abrégé*, trad. fr. B. Bourgeois, Paris, Vrin, 2012, p. 541 ; *Principes de la philosophie du droit*, trad. fr. J.-F. Kervégan, Paris, P.U.F., 2003, p. 303.

des recherches sur les biais algorithmiques et les véhicules autonomes, une réflexion doit être menée mais en ayant à l'esprit qu'elle n'appartient plus au domaine de l'éthique à proprement parler. De même que l'éthique n'a rien à dire quant au montant exact de l'amende dès lors qu'elle est raisonnablement proportionnée, elle ne peut se prononcer quant au détail des choix d'implémentations de normes dans un algorithme, celui-ci relevant toujours ultimement d'un arrangement technique.

Si ce n'est dans la résolution des dilemmes pratiques, à quel niveau la pensée éthique peut-elle être requise par l'irruption des nouvelles technologies ? L'investissement de ces modes de questionnement découle en fait d'une conception très particulière – et surtout très insuffisante – de la philosophie éthique, et c'est en dégageant les présupposés généraux d'une telle démarche que nous pouvons dessiner plus clairement les contours du travail théorique appelé par les évolutions techniques contemporaines. L'urgence n'est pas tant de résoudre des dilemmes abstraits que de comprendre ce que la technique fait aux normes : en tant que dispositifs de médiation de l'activité sociale, des algorithmes du genre de ceux que nous avons présentés jusqu'ici ont, si leur usage se répand, un effet sur le mode d'être des normes, sur notre rapport collectif à celles-ci. La question éthique centrale est bien celle du *devenir technique de la normativité* dans les sociétés contemporaines, et – non sans une certaine ironie – c'est parce que l'éthique est de plus en plus imprégnée d'une rationalité technique qui lui est profondément hétérogène qu'elle se fourvoie et perd les moyens de saisir ce problème au niveau adéquat.

Les débats qu'ont suscités la *Moral Machine* du MIT et les biais algorithmiques sont largement redevables de l'appareil conceptuel des *computer ethics* (parfois aussi « computer and information ethics »), élaborées dans les années 1980 aux États-Unis. Cette éthique s'est le plus souvent pensée comme une éthique *appliquée*[20], c'est-à-dire comme dédiée aux difficultés spécifiques posées par les nouvelles technologies. Selon James Moor, un de ses fondateurs, l'informatique consiste en un ensemble de procédés et d'outils qui ont

20. Bynum, T., « Computer and Information Ethics », *in* Zalta, E.N., (éd.), *The Stanford Encyclopedia of Philosophy*, Stanford University, 2015, URL : https://plato.stanford.edu/entries/ethics-computer/, consulté le 16/05/2020.

comme propriété essentielle d'être malléables, polyvalents et adaptables, et qui par conséquent représentent une extension inédite des capacités humaines d'agir, de saisir le réel, de l'analyser et de l'affecter, extension qui découvre à la pensée autant de nouveaux types d'interaction – d'autant plus que la souplesse des technologies informationnelles fait qu'elles sont en perpétuelle évolution [21]. Or, chacune de ces percées ouvre « un vide normatif (*a policy vacuum*) à propos de la manière dont il faudrait se servir des technologies numériques », et « une des tâches centrales de l'éthique de l'informatique consiste à déterminer ce qu'est notre devoir dans ces situations nouvelles, c'est-à-dire de formuler des normes (*policies*) pour guider notre action » [22]. L'indétermination normative est donc d'abord pensée sur le modèle du vide juridique – on peut d'ailleurs imaginer que ce sont des contentieux juridiques inédits qui ont suscité à l'époque cette prise en charge philosophique –, c'est-à-dire dans le cadre d'un ensemble de principes donnés et codifiés qu'il s'agirait d'interpréter ou de compléter de manière à qualifier des situations nouvelles. Il s'agit bien d'un problème d'*application*, mais il n'a rien de trivial, selon Moor, puisque

> là où il y a un vide normatif, il y a aussi souvent un vide conceptuel. Bien qu'un problème d'éthique de l'informatique puisse sembler clair à première vue, en y réfléchissant on se rend compte qu'il est pris dans une véritable pagaille conceptuelle. Ce dont on a besoin alors, c'est d'une analyse qui offre un cadre conceptuel cohérent à l'intérieur duquel on puisse formuler des normes d'action [23].

L'embarras des juristes, en effet, tenait typiquement à la manière dont le numérique imposait de redéfinir les notions de vol et de propriété (un logiciel peut-il être la propriété exclusive d'une personne ? peut-on vraiment s'introduire chez autrui en restant chez soi devant son terminal ?, etc.). Le programme de recherche ainsi défini s'est ramifié jusqu'à l'élaboration de différentes méthodes de *design* articulées autour des questions normatives, ou encore de divers codes déontologiques des ingénieurs informaticiens, toujours dans l'optique de fournir des maximes pratiques directement

21. Moor, J. H., « What is computer ethics ? », *Metaphilosophy*, 16/4, 1985, p. 266-275.
22. *Ibid.*, p. 266 (nous traduisons).
23. *Ibid.*

susceptibles de guider le travail de conception et l'usage des techniques.

Le problème se manifeste d'abord par l'usage du terme même d'« éthique appliquée ». On peut certes signifier par-là l'intention de plonger dans la complexité de la vie pratique concrète, mais on peut aussi se donner *a priori* un prisme d'analyse des questions normatives particulièrement étroit. Une éthique appliquée renvoie nécessairement à une éthique générale, et le risque est de subordonner le spécifique au général, selon un schéma statique, plutôt que de faire de l'un et de l'autre deux moments d'un même mouvement de pensée. Une fois les principes généraux déterminés – principes bien souvent réduits à une combinaison de déontologie et de conséquentialisme que chacun arrangera selon son goût propre –, il ne reste plus qu'à comprendre en quoi la situation nouvelle tombe sous la législation d'un principe ou d'un autre, ou dans quelle mesure l'un d'eux aurait besoin d'être amendé dans sa formulation pour s'appliquer pleinement. Il n'est pas question, à ce niveau, d'interroger les principes eux-mêmes – dans leur universalité, ceux-ci ne peuvent rien devoir à des cas particuliers émergeant au cours de l'histoire –, et il n'est évidemment pas question non plus d'interroger le cadre au sein duquel le vide normatif est constaté. Les concepteurs de la *Moral Machine* considèrent par exemple comme acquis que les véhicules automatiques sont une bonne chose (puisqu'ils causent statistiquement beaucoup moins d'accidents que des conducteurs humains), et la tâche de l'éthique est pour eux d'améliorer « l'acceptabilité » de la technologie en question auprès du public, ou encore de surmonter les « obstacles psychologiques » à son adoption la plus large [24]. Restreindre le cadre de la discussion fait naturellement peser le risque de mettre la réflexion théorique au service d'un « ethics washing » tout-à-fait stratégique pour les industriels dont la santé économique dépend précisément de la diffusion sans heurts de leurs produits : la multiplication des tables rondes sur « l'intelligence artificielle éthique », le « *design* éthique », la « transparence algorithmique » repose sur une forte demande de la

24. Bonnefon, J.-F., Shariff, A., Rahwan, I., « The social dilemma of autonomous vehicles », art. cit. ; ou encore, de manière beaucoup plus flagrante : *ead.*, « Psychological roadblocks to the adoption of self-driving vehicles », *Nature Human Behaviour*, 1/10, 2017, p. 694-696.

part des concepteurs – et c'est légitime ! – mais aussi des acteurs politiques et industriels, lesquels offrent les moyens matériels de penser ces questions, évidemment en fixant le cadre qui correspond à leurs intérêts [25]. Que faire en réaction à ces effets de cadrage, qui sont un risque inhérent à cette conception étroite de l'éthique « appliquée », sinon réaffirmer, comme par un effet de balancier, des principes moraux universels sapés par la technique moderne, position selon laquelle les éthiques spécifiques seraient autant d'oublis de l'éthique en général, laquelle commanderait de s'opposer à la logique technicienne, sur une base humaniste par exemple [26] ?

Ensuite, et plus généralement, la partition conceptuelle sur laquelle opère cette éthique appliquée reste prisonnière de catégories et de distinctions statiques. Non seulement le caractère « appliqué » de l'éthique peut impliquer la position d'une éthique générale dont les principes sont pensés comme indépendants de l'évolution historique de la pratique, de ses moyens, de son outillage, mais son mode de raisonnement privilégié est celui des dilemmes, des situations dont les paramètres sont étroitement fixés et où la question du bon choix est posée à un sujet dont la position et les options sont déjà bien déterminées. Envisagée ainsi, l'éthique ne se donne plus les moyens de penser le devenir de la pratique en général et se limite à la résolution – impossible – de dilemmes fermés. Pourtant, Moor ne manque pas d'intuitions extrêmement justes quant aux effets du dialogue de la technique et de l'éthique : il reconnaît comme fait fondamental la révolution permanente intrinsèque aux technologies contemporaines, l'irruption incessante de nouveaux procédés, de nouveaux dispositifs, l'extension ininterrompue du domaine de l'agir

25. C'est cette convergence des intérêts économiques et des interrogations éthiques que dénonce par exemple T. Metzinger, chercheur à l'Université de Mainz, qui a participé au Groupe d'experts de haut niveau sur l'intelligence artificielle pour l'Union Européenne en 2019. Notons que le recrutement de Luciano Floridi par Google montre bien que ce qui fait l'objet d'un investissement stratégique, c'est l'affichage d'une célébrité en direction du grand public, sans réel souci de sa crédibilité académique. *Cf.* Metzinger, T., « Ethics washing made in Europe », *Der Tagesspiegel*, 8 avril 2019, URL : https://www.tagesspiegel.de/politik/eu-guidelines-ethics-washing-made-in-europe/24195496.html, consulté le 16 mai 2020.

26. Si une réaction aussi abstraite est un lieu commun du débat public autour de la diffusion des nouvelles technologies, il n'est pas si facile d'enrôler Ellul à son service, comme on le fait parfois : celui-ci reconnaissait malgré tout les rapports dialectiques qu'entretenaient morale et technique. *Cf.* Ellul, J., « Morale et technique », *Médianalyses. Cahiers de recherches communicationnelles*, 2, 1982, p. 24-29.

outillé ; plus essentiel encore, il remarque que toute la difficulté de résolution des cas nouveaux vient de ce que l'évolution de la pratique se répercute sur le plan des concepts par lesquels on la pense. Alors qu'il cerne avec lucidité la dynamique immanente à la technique et à la réflexion sur celle-ci, il ne va cependant pas jusqu'à définir la tâche de l'éthique en fonction. Il y a dans cette mosaïque de la recherche en éthique des nouvelles technologies comme une contradiction entre la démarche d'application de principes fixes à des cas déterminés et le constat qui motive la constitution de ce domaine, à savoir celui d'un bouleversement de la pratique et de ses catégories.

LA TECHNIQUE COMME INSTITUTION MÉDIATRICE DES NORMES

Or, on peut affirmer que la théorie éthique a été historiquement traversée par la conscience à la fois de ce qui fait son urgence et des impasses dans lesquelles elle risquait de se perdre, c'est-à-dire que les théoriciens classiques ont en quelque sorte évacué d'avance l'approche éthique dominante des véhicules automatiques et des biais algorithmiques comme étant vaine du point de vue de l'éthique – et précisons à nouveau que si la philosophie éthique n'a rien à en dire, cela ne signifie pas que ces questions ne sont pas cruciales pour nous. Rappelons les raisons profondes de la vanité de l'éthique des dilemmes pour mieux cerner en creux l'autre dialogue possible entre éthique et technique. La pensée éthique s'est toujours abstenue – au moins jusqu'à très récemment – de considérer que la résolution des dilemmes moraux, du genre de ceux qui se posent pour les biais algorithmiques ou les véhicules sans conducteurs, pouvait contribuer au progrès vers la vie bonne. En effet, se demander « qu'est-ce qui est juste dans telle situation déterminée ? » n'est pas du tout équivalent à se poser la question de ce qui fait qu'une vie peut être belle, juste, digne d'être vécue. D'un côté l'interrogation porte sur la valeur relative de différentes options d'action déterminées, de l'autre, elle englobe la totalité de la pratique dans sa concrétude, tout le processus de construction des sujets dans leurs rapports les uns avec les autres.

Par exemple, si la philosophie pratique avait, dans l'Antiquité, l'ambition d'offrir des maximes d'action propres à guider le sujet dans l'édification de lui-même, elle était indifférente aux dilemmes moraux abstraits. Aristote est à ce propos plutôt explicite : les dilemmes marquent la limite de l'éthique, et il renvoie au juge le fardeau d'établir ce qui, dans l'action concrète, mérite l'éloge ou le blâme. Il est d'ailleurs tout-à-fait significatif que ceux-ci n'interviennent que dans la discussion de l'étendue de la responsabilité dans l'agir. On doit évidemment distinguer les actes volontaires des actes involontaires :

> Si l'acte non consenti est celui qui est exécuté sous la contrainte ou par ignorance, l'acte consenti sera dès lors, semble-t-il, celui dont le principe réside dans l'agent qui connaît chacune des circonstances particulières que suppose son action [27].

L'idéal de l'action volontaire est celui d'un sujet qui comprend tous les détails de la situation et des conséquences de l'acte. Naturellement, cette définition révèle tout un continuum d'actions intermédiaires, réalisées en connaissance d'une partie seulement des « circonstances particulières », et dont l'agent n'est responsable que dans une certaine mesure, et pas absolument : Aristote reconnaît ainsi que les choix difficiles sont ceux qui précisément prennent place dans le domaine de ce qu'il appelle des « actions mixtes »[28], ni involontaires ni tout-à-fait volontaires, quand ni les circonstances ni les conséquences de l'action ne sont intégralement maîtrisées. Or, cette catégorie intermédiaire qui vient brouiller la distinction binaire du volontaire et de l'involontaire n'exprime rien moins que l'essence même de la pratique dès lors qu'on entreprend de la penser dans sa concrétude :

> (…) les actions appartiennent au particulier et (…) le particulier est ce qui fait l'objet du consentement. Que faut-il, par ailleurs, préférer à quoi ? Pas facile de répondre, car il y a bien des différences dans le domaine du particulier [29].

27. Aristote, *Éthique à Nicomaque*, livre III, 1111 a 20, trad. fr. R. Bodéüs.
28. *Ibid.*, 1110 a 10 : « μικταὶ » : mélangées, embrouillées.
29. *Ibid.*, 1110 b 5.

En dehors de quelques cas limites, l'agir se meut dans l'élément du particulier[30] et doit composer avec son ancrage dans l'enchevêtrement des circonstances, toujours différent d'une situation à l'autre : les maximes générales par lesquelles on peut espérer l'orienter seront toujours impuissantes à elles seules à déterminer la décision la plus juste, précisément en raison de leur généralité. Aristote, en d'autres mots, ne cherche pas à abstraire l'action de sa situation, de son enracinement dans le particulier et affirme l'*indétermination morale constitutive de la pratique*. S'il est des cas, nombreux, où l'identification du devoir ne pose guère de difficulté, il en est d'autres, irréductibles, où le juste et l'injuste sont impossibles à déterminer *a priori* sur la base de principes univoques. Le dilemme ne fait alors que signaler la limite de la réflexion éthique à proprement parler et la difficulté de la tâche qui incombe au sujet moral d'un côté, et au juge de l'autre.

Hegel thématise plus systématiquement encore ces limites, et identifie la démarche qui permet de donner plus de corps à l'éthique en dépassant celles-ci. D'abord, l'agir moral est soumis à un principe d'indétermination du point de vue de son contenu objectif, de ce qu'il sera réellement une fois mis en œuvre : « Quelles sont les conséquences *contingentes* et les conséquences *nécessaires,* [cette question] contient de l'indéterminité »[31], puisque depuis l'abstraction d'une certaine situation d'action (celle de la conception d'un dispositif algorithmique donné par exemple), nos volontés ne peuvent que se heurter à l'objectivité dans laquelle elles doivent se réaliser comme à un matériau opaque et résistant, et l'étendue de notre maîtrise sur elle, et sur les conséquences de nos décisions, ne peut qu'être limitée. Ensuite, ignorons cette limitation structurelle en imaginant une maîtrise parfaite : nous buterions immédiatement sur une autre difficulté non moins insoluble, celle de l'indétermination du contenu subjectif de l'agir, de ce en quoi consiste exactement le devoir. En effet, le concept de « Bien », ce que vise notre devoir, est lui-même doublement indéterminé. Du point de vue des sujets et des situations particulières, il est naturellement possible que différents devoirs, différentes obligations s'opposent, sans qu'aucune ne

30. « Τὰ καθ' ἕκαστα ».

31. Hegel, G. W. F., *Principes de la philosophie du droit*, *op. cit.*, § 118 add., p. 216.

l'emporte sur les autres : ainsi qu'est-ce qui pourrait par exemple justifier que la vie d'un passager soit considérée supérieure à celle d'un piéton, ou bien que la prévention de la récidive dépasse le respect de l'autonomie individuelle, sinon les goûts et les couleurs d'une époque, d'une culture, d'un groupe social particulier ou de la moyenne de la population, soit tout le contraire de ce que l'on attend d'une fondation morale rationnelle de l'agir [32]. Et si l'on cherche à seulement appliquer des principes universels, c'est-à-dire découlant du seul concept de Bien et de l'obligation qui en découle, indépendamment des situations particulières, évidemment on ne retrouve plus qu'une forme vide qui n'offre aucune direction pratiquement [33]. Par conséquent, l'ambition de déterminer *a priori* la programmation de l'algorithme la plus juste, la plus morale, paraît vaine puisque cela supposerait d'une part une maîtrise infinie des effets du fonctionnement du dispositif technique, et d'autre part de fonder moralement un choix en tranchant arbitrairement parmi des options également valables. Hegel qualifie la défense résolue, dans les situations pratiques en question, de telle ou telle option d'expression typique de « l'entendement abstrait » : cela signifie pour lui que les différentes théories morales qui s'affrontent, et qui accordent leurs faveurs à telle modalité de calcul des scores de récidive, ou à telle hiérarchie des vies entre piétons et passagers, jeunes et vieux, etc., peuvent être défendues les unes comme les autres avec des raisons tout aussi valides et s'opposer sans fin. Or, « ce qui est plus important, c'est qu'une décision soit prise », et il faut simplement reconnaître que cette décision n'est pas du ressort de la pensée éthique : en l'occurrence, si les divers codes déontologiques et comités d'éthique peuvent bien informer la décision en éliminant des options distinctement irrationnelles, le choix final des principes implémentés ne pourra relever que d'une négociation entre les contraintes techniques, légales, et les incertitudes inhérentes à la situation.

S'il n'est guère possible d'échapper à cette loi d'indétermination de l'agir moral, quelle tâche reste-t-il encore à la pensée éthique ? Suivre Hegel dans sa présentation des errements de la moralité

32. Hegel, G. W. F., *Principes de la philosophie du droit*, *op. cit.*, § 125, p. 222-223.
33. *Ibid.*, § 134-135, p. 229-230.

permet surtout d'envisager avec lui un déplacement de la focale théorique. La suite de son programme éthique le conduit à concevoir comment, par quels biais, par quelles médiations, les fins humaines en viennent à se réaliser *effectivement*, de manière stable et avec une certaine nécessité, c'est-à-dire à passer dans l'être au-delà de la simple virtualité inhérente au devoir-être. Alors il devient possible de chercher à savoir si une certaine évolution technologique participe d'une transformation du mode d'être des normes, potentiellement favorable au déploiement rationnel de la liberté ou au contraire profondément aliénante.

Cette théorie des normes, attentive notamment au devenir de la normativité lorsqu'elle est médiée, prise en charge, recueillie, ou redéfinie par des dispositions et des institutions de la vie collective, est en mesure de porter un regard sur la technique tout-à-fait différent de celui des *computer and information ethics*. On peut en trouver une résurgence dans une branche contemporaine de la philosophie de la technique, la « théorie des médiations techniques » représentée notamment par Don Ihde et Peter-Paul Verbeek, qui alors qu'elle est devenue une des positions standards dans le champ de la philosophie de la technique n'est même pas évoquée dans les synthèse classiques de l'éthique du numérique[34], ses présupposés fondamentaux étant sans doute parfaitement étrangers à celle-ci. À l'origine, la théorie des médiations s'inspire avec quelque liberté de la phénoménologie de Heidegger et de Merleau-Ponty[35]. Le projet de Ihde part du constat selon lequel la technique, comme les concepts, le langage ou les représentations, informe l'interaction avec le monde ou autrui qu'elle prend en charge : elle n'est pas neutre, indifférente et insignifiante, mais on doit au contraire penser le contenu de l'interaction, son sens, sa finalité ou encore les pôles engagés comme étant constitués par cette médiation. Par exemple, pour prendre des cas triviaux, le message transmis par téléphone, sa charge affective et son sens, ne sont pas ceux de la même parole si elle était reçue de vive-voix, parce que la dimension sensible de ce qui est communiqué est écrasée par le dispositif, ou encore parce

34. La réactualisation de l'article de Bynum (« Computer and Information Ethics », art. cit.) en 2018 apparaît à cet égard révélatrice.

35. Ihde, D., *Technics and Praxis*, Reidel, Dordrecht, 1979 ; *Technology and the Lifeworld : from Garden to Earth*, Bloomington, Indiana UP, 1990.

que la sécurité de la distance, loin du regard, peut ouvrir un espace de confidences que l'on n'oserait pas autrement. De même, le paysage contemplé par le marcheur n'est pas le même, ne se donne pas selon les mêmes modalités et ne constitue pas la même expérience esthétique s'il est aperçu depuis un train lancé à pleine vitesse. Verbeek s'est emparé de ces outils pour prolonger la réflexion sur le plan éthique[36] en interrogeant la médiation technique de l'autonomie, de l'agentivité, des valeurs, y compris à propos des technologies de l'information et de la communication[37]. L'émergence d'une technologie donnée peut ainsi bouleverser les valeurs engagées par l'activité qu'elle médie : par exemple, le développement de méthodes de diagnostic obstétrique par ultrasons permet de déceler très précocement les premiers signes d'irrégularités congénitales, dans les premiers temps de la grossesse, lorsque l'avortement est encore réalisable ; dès lors que cette technologie est largement diffusée, la relation que nous entretenions à la naissance comme destin bascule dans le domaine du choix, avec tout ce que cela implique moralement – en notant que désormais, ne pas chercher à savoir si le fœtus présente des traits neurologiques atypiques, c'est-à-dire remettre la naissance au destin, représente également un choix qui engage une responsabilité vis-à-vis de l'enfant à naître[38]. On a pu reprocher à Verbeek son refus systématique d'adopter une position critique vis-à-vis de la technique et de s'extraire de toute discussion politique pour prôner l'accompagnement ; quoi qu'il en soit, il faut lui reconnaître le mérite d'avoir réorienté l'éthique de la technique vers le questionnement du type de rapport aux normes que nous voulons entretenir en nous comprenant, nous, personnes et collectifs, comme toujours déjà médiés et constitués par les assemblages techniques dans lesquels nous nous inscrivons.

36. Verbeek, P.-P., *What Things do : Philosophical Reflections on Technology, Agency, and Design*, trad. angl. R. P. Crease, University Park (Pa), Pennsylvania State UP, 2005 ; *Moralizing Technology : Understanding and Designing the Morality of Things*, Chicago-London, The University of Chicago Press, 2011.

37. Voir notamment *id.*, « Subject to Technology : On Autonomic Computing and Human Agency », *in* Hildebrandt, M., Rouvroy, A., (éd.), *Law, human agency, and autonomic computing : the philosophy of law meets the philosophy of technology*, Milton Park, Abingdon, Routledge, 2011.

38. *Id.*, « Obstetric Ultrasound and the Technological Mediation of Morality : A Postphenomenological Analysis », *Human Studies*, 31/1, mars 2008, p. 11-26.

La théorie éthique des médiations n'est pourtant pas nouvelle : nous trouvons même quelques considérations de ce type en lien avec la technique chez Hegel, et encore une fois, prenons le temps d'un détour historique pour l'ancrer dans une perspective assez large pour armer une éthique à la hauteur des enjeux actuels. Dans ses manuscrits de Iéna[39], l'outil, l'instrument [*das Werkzeug*], est défini comme « le moyen-terme (*die Mitte*) existant rationnel, l'universalité existante du processus pratique », c'est-à-dire comme la médiation de l'activité pratique, du travail, qui lui donne son universalité en étant « ce en quoi le travail a sa permanence ». En effet, l'individu particulier engagé dans le travail est voué à disparaître avec le temps, tout comme la fin particulière qu'il poursuit, tout aussi éphémère : développer l'outil et les procédés techniques afférents, c'est prolonger l'existence du sujet qui travail, de ses gestes, de son savoir-faire, ainsi que celle de ses fins, dans un être qui lui est voué à être réutilisé, reproduit ou appris par d'autres. L'intermédiaire – la technique – accorde ainsi aux sujets et aux finalités particulières qu'il unit la permanence d'une « tradition », par conséquent, la technique porte le particulier à la double « universalité » du collectif, au-delà de l'individu, et de sa perpétuation dans l'histoire, au-delà d'une génération. De même, travailler en s'appropriant une technique, c'est apprendre à réfréner en soi l'immédiateté du désir pour s'aligner sur les méthodes et les règles du commun, héritées de la tradition et enseignées au sein d'un collectif, c'est donc se laisser constituer, soi, sujet, par le moyen de notre action lui-même. Il est tout-à-fait intéressant de noter qu'un peu plus loin, Hegel envisage le rôle structurellement problématique que peut jouer cette même technique dès lors qu'elle prend la forme de la machinerie moderne et de la division sociale du travail :

> Le travail devient d'autant plus absolument mort, il devient le travail d'une machine ; l'habileté de [l'ouvrier] singulier devient d'autant

39. Hegel, G. W. F., *La première philosophie de l'Esprit*, trad. fr. G. Planty-Bonjour, Paris, P.U.F., 1969. On peut également se rapporter à l'édition critique du texte original : *Gesammelte Werke*, Bd. 6 : *Jenaer Systementwürfe I*, Hamburg, Felix Meiner, 1968, et en part. au fragment n°20, « II. Potenz des Werkzeugs », p. 300, et au fragment n°22, p. 319-321 sur le machinisme.

> plus infiniment bornée et la conscience de l'ouvrier d'usine est rabaissée au dernier degré d'abrutissement [40].

La machinerie dérobe la dimension formatrice du travail à celui qui se conforme à ses rythmes, lequel voit son habileté diminuer au point de s'universaliser sur un tout autre mode, celui de la standardisation des forces de travail toutes substituables les unes aux autres ; collectivement, les machines sont porteuses d'une forme de désunion des groupes sociaux, leurs moyens de production de la richesse collective produisant une « populace » (la classe ouvrière) paupérisée et révoltée par la perte de valeur de son habileté et de son travail. Si le détail conceptuel du diagnostic hégélien exigerait une longue analyse, ce qui importe ici c'est de constater que la technique est saisie comme une médiation constitutive de l'individu et du collectif, c'est-à-dire qu'interroger la technique ce n'est pas – ou pas seulement – identifier les « vides normatifs et conceptuels » (*cf.* Moor) qu'elle découvre, mais c'est chercher à répondre aux questions : « qu'est-ce que telle technologie nous fait à nous, individuellement et collectivement ? que devenons-nous en nous alignant sur son régime ? que deviennent nos fins ? », et sans regimber lorsqu'il semble nécessaire de porter une critique profonde et politique.

La théorie des médiations technologiques de Hegel et ses prolongements dans la Théorie Critique s'avère beaucoup plus féroce que sa réactualisation tardive par Verbeek ; c'est aussi parce qu'elle est beaucoup plus ambitieuse, et assise sur une philosophie des normes plus riche. L'interrogation proprement normative de la technique chez Hegel (c'est-à-dire si on met de côté son caractère constitutif de la conscience et de la culture et qu'on l'appréhende plutôt dans l'optique de l'effectuation des normes) a toujours lieu dans son œuvre au côté de celle d'autres institutions : la famille et son patrimoine, le marché, et (pour ce qui concerne les *Principes*) l'institution judiciaire, au sein de ce qu'il désigne comme l'éthicité, ou la vie éthique [*die Sittlichkeit*]. Une éthique doit bien entendu examiner le

40. Ces passages du fragment n°22, essentiels pour un lecteur de Smith et témoin des prodromes de la révolution industrielle allemande, ont été repris et développés dans ses cours sur la philosophie du droit lorsqu'il commente les § 197-198 des *Principes :* par exemple, *Philosophie des Rechts (1822-1823),* dans les *Vorlesungen über Rechtsphilosophie*, Bd. 3, éd. K.-H. Itling, Stuttgart, Frommann-Holzboog, 1974, p. 602-6013, ou encore *Philosophie des Rechts* (1824-1825), dans les *Vorlesungen über Rechtsphilosophie*, Bd. 4, p. 500-503.

devoir des sujets moraux, comprendre ce qui assoit et ce qui limite leur responsabilité, mais elle resterait insatisfaisante et de bien peu de secours pour l'action si elle ne devenait pas également une pensée de l'institution. En effet, nous l'avons vu, l'agir moral est en partie constitutivement indéterminé, et pour le sujet confronté à la difficulté de choisir, l'exigence du Bien doit rester l'objet d'une inquiétude – ne plus s'en soucier serait régresser dans la soumission sans reste aux désirs contingents du sujet particulier –, mais ne pourra jamais être totalement satisfaite ; cependant, penser les normes ce n'est pas se contenter de les penser sur le mode du devoir-être, c'est aussi les penser dans leur effectuation. Or, celle-ci dépend moins de l'immédiateté de l'action individuelle que de leur sédimentation dans l'objectivité des mœurs et des institutions par lesquelles le sujet moral peut dépasser son face-à-face tragique avec l'objectivité du monde qu'il ne maîtrise pas.

Dans cette optique, la question éthique, celle de la vie bonne et digne d'être vécue, ne peut pas se poser uniquement au niveau du sujet moral déjà constitué et jeté face au monde, mais doit être abordée au niveau des *institutions* puisque ce sont elles qui constituent les sujets, leur fournissent les moyens matériels, cognitifs et motivationnels pour agir moralement, et qui informent le monde social dans lequel ils évoluent. L'activité humaine se déploie dans un univers saturé de normes, et celles-ci ne sont pas que le produit de décisions vertueuses portées en conscience et à chaque instant par des individualités héroïques, elles sont dans leur immense majorité mises en œuvre implicitement, sans trop y penser, en suivant la pente établie par la coutume, le bon sens hérité, les cultures professionnelles, les nécessité économiques, le Code civil, l'organisation de la justice, de l'administration, le plan des villes, l'architecture, et aussi, évidemment, par la multitude de procédés, de savoir-faire, de routines, de protocoles, de standards, d'outils, de machines qui constituent l'appareillage technique de l'activité.

Une éthique rigoureuse doit certes examiner les normes propres au *devoir-être*, mais aussi et surtout leur *devenir effectif*, leur objectivation stable productrice dans les institutions de la vie éthique, ou au contraire leur altération ou leur renversement ; en cela, puisque ces institutions sont l'étoffe du social au-delà de l'individu, toute éthique est toujours aussi une politique. Pour ce qui concerne notre objet, il nous faut considérer que *la technique est une institution* en ce sens, qu'elle est un mode d'objectivation – et idéalement d'effectuation – de ce qui sans cette médiation n'existe que dans la virtualité du devoir : le questionnement éthique consiste alors à se demander ce que la médiation technique fait aux normes et à notre rapport à elles. Le passage dans la factualité d'un dispositif technique concret peut affecter de multiples manières les normes de la justice et de la vie bonne : le dispositif peut les prolonger et leur donner de l'efficace ou les dégrader, les corrompre, ou encore les réduire à autre chose, les traduire, les déplacer ; il peut donc par conséquent changer le sens d'une norme pour nous, altérer la communauté que nous formons à travers elle. C'est en considérant tous ces aspects du devenir technique des normes que l'on peut donner à entendre les enjeux éthiques réels des bouleversements technologiques actuels.

QUEL DEVENIR TECHNIQUE POUR LES NORMES ÉTHIQUES ?

Posons donc la question des véhicules automatiques et des biais algorithmiques à nouveaux frais : dès lors que nous comprenons ces dispositifs algorithmiques comme des médiations institutionnelles, que devenons-nous, nous qui interagissons à travers elles, et que deviennent nos valeurs et nos fins ?

En ce qui concerne les véhicules dits « autonomes », quelles que soient les valeurs qui sont finalement implémentées dans l'algorithme, celles-ci acquerront la factualité du dispositif qui leur donne corps. Coder ces normes et les insérer dans le programme des véhicules automatiques revient à leur donner la puissance, la stabilité et l'étendue correspondant au poids de ces véhicules dans la régulation des transports ; s'ils ne restent pas marginaux mais se diffusent au point que le trafic routier soit en grande partie automatisé, alors les normes choisies organiseront une part non négligeable de la vie collective, certes pas au niveau des grands principes moraux et légaux qui font l'objet d'une adhésion réfléchie, mais au niveau de ces règles de la socialité ordinaire qui représentent la majeure partie de la vie éthique. Or, que les valeurs qui sous-tendent ces règles soient données sur le mode de l'évidence et de la nécessité dans toute une sphère de la vie sociale n'a rien d'anodin et doit avoir comme conséquence première de les naturaliser, car il est d'autant plus difficile de justifier la remise en cause d'un certain ordre normatif que celui-ci est largement réalisé dans un ordre social donné. Si par exemple du point de vue du dilemme abstrait il n'est pas plus irrationnel de laisser le hasard décider quelle vie privilégier (à nombre de vies sauvées équivalent) que de s'en remettre à l'opinion qui veut que la vie d'une personne sportive vaille plus que celle d'une obèse, en revanche il devient beaucoup plus problématique de s'accoutumer à considérer que sur la route, en général, la vie des obèses ou des vieux a moins de valeur, et plus généralement qu'il existe dans une partie de l'espace public une hiérarchie formelle et explicite établissant la supériorité de certaines vies sur d'autres. Alors la solution d'Alexei Grinbaum[41] en faveur de l'opacité et du hasard prend tout son sens : l'impératif de sauver le plus de vies possible sans faire de hiérarchies entre elles est sans doute plus adéquat à l'idéal d'égalité que nous pouvons vouloir préserver dans les autres sphères sociales. Imaginons comme il serait difficile de préserver en nous et de transmettre aux générations futures le sentiment de la validité du principe de la valeur égale de toutes les vies humaines, si celui-ci est *formellement* nié dans tout un pan de nos interactions sociales – évidemment, proclamer formellement l'égalité permet de masquer l'inégalité réelle et son effectuation ne se réduit pas à cela, mais il faut considérer que l'on franchirait un cap décisif en affirmant l'invalidité de l'idée selon laquelle chacun a droit à la vie au même titre que chaque autre, indépendamment de son âge, de son genre, de son poids, de sa couleur etc. Ainsi, une éthique des techniques sensible à la dimension institutionnelle d'un dispositif comme celui des véhicules automatiques ne peut certes pas préférer absolument telle ou telle norme en vue de son implémentation, mais peut très clairement éliminer certaines possibilités qui sous cette lumière nouvelle apparaissent insupportables, au titre desquelles notamment l'ensemble des normes dérivées des résultats de la *Moral Machine*.

Pour ce qui est de la discussion des biais algorithmiques, il nous faut considérer deux risques : l'évolution de la responsabilité du juge et la tendance à la reproduction de l'état de fait. Tout d'abord, la

41. Grinbaum, A., « Contre la transparence », art. cit., p. 47-53. Pour aller plus loin, l'auteur développe largement l'option défendue dans *Les robots et le mal*, Paris, Desclée de Brouwer, 2019.

machine se présente à première vue comme un outil d'évaluation au service du juge chargé d'apprécier la nécessité de la détention conditionnelle, ou du médecin qui cherche l'allocation optimale des lits dont il dispose, ou de l'agent de police qui filtre les passants dans la rue ou les passagers d'un aéroport, etc. Cependant les propriétés intrinsèques des algorithmes complexes d'aide à la décision – ce qui peut aussi concerner des algorithmes relativement simples mais « privateurs », dont le code est propriétaire et les mécanismes illisibles – les rendent assez peu, voire pas du tout, transparents. La personne qui formellement est en charge de rendre son verdict doit soit acquérir une expertise certaine quant au fonctionnement de ce nouvel outil – à supposer que ce soit même possible pour qui n'est pas spécialiste de l'informatique – pour être capable d'évaluer l'évaluation qu'il propose, en connaissant ses tendances à sous-estimer ou exagérer tel ou tel facteur, sa manière de pondérer les différents paramètres, soit s'en remettre totalement au jugement de la machine sans pouvoir nuancer ses résultats au cas par cas. Si l'on ajoute à cela qu'un algorithme est aussi précis que les opérations mathématiques qui le composent, et qu'obéissant à une mécanique parfaitement déterministe il ne peut pas faire d'erreur de calcul (si par là on entend une déviation relativement à ce pour quoi il a été programmé), face à un juge toujours trop humain, passionné et inconstant, il en résulte que la machine revêt une autorité proportionnelle à celle dont le juge est dépossédé. Cet effet d'autorité affecte directement la nature de la responsabilité qui échoit au juge : parviendra-t-on à considérer qu'un jugement erroné rendu sur la base d'une recommandation algorithmique portera la même responsabilité qu'un jugement émis sans assistance, ou encore qu'un jugement rendu *contre* l'avis de la machine ? Il est à craindre que l'on n'osera plus contester le verdict des machines pour ne pas risquer d'endosser une responsabilité trop lourde en cas d'erreur. La préférence portée à tel ou tel biais, telle ou telle norme de justice à implémenter dans l'algorithme, n'est là encore pas aussi décisive que la question du type de responsabilité que nous voulons instituer collectivement. Cela ne signifie pas qu'il faut rejeter en bloc toute aide à la décision algorithmique, car parfois nous pourrions vouloir décharger quelqu'un de certaines responsabilités, ou alors le bénéfice pour nous dépassera de loin la transformation de la responsabilité de l'arbitre dans un secteur donné ; cependant dans le domaine pénal par exemple, la médiation par la subjectivité du tiers est tellement constitutive de l'effectuation des normes de justice que l'on ne peut pas raisonnablement introduire une médiation algorithmique sans les vider de leur substance en croyant les porter à l'effectivité.

Ensuite, puisque les algorithmes par lesquels on régule certains processus sociaux sont entraînés sur des ensembles de données réelles, même si on n'ajoute pas de nouveaux biais à cet échantillonnage (en évitant d'entraîner un algorithme de reconnaissance faciale sur une population presque exclusivement composée de Blancs par exemple), le fonctionnement du dispositif ne pourra que reproduire de diverses manières l'état de fait existant, les partitions sociales déjà établies, les associations symboliques dominantes, les rapports de pouvoir et les inégalités de destin. Si par exemple la pauvreté est dans la réalité un facteur déterminant de la réussite des études, un algorithme complexe de sélection des candidats à une formation, même s'il n'a pas été programmé pour inclure des données relatives à l'origine sociale, reproduira certainement celle-ci comme catégorie *ad hoc* en la déduisant de données liées, qu'il s'agisse du lycée d'origine, de la profession des parents, etc. Imaginons qu'une université française soit autorisée à pondérer dans un algorithme le score des candidats à Parcoursup en fonction de leur lycée d'origine (ou qu'elle ait la capacité à le faire informellement), elle serait en mesure de discriminer pratiquement les élèves en fonction de leur statut économique pour s'assurer des taux de réussite élevés, et redoublerait les mécanismes de ségrégation sociale qui ont institué cet état de fait dans un premier temps. Or, l'opacité des mécanismes du traitement automatique des données, et la focalisation de l'attention sur ses effets de distorsion propres risquent surtout d'occulter les causes de l'état de fait reproduit et de détourner des efforts nécessaires à sa transformation. La technique bouleverse les relations sociales autant qu'elle les fige. Les normes de justice, de sûreté, de mérite, de santé publique, etc. que l'on espère porter à l'effectivité en leur conférant la puissance factuelle d'une machine risquent bel et bien de se perdre dans le processus : la médiation algorithmique d'une valeur peut, dans certains dispositifs, la mutiler pour ne la réaliser que dans le cadre de la reproduction active de l'état de fait existant, quitte à la nier dans ses fondements, comme dans le cas de la justice étayée par un outil comme COMPAS.

CONCLUSION

Le détour historique par des pensées éthiques qui situent leur tâche au-delà de la résolution de dilemmes moraux abstraits permet de dégager des cadres d'évaluation plus propres à saisir les dispositifs techniques que l'on voit émerger actuellement, qu'il s'agisse des véhicules automatiques ou des régulations algorithmiques de divers processus sociaux, pour ce qu'ils sont vraiment, c'est-à-dire des *analogues d'institutions médiatrices de valeurs*, médiatrices au sens où elles incarnent et portent ces valeurs mais aussi au sens où celles-ci se trouvent altérées, épaissies d'autres significations ou au contraire niées en passant en elles et en se (dé)réalisant techniquement.

Sur un autre plan, on peut également remarquer que les dispositifs techniques en question appellent immédiatement un certain mode de réflexion éthique dont on a pu voir qu'historiquement il n'a rien d'évident ; sans doute peut-on émettre l'hypothèse selon laquelle la forme de la pensée éthique n'est pas indifférente à la nature des objets desquels elle est sommée de s'emparer. Les impasses que représente la tentative d'arbitrer absolument entre différentes options de valeurs à implémenter résultent finalement selon nous de la confusion entre des problèmes techniques, qui peuvent faire l'objet d'un calcul prudentiel et d'une négociation situés, et les diverses déterminations du problème éthique de la vie bonne et digne d'être vécue : l'éthique est prise là dans un impasse non en raison de la difficulté redoutable des problèmes rencontrés, mais précisément parce qu'elle s'y perd *en tant qu'éthique*. La logique d'abstraction inhérente au fonctionnement d'un algorithme, sa réduction du donné à un ensemble fini de données discrètes, l'impératif de traduire une norme complexe en une fonction de coût numérique dépendant d'une série finie de paramètres, tout cela contribue à écraser la rationalité pratique dans toute son ampleur sur sa seule dimension technique, la plus à même de se couler dans le moule de la conception et du fonctionnement de ces technologies. L'éthique est donc de plus en plus appelée à se plonger dans le monde des médiations numériques, mais le *devenir technique de la pensée éthique*, s'il peut être l'occasion d'appréhender les formes nouvelles de domination à l'œuvre ainsi que les formidables opportunités d'effectuation normatives qui se présentent à nous, peut tout aussi bien conduire à son épuisement, à la perte de l'éthique dans la technique.

TROISIÈME SECTION

ÉTHIQUE APPLIQUÉE AUX TECHNOLOGIES

Pistes, Revue de philosophie contemporaine 1 (2021)
326 p., ISBN : 978-2-7116-8425-0, p. 209-252, Vrin.

De la philosophie contemplative à la philosophie comme accompagnement : la philosophie à l'ère de la technoscience

Georges A. LEGAULT *

Céline VERCHÈRE **

Johane PATENAUDE ***

RÉSUMÉ

La philosophie est-elle encore pertinente aujourd'hui à l'ère de la technoscience ? La morale philosophique peut-elle encore guider le développement technologique ? Le discours normatif se transforme de la morale philosophique fondée sur la Nature ou encore sur des impératifs catégoriques de la conscience morale à l'éthique appliquée axée sur la prise de décision délibérée et justifiée par des raisons dans le rapport dialogique (1. Le discours normatif de l'éthique appliquée). Pour réfléchir à la qualité du vivre-ensemble en société, la philosophie a beaucoup investi dans la réflexion sur le politique et son rôle dans la légitimation du droit. Cependant, face aux limites de l'efficience du discours juridique pour encadrer le développement technologique, la réflexion sur le vivre-ensemble a conduit à proposer un paradigme plus global de gouvernance afin de situer le rôle et la responsabilité de chacun des acteurs dans la société (2. L'action collective : de la philosophie politique à la philosophie

* Université de Sherbrooke, Georges-Auguste.Legault@USherbrooke.ca.

** Université de Sherbrooke, Celine.Verchere@USherbrooke.ca.

*** Université de Sherbrooke, Johane.Patenaude@USherbrooke.ca.

de la gouvernance). La démarche expérientielle d'accompagnement des acteurs par les usages responsables illustre bien la pertinence de la philosophie pour soutenir la qualité du vivre-ensemble dans nos sociétés devant les défis technologiques (3. La démarche d'accompagnement par les usages responsables).

Mots-clés : Usages responsables, Éthique appliquée, Gouvernance, Délibération éthique, Morale philosophique.

INTRODUCTION

À la fin des années 1960 et au début des années 1970, les préoccupations de l'empreinte humaine sur l'environnement ont pris leurs sources dans deux phénomènes : la surpopulation et les impacts de la technologie sur l'environnement [1]. Dans la décennie 1990-2000 vont apparaitre les premiers végétaux transgéniques (OGM) au Canada. Les multiples réactions, parfois violentes en Europe, face aux OGM vont interpeller les instances gouvernementales dans leur capacité à gérer le développement technologique, notamment dans ses conséquences sur la santé, l'environnement et la société [2]. Le débat autour des OGM va devenir la matrice de réflexion pour les futurs développements technologiques, comme ceux soulevés ensuite par les nanotechnologies et les difficultés éthiques et sociales associées [3]. Au cœur de ces controverses, nous retrouvons d'abord l'enjeu fondamental de la commercialisation et de la libre circulation des biens. Les points de désaccords entre les États-Unis et ses partenaires, allant contre le moratoire imposé par la Communauté européenne en 1993, en sont la démonstration [4]. Deux principes mettent en tension les différentes parties : celui de la libre circulation des biens et celui de la capacité de la Communauté Européenne à légiférer pour assurer la santé et la sécurité des produits. La santé et la sécurité des produits dépendent de l'analyse scientifique, notamment la toxicologie. Alors, le statut de la science

1. Van Griethuysen, P., *Le principe de précaution : quelques éléments de base*, *Les Cahiers du RIBios*, Institut Universitaire d'Etude du Développement, http://ribios.org/fr/documents/docs/Brochurespdf/Brochure4ppPascal.pdf note 9 p. 14.

2. RÈGLEMENT DES DIFFÉRENDS : AFFAIRE DS291 Communautés européennes – Mesures affectant l'approbation et la commercialisation des produits biotechnologiques ; https://www.wto.org/french/tratop_f/dispu_f/cases_f/ds291_f.htm, consulté le 18 mars 2020.

3. David, K., Thompson, P.B., (éd.), *What can nanotechnology learn from biotechnology ? : Ethical and Social Lessons for Nanoscience from the Debat over Agrifood Biotechnology and GMO,* Amsterdam, Elsevier, 2008.

4. RÈGLEMENT DES DIFFÉRENDS : AFFAIRE DS291Communautés européennes – Mesures affectant l'approbation et la commercialisation des produits biotechnologiques. https://www.wto.org/french/tratop_f/dispu_f/cases_f/ds291_f.htm, consulté le 18 mars 2020.

dans l'élaboration des normes juridiques (dont la réglementation) devient à son tour au centre de la controverse [5]. À partir de ce moment-là, la question devient : comment assurer le développement technologique, associé au progrès économique, tout en gérant dans le même temps et dans un même mouvement les conséquences de ce développement sur la société ?

Pour contrer les impacts négatifs du développement technologique sur l'humanité, les discours normatifs du droit et de la morale philosophique vont se renouveler. En effet, graduellement le *Principe de précaution* s'est imposé en droit international à partir de la Déclaration de Rio (1992) alors que Hans Jonas revendiquait déjà en 1979 un *Principe responsabilité*, fondant une obligation morale de limiter le développement technologique au nom des générations futures [6]. Ces transformations des discours normatifs juridiques et moraux pour contrer les impacts négatifs du développement logique sur l'environnement renouvellent les énoncés normatifs, tout en reproduisant leurs forces et leurs limites [7].

Alors, pour répondre au besoin d'encadrement du développement technologique, dans le but d'assurer qu'il soit harmonieux avec la société, d'autres approches vont être proposées, visant notamment le développement « d'innovations responsables » [8]. Ici, la notion de responsabilité va aller au-delà de celle qu'assume le droit, puisqu'elle renvoie à l'idée de la responsabilité de tous les acteurs sociaux impliqués dans la mise en société des dispositifs technologiques. « Responsable » est pris dans sa connotation éthique plutôt que juridique. Il s'agit de rendre compte (*respondere*) des décisions, ayant un impact sur la vie des autres. Le terme juridique est plus restreint : il ne retient que les impacts (négatifs), causant des

5. Alberganti, M., *et al.*, *La Science et le Débat public*, Arles, Actes Sud/IHEST, 2012 ; Jasanoff, S., « Constitutional moments in governing science and technology », *Science and Engineering Ethics*, 17/4, 2011, p. 621-638.

6. Jonas, H., *Le principe responsabilité. Une éthique pour la civilisation technologique*, trad. fr. J. Greisch, Paris, Cerf, 1979.

7. Legault, G. A., Bernier, L., Daniel, C.-E., Fontaine, C., Patenaude, J., *Nanotechnologies et Principe de précaution : Forces et limites de l'appel au principe*, Québec, P.U.L., 2012.

8. Van den Hoven, J., Doorn, N., Swierstra, T., Koops, B.J., Romijn, H., *Responsible innovation 1 : Innovative solutions for global issues*, Dordrecht, Springer Netherlands, 2014 ; Koops., B.J., Oosterlaken, I., Romijn, H., van der Hoven, J., (éd.), *Responsible innovation 2 : Concepts, Approaches and implications*, Cham, Springer International Publishing, 2015.

préjudices aux parties prenantes. Dans cette perspective, diverses approches visant à accompagner le développement technologique dès le laboratoire vont être proposées [9]. Plusieurs d'entre-elles se réclament de l'éthique appliquée, courant philosophique qui s'est développé dans plusieurs pays du monde anglo-saxon à partir des années 1970 aux États-Unis, en Angleterre et au Canada. Ce courant de l'éthique appliquée repose sur un puissant postulat : pour que la philosophie prétende intervenir auprès des acteurs sociaux, afin d'assurer le développement d'innovations responsables, elle doit rompre avec la tradition philosophique axée sur le discours de contemplation du monde et de sa vérité première, pour se percevoir comme un discours d'accompagnement.

Réunis depuis 2014 à l'Institut interdisciplinaire d'innovation technologique (3IT) et chercheurs au sein du groupe multidisciplinaire InternE^{3}LS [10], nous avons développé en ce sens une approche pour accompagner le développement technologique. Celle-ci s'inscrit bien dans ce courant d'innovation « responsable ». Elle permet de situer et de dialoguer avec les acteurs, sur les multiples choix qui doivent s'opérer, à différents moments de la conception de l'innovation technologique : de l'élaboration du concept, à la fabrication du prototype jusqu'à la commercialisation. Son nom est « approche par les Usages Responsables » (UR). Pour bien comprendre le choix de cette dénomination, il faut saisir les conditions de possibilité de l'approche d'accompagnement sur le plan théorique. En tant qu'approche philosophique, elle s'appuie sur deux orientations : d'abord, elle prend corps dans un renouvellement du discours normatif (avec l'éthique appliquée), puis ensuite elle s'inscrit dans le courant de la communication, avec la revalorisation de l'argumentation en philosophie et de l'approche dialogique. À cela s'ajoute la nécessaire révision de l'approche traditionnelle en philosophie politique, axée sur le rôle de l'État et de la démocratie. En effet, pour intervenir directement et au plus près des acteurs de l'innovation, il faut repenser la conception du politique.

9. Doorn, N., Schuurbiers, D., van de Poel, I., & Gorman M. E., (éd.), *Early engagement and new technologies : opening up the laboratory*, Dordrecht, Springer Netherlands, 2013.

10. Il s'agit d'un groupe de recherche interdisciplinaire qui travaille sur les enjeux Éthiques, Environnementaux, Économiques, Légaux et Sociaux (E^{3}LS) du développement technologique.

Plutôt que de passer par la voix légale de la démocratie, il faut l'axer sur l'action individuelle et collective.

Pour présenter notre approche d'accompagnement orientée sur les innovations responsables, il nous est donc nécessaire de faire un détour théorique significatif. Dans un premier temps, nous analyserons comment les transformations du cadre théorique de la philosophie du langage ont permis de clarifier la portée du discours philosophique dans la relation interlocutive constituant la communication ou le dialogue. Dans ce contexte communicationnel, la comparaison des discours normatifs de la morale, du droit et de l'éthique appliquée mettra en lumière l'importance de l'évaluation, comme énoncé normatif, dans la démarche d'accompagnement (1. le discours normatif de l'éthique appliquée). Dans un second temps, à la lumière des débats sur l'efficience et la légitimité du discours normatif juridique, nous analyserons comment une philosophie politique et sociale axée sur la gouvernance constitue la deuxième condition théorique rendant possible une démarche d'accompagnement du développement technologique (2. l'action collective : de la philosophie politique à la philosophie de la gouvernance). Enfin, dans un troisième temps, nous illustrerons l'opérationnalisation de cette approche d'éthique appliquée qui, en se jumelant à d'autres sciences humaines comme la sociologie des usages, permet la mise en place d'une démarche visant l'innovation responsable (3. démarche expérientielle d'accompagnement par les Usages Responsables).

LE DISCOURS NORMATIF DE L'ÉTHIQUE APPLIQUÉE

Approches linguistiques et communicationnelles : le tournant linguistique en philosophie

Au XXe siècle, le tournant linguistique fait émerger un nouveau cadre de référence en philosophie anglo-saxonne. Ce tournant est aussi important que celui opéré par Kant. Il propose d'aborder la pensée philosophique comme un langage exprimant une expérience humaine. Alors que la pensée philosophique traditionnelle espérait rejoindre le réel, tel qu'il est en soi, la philosophie kantienne propose de quitter la chose en soi (le noumène que l'on ne peut atteindre), pour comprendre l'expérience humaine du monde. La pensée humaine relate ainsi son expérience des phénomènes, et non pas le réel. Ce que la philosophie peut connaître, c'est la structure de l'expérience de la connaissance, de la morale et du beau. Le tournant linguistique ajoute un élément à cette approche kantienne. Il dit que la philosophie, comme toute autre science, est avant tout *un discours,* élaboré pour dire *quelque chose à quelqu'un* concernant l'expérience humaine. En privilégiant le « dire » au « connaître », le tournant linguistique oblige à penser la philosophie dans sa relation interlocutive : dire à l'autre. Se pose dès lors la question : « Quelle est la portée du discours philosophique ? ».

L'histoire de la philosophie du langage permet d'isoler plusieurs transformations que nous ne pouvons que résumer succinctement. Le philosophe Jules Ayer illustre bien la première phase des débats en philosophie du langage dans le monde anglo-saxon [11]. Pour lui, le discours philosophique tel que la métaphysique, la morale ou l'esthétique est complètement dénué de sens. Le seul discours significatif est celui de la science qui a pour objet de dire ce qui est. Les premiers philosophes du langage se concentrent donc sur l'énoncé. Ils considèrent que le sens de l'énoncé se limite à sa possibilité de vérité, processus établi par la science empirique. Ainsi, la philosophie ne peut s'intéresser à la science que comme langage de la connaissance ; la morale et l'esthétique relèvent alors seulement de l'émotion [12]. La rupture de Wittgenstein avec cette position permet d'ouvrir cette analyse du langage, en approfondissant la question du langage ordinaire. Que cherchent donc à dire les personnes lorsqu'elles s'adressent à l'autre ? John L. Austin [13], suivi de J. Searle [14], développent l'approche de Wittgenstein en se concentrant sur la relation interlocutive. Ils permettent ainsi de comprendre les forces du langage. La parole s'adresse à une autre personne, dans le but d'arriver à une entente sur ce qui se dit. Dans la relation interlocutive, l'énoncé prend son sens *dans l'acte qu'il veut produire*. Ainsi, on peut distinguer l'énoncé scientifique, qui devient une affirmation de dire quelque chose à l'autre, de l'énoncé moral

11. Ayer, A. J., *Langage, vérité et logique*, trad. fr. J. Ohana, Paris, Flammarion, 1956.

12. *Ibid.*

13. Austin, J. L., *How to do things with words*, éd. J. O. Urmson, Oxford, Clarendon Press, 1962.

14. Searle, J. R., *Speech acts : an essay in the philosophy of language*, Cambridge, CUP, 1969.

qui est un commandement de faire quelque chose, ou encore de la promesse qui est un engagement à faire quelque chose, etc. Affirmer, commander, promettre, aviser, conseiller sont autant d'actes effectués par la parole. Et, comme le montrera Austin, ces actes de parole peuvent réussir ou non [15]. En effet, ce n'est pas parce que j'affirme X que l'interlocuteur va accepter cette affirmation, car il pourrait contester les preuves fournies. De même, ce n'est pas parce que je rappelle un commandement de Dieu, que l'interlocuteur va s'y soumettre. Dans cette perspective, et c'est un tournant important, le langage quitte le lieu de la description du « réel », autrement dit, la position contemplative, pour s'inscrire dans le champ de l'action : dire, c'est faire.

En Europe, le tournant linguistique va se traduire d'une autre manière, par rapport à l'approche anglo-saxonne. Il va se concentrer, non pas sur les énoncés et les actes de parole, mais sur l'argumentation. Chaïm Perlman sera le fondateur de la Nouvelle rhétorique :

> Autant de questions qui impliquent des choix, des décisions, qui engagent l'avenir et la responsabilité de leurs auteurs. La Nouvelle rhétorique s'intéresse au raisonnement qui guide la solution de telles questions. Elle combat le scepticisme d'une partie importante de la pensée contemporaine, dominée par le positivisme, qui prétend que les normes et les valeurs n'ont pas de réalité objective. Elles ne sont ni vérifiables dans l'expérience ni démontrables par la logique. Elles n'exprimeraient en réalité que des préférences purement subjectives, de sorte que les désaccords, profonds et durables, qu'elles suscitent ne pourraient être tranchés de manière rationnelle. La Nouvelle rhétorique refuse un tel relativisme, qui impose de renoncer à la raison là où elle apparaît la plus indispensable et interdit tout jugement critique dans le domaine du bien et du juste, y compris la condamnation des régimes criminels, des lois scélérates et des jugements iniques [16].

15. Austin, J. L., *How to do things with words, op. cit.*

16. Frydman, B., article « Nouvelle rhétorique », in *Encyclopedia Universalis, op. cit.*

Tout comme la philosophie du langage anglo-saxon, la Nouvelle rhétorique s'intéresse à l'argumentation, dans la relation à l'auditoire. Perelman[17] distinguera l'argumentation selon un auditoire particulier, ou selon un auditoire universel. De plus, il apportera une distinction fort importante entre le rationnel et le raisonnable. Il distinguera d'une part le domaine de la science qui cherche à décrire le « réel » à partir de la structure de l'argumentation scientifique (domaine du rationnel) avec d'autre part le domaine de la décision, qui relève du raisonnable d'un point de vue philosophique. Cette perspective permet de situer la philosophie pratique comme exercice qui ne relève pas du rationnel, mais bien du raisonnable.

J. Habermas intégrera la philosophie du langage anglo-saxonne et l'approche de la rhétorique de Perelman dans son approche communicationnelle[18]. D'après lui, dès l'instant où l'on s'inscrit dans l'action collective, la question se pose de la possibilité d'arriver à des accords sur des questions pratiques. Ainsi, une éthique de la discussion, axée sur l'entente à partir du meilleur argument, permet aux acteurs de prendre une distance face aux conflits d'intérêts. Elle permet d'obtenir des accords à partir d'une base argumentative, fondée en raison.

Dans ce cadre, les choix collectifs ne peuvent pas faire l'économie des valeurs et de la raison.

Francis Jacques[19], plus près de la philosophie du langage anglo-américaine que Habermas, proposera quant à lui une approche dialogique. La relation interlocutive prend davantage la forme d'une co-élaboration de sens par laquelle les partenaires créent leur univers de sens. Francis Jacques montre que tout dépend de la co-construction dialogique, même une affirmation qui réfère au réel comme acte de langage. Autrement dit, il montre que ce que la science pose comme « objet » (hors du discours), est en fait une co-construction issue du dialogue. Johane Patenaude, s'appuyant sur

17. Perelman, C., Olbrechts-Tytega, L., *La nouvelle rhétorique – traité de l'argumentation*, Paris, P.U.F., 1958.

18. Habermas, J., *Morale et communication, conscience morale et activité communicationnelle*, trad. fr. C. Bouchindhomme, Paris, Cerf, 1986.

19. Jacques, F., *Dialogiques. Recherches logiques sur le dialogue*, Paris, P.U.F., 1979 ; *Dialogiques 2 : L'espace logique de l'interlocution*, Paris, P.U.F., 1985.

cette approche dialogique, proposera d'inscrire l'éthique au cœur du dialogue [20]. Notre démarche s'inscrit d'ailleurs dans ce paradigme.

Les discours normatifs : leurs caractéristiques

Alors que A. J. Ayer pensait que le tournant linguistique allait éliminer une fois pour toute la métaphysique, la morale et l'esthétique du champ de la philosophie, il s'avère que l'aboutissement de cette approche conduit à poser le langage au cœur de l'action collective et des choix qui s'imposent. Dès lors, la morale, le droit et l'éthique vont se distinguer en tant que langages normatifs, ayant chacun leur spécificité dans leur rapport à l'interlocuteur. En général, tout langage normatif cherche à influencer la conduite des interlocuteurs, en vertu de la force normative inhérente à sa façon de s'adresser à l'autre. Le langage de la morale, tel que nous le connaissons dans la tradition philosophique et théologique occidentale, énonce des obligations morales pour tout être humain. Ces formes d'énoncés devraient, en principe, être reconnues par les interlocuteurs et, dès lors, orienter leurs conduites subséquentes. Pourquoi un interlocuteur accepterait-il de se soumettre à de telles obligations ? L'énoncé moral ne peut avoir de force normative que s'il est fondé. Comment dès lors fonder une obligation ? La voie théologique propose, en suivant le performatif du commandement, que Dieu commande aux humains d'agir de telle ou telle façon. Dans la perspective du commandement, c'est l'autorité de Dieu qui fonde la validité du commandement, et dès lors, l'obligation qui en découle. La voie philosophique, dans sa version du droit naturel, propose de reconnaître dans la structure du réel des obligations morales. Ainsi, la représentation de l'être humain jugée conforme à la Nature va permettre de déduire les obligations morales qui en découlent. Ce type de débat est loin d'être révolu, et cette quête de fonder la morale sur les représentations [21] est toujours d'actualité : il suffit de

20. Patenaude, J., *Le dialogue comme compétence éthique*, thèse de doctorat, Université Laval, Québec, 1996 ; URL : https://docplayer.fr/8809345-Johane-patenaude-le-dialogue-comme-competence-ethique.html.

21. Patenaude, J., Legault, G. A., Parent, M., Béland, J.-P., « Moral arguments in the debate over nanotechnologies : Are we talking past each other ? », *NanoEthics*, 5/3, 2011, p. 285-293 ; Béland, J.-P., Patenaude, J., Legault, G. A., Boissy, P., Parent, M., « The Social

se pencher sur les débats autour des nanotechnologies, notamment avec le courant transhumaniste.

J. L. Austin, comme nous l'avons souligné, soutient qu'un acte de langage réussi est celui qui a un impact sur les comportements. La non-réussite découle souvent du fait que l'interlocuteur ne reconnaît pas la légitimité de l'énoncé moral, soit parce qu'il ne reconnaît pas l'autorité divine qui le commande ou encore qu'il ne reconnaît pas la validité de la représentation de l'être humain qui fonde les lois naturelles. L'impossibilité de trouver un fondement absolu à l'obligation morale conduit à un relativisme des fondements, dépendant des interlocuteurs.

Le langage juridique, en tant que langage normatif, énonce des obligations légales. Selon la loi, nous sommes dans l'obligation de faire ou de ne pas faire quelque chose. Le langage juridique s'appuie sur deux sources langagières de l'obligation : le commandement et la promesse [22].

Ce qui fonde l'obligation légale est l'autorité légitime qui émet les lois. On retrouve ici la notion de droit positif, c'est-à-dire de droit posé par une autorité, ce qui le distingue du droit non-posé, équivalent du droit naturel en morale. La distinction entre philosophie du droit et philosophie politique s'impose à partir des travaux de Hans Kelsen [23]. La philosophie positiviste du droit cherchera à comprendre la nature du droit, indépendamment de son origine politique ; la philosophie politique cherchera avant tout à légitimer l'autorité pouvant énoncer la loi.

Le langage juridique fait aussi appel à une autre source d'obligation : la promesse. En effet, toute la théorie du contrat repose sur cette idée de base que la promesse constitue une obligation de faire. Tout comme le langage de la morale, le langage juridique est susceptible d'échec. Pour pallier le manque de motivation à respecter le droit parce qu'il est un commandement légitime, le droit

and Ethical Acceptability of NBICs for Purposes of Human Enhancement : Why Does the Debate Continue to Be Mired in Impasse ? », *NanoEthics*, 5/3, 2011, p. 295-307.

22. Legault, G. A., *La structure performative du langage juridique*, Montréal, P.U.M., 1977, p. 522.

23. Kelsen, H., *Théorie pure du droit*, trad. fr. M. Thévenaz, Neuchatel, Éditions de la Baconnière, 1953.

soumet les interlocuteurs à des sanctions lorsqu'ils décident de ne pas agir conformément à l'obligation.

Le langage de l'éthique, tel que nous l'envisageons, contrairement au langage de la morale et du droit, n'énonce pas d'obligation. Il énonce « des évaluations » qui servent à orienter la décision d'agir pour les interlocuteurs. Stephen Toulmin, élève de Wittgenstein, a montré[24] en quoi il y avait une place pour la raison, en éthique. D'après lui, les jugements de valeur font appel à des critères rationnels qui servent à évaluer.

Autrement dit, tout jugement de valeur est fondé sur des critères. Cependant, puisqu'il n'y a pas de fondement absolu pour les jugements de valeur, il y a un espace de discussion possible sur la variabilité des critères proposés pour évaluer quelque chose, et ainsi orienter les conduites. L'énoncé de valeur attribue une valeur à quelque chose, comme dans l'exemple classique : ceci est bon. L'interlocuteur ne peut pas comprendre cette attribution sans précisions supplémentaires sur les éléments suivants : la nature des caractéristiques de la chose évaluée qui fondent l'attribution ; la valeur qui se rattache aux caractéristiques et enfin, la détermination du degré d'actualisation de la valeur par l'analyse des caractéristiques. L'actualisation d'une valeur reprend l'idée aristotélicienne que tout idéal est un possible qui ne devient réel que dans des manifestations concrètes. L'exemple maintes fois discuté de la différence entre l'énoncé « la pomme est bonne » et l'énoncé « la pomme est rouge » nous éclaire sur la portée des évaluations. Dans la perspective du langage, j'affirme « que la pomme est rouge » alors que j'évalue que « la pomme est bonne ». On ne peut pas comprendre cette évaluation sans se demander le type de bonté visé. Bonne en fonction de quoi ? Si on prend la santé, la nature de la valeur visée est « la qualité de la santé ». Qu'est-ce que la pomme possède comme caractéristiques du point de vue nutritif qui justifieraient une telle attribution ? Pour répondre à cette question, il est nécessaire de connaître les impacts que manger une pomme peut avoir sur notre organisme. Ce que nous évaluons alors, ce sont les impacts de la pomme sur notre état physique. L'évaluation n'est pas complète si on se limite à l'énoncé d'attribution, il faut aussi préciser jusqu'où

24. Toulmin, S. E., *An examination of the Place of Reason in Ethics*, Cambridge, CUP, 1968.

elle remplit ce rôle. Est-ce qu'elle maximise beaucoup la valeur de la santé ou non ? Cette appréciation du degré de maximisation de la valeur précise le niveau d'actualisation d'une valeur. Cette appréciation repose sur la validité de l'analyse des impacts de l'objet évalué. Dans la relation interlocutive, l'évaluation prend sa force normative dans les recommandations qui sont données. C'est pourquoi on peut dire que « la morale commande et l'éthique recommande », un peu à l'image de cet adage qui file la métaphore de la pomme : « une pomme par jour éloigne le médecin ».

Approche linguistique et communicationnelle appliquées au développement technologique

Ce détour théorique nous permet de mieux situer notre positionnement. D'après nous, l'accompagnement du développement technologique par des philosophes est d'autant plus possible qu'il s'inscrit dans ce tournant linguistique et communicationnel. Le philosophe ne s'adresse plus à un auditoire universel, mais bien à un auditoire particulier. La démarche d'accompagnement dit, dès le départ, quels sont les interlocuteurs visés, la nature de l'approche communicationnelle et les caractéristiques du discours normatif mobilisé. Parmi les approches existantes s'inscrivant dans cette optique, l'approche NAME (*Network Approach for Moral Evaluation*)[25], par exemple, ne se concentre pas uniquement sur les acteurs dans le laboratoire comme le propose l'approche STIR (Social-*Technical Integration Research*)[26] : elle vise essentiellement tous les acteurs et leur capacité de prendre en charge, chacun à son niveau, leur responsabilité face aux enjeux moraux. L'activité communicationnelle vise essentiellement la prise de conscience des enjeux moraux impliqués dans le développement technologique. Cette approche repose sur le discours normatif de la morale :

> The focus of the approach is on how the actors within an R&D network can actively take up their responsibility for addressing such

25. Van de Poel, I., Doorn, N., « Ethical Parallel Research : A Network Approach for Moral Evaluation (NAME) », *in* Doorn, N., Schuurbiers, D., van de Poel, I., Gorman, M. E., (éd.), *Early engagement and new technologies : opening up the laboratory*, *op. cit.*, p. 111-136.

26. Fisher, E., Schuurbiers, D., « Social-technical integration research : Collaborative inquiry at the midstream of research and development », in *ibid.*, p. 97-110.

> issues. We are particularly interested in the moral issues that arise due to the use of the eventual innovation or artifact being developed and the need to anticipate these issues [27].

La démarche et les outils dépendront de l'identification du réseau d'acteurs impliqués, étant entendu que la mise en société de nouvelles technologies implique les acteurs bien au-delà des seuls concepteurs. Dans le cas précis de NAME, l'approche se définit comme une recherche parallèle. En effet, bien que la recherche s'enracine dans le contexte avec les acteurs impliqués, l'évaluation morale se fait en parallèle du développement technologique lui-même.

L'approche *Value Sensitive Design*[28] a quant à elle pour objectif d'influencer la conception technologique, en intégrant la question des impacts sociaux par le biais des valeurs. Cette approche vise essentiellement les concepteurs, en passant par une analyse du concept (technologique) envisagé. L'approche implique trois niveaux de considérations. L'approche est d'abord d'ordre conceptuel : elle questionne l'impact du concept envisagé sur les parties prenantes et comment les valeurs sont impliquées. Cette analyse est complétée, dans un second temps, par des investigations sur le terrain permettant de bien comprendre l'inscription sociale de la technologie. Enfin, dans un troisième temps, il s'agit d'effectuer des investigations techniques, afin de mieux comprendre comment les technologies supportent certaines valeurs ou les empêchent. De notre point de vue, cette démarche auprès des concepteurs est dialogique au sens de Francis Jacques : elle vise la co-construction d'un concept technologique qui tienne compte des impacts sur la société. Le discours normatif est axé sur les valeurs : celles-ci servent de critères d'évaluation des impacts de la technologie dans la mise en société.

Nous clôturons ici ce premier chapitre, portant sur l'importance de la dimension communicationnelle dans une approche de l'accompagnement. Le point suivant dit que pour assurer le développement

27. Van de Poel, I., & Doorn, N., « « Ethical Parallel Research : A Network Approach for Moral Evaluation (NAME) », *in* Doorn, N., Schuurbiers, D., van de Poel, I., Gorman, M. E., (eds), *Early engagement and new technologies : opening up the laboratory*, *op. cit.,* p. 112.

28. Batya, F., Kahn Jr, P. H., Borning, A., « Value sensitive design and information systems », in *ibid.,* p. 55-95.

responsable, il faut également penser l'action collective de manière renouvelée. En effet, la philosophie traditionnelle conseillait surtout « le prince » dans son action collective et non pas « le peuple ». Aujourd'hui, pour que la philosophie puisse s'adresser aux acteurs du développement technologique, elle doit repenser cette vision de l'action collective et s'inscrire dans le courant philosophique de la gouvernance. Cette nouvelle perspective s'impose graduellement dans nos sociétés, devant les limites des discours juridiques et moraux.

L'ACTION COLLECTIVE : DE LA PHILOSOPHIE POLITIQUE À LA PHILOSOPHIE DE LA GOUVERNANCE

Les insuffisances du droit pour l'encadrement du développement technologique

Dans nos démocraties, le langage normatif du droit a supplanté le langage moral pour assurer l'action collective. En effet, avec la montée de l'État providence, ce qui était de l'ordre de la charité chrétienne est devenu une responsabilité collective. Pour assumer le rôle de la protection du public, le droit s'est appuyé sur deux dimensions. D'abord, il y a eu la responsabilité civile avec les poursuites en dommages-intérêts qui permettent de compenser après coup les pertes subies. Ensuite, il y a eu la réglementation des produits dangereux. Par rapport au développement technologique, cette logique a conduit à penser que la santé et la sécurité du public étaient protégées dans la mesure où des preuves précises étaient apportées concernant les produits et technologies développées (réglementation).

La crise soulevée par les OGM a montré les limites de ce langage normatif juridique traditionnel, face aux dangers environnementaux. Le principe de précaution, par exemple, qui a été proposé pour pallier le droit conventionnel, démontre ses limites lorsqu'on en mesure la portée réelle. En effet, l'application du principe de précaution dépend de l'évaluation scientifique du risque et exige, selon cette méthodologie, une preuve précise [29]. Le débat public sur les nanotechnologies en 2009-2010 en France a été particulièrement révélateur des difficultés de générer une position commune sur ce secteur de développement technologique. En effet, la perspective ministérielle visait à assurer l'acceptabilité du compromis entre le développement économique par la technologie nouvelle et la sécurité du public, ceci alors que maints intervenants étaient préoccupés par les impacts sociaux et éthiques de cette technologie [30]. En un sens, le débat public en France a été révélateur d'une crise du droit et de sa légitimité. En effet, la démocratie représentative, qui repose sur le vote électoral, ne garantit pas que les solutions apportées aux problèmes identifiés correspondent aux désirs des citoyens, surtout sur des aspects aussi spécifiques que ceux de la gestion des impacts sociaux du développement technologique. De telles questions techniques ne font jamais partie des débats électoraux. C'est pour cette raison que dans plusieurs domaines, une approche participative, que l'on désigne souvent par « conférence de citoyens », a été proposée pour mieux arrimer les politiques et leur acceptabilité sociale[31] et faire converger ces dimensions disjointes.

D'une certaine manière, le développement technologique telles que les modifications des organismes biologiques (OGM), la transformation de la matière avec les nanotechnologies ou encore la création de robots interactifs comme la voiture autonome, interpelle le droit sur le plan de son efficacité et de sa légitimité. Cette interpellation porte aussi sur la philosophie du droit qui la fonde [32]. Celle-ci s'est développée à partir de la distinction que Hans Kelsen a posée entre le droit, la morale et la philosophie politique. Dans sa

29. Legault, G. A., Bernier, L., Daniel, C.-E., Fontaine C., Patenaude, J., *Nanotechnologies et Principe de précaution, op. cit.*, p. 196.

30. Daniel, C.-E., Legault, G.A., Bernier, L., « La régulation des nanotechnologies, le débat national français et le dialogue social : nanomonde, grandes attentes normatives ? », *Lex Electronica*, 20/1, 2015, URL https://www.lex-electronica.org/articles/vol20/num1/la-regulation-des-nanotechnologies-le-debat-national-francais-et-le-dialogue-social-nanomonde-grandes-attentes-normatives/ consulté le 18/03/2020.

31. Https://fr.wikipedia.org/wiki/Conférence_de_citoyens, consulté le 18 mars 2020.

32. Lenoble, J., « L'efficience de la gouvernance par le droit : Pour une procéduralisation contextuelle du Droit », *Revue de Droit de l'Université de Sherbrooke*, 33/1-2, 2002-2003, p. 15-67 ; p. 17.

théorie pure du droit[33], son projet philosophique est de comprendre la logique des normes juridiques. Cette logique se fait indépendamment de toute réduction à la morale, comme le fait le droit naturel et de toute réduction à la philosophie politique (qui ne voit dans le droit que l'expression de l'autorité légitime). En s'affranchissant du droit naturel (qui impose une morale au droit), la philosophie positiviste du droit dispense de toute réflexion sur l'évaluation morale de la prescription juridique. Dès lors, la légitimité de la règle de droit ne peut reposer que sur l'autorité légitime qui l'énonce. La philosophie politique traditionnelle, si on la regarde avec les yeux de la philosophie du langage, propose de s'interroger sur l'autorité légitime qui a la compétence d'énoncer les commandements juridiques. La philosophie politique contemporaine, réfléchissant sur la légitimité des normes, ne se fonde plus exclusivement sur l'autorité, mais aussi sur la procédure délibérative et participative, comme le propose Habermas [34].

La philosophie kelsennienne du droit sera aussi critiquée du point de l'efficacité des lois. Le droit, reproduisant la logique de l'énoncé du commandement, justifie la force normative par l'autorité qui l'énonce et le processus délibératif et participatif mis en place. Mais il suppose aussi que le simple fait d'énoncer la norme devrait en principe en assurer l'efficacité sur le plan social. Jacques Lenoble résume bien le présupposé d'efficience de langage du commandement :

> Ainsi, à la base de l'approche, traditionnelle et toujours dominante, de la démocratie en termes de droits fondamentaux, repose une certaine conception de la théorie de l'action : lorsque la société adopte un objectif (c'est-à-dire adopte une norme) jugé légitime, la question de son application, de son effectuation est considérée comme ne posant pas de problèmes fondamentaux. L'application est en quelque sorte considérée comme une démarche qui découle logiquement de la détermination de l'objectif à atteindre. La seule adoption de l'objectif fournit les « ressources » nécessaires à la réalisation effective du but poursuivi. La règle, dans sa toute-puissance formelle, est supposée assurer par elle-même la transformation du

33. Kelsen, H., *Théorie pure du droit*, *op. cit.*

34. Lenoble, J., « L'efficience de la gouvernance par le droit », art. cit., p. 18-19.

contexte social qu'elle entend régir afin d'instituer la forme de vie exigée par son prescrit normatif [35].

Pour intégrer la notion d'efficience dans la philosophie du droit, il faut repenser le formalisme du langage normatif juridique, pour prendre en compte ses conditions de réussite. Comme le soulevait J. L. Austin, le commandement n'est pas efficient par sa seule énonciation, l'acceptation du commandé est aussi nécessaire. Autrement dit, qu'est-ce qui motive le commandé à reconnaître la norme et en accepter l'obligation qu'elle génère pour gouverner sa conduite ? La philosophie de l'action collective enseigne qu'il faut tenir compte *des conditions concrètes de réussite du discours normatif*. En faisant appel aux parties prenantes, la montée des comités d'éthique dans plusieurs pays du monde s'explique en partie par ce besoin de répondre aux insuffisances du droit comme support à l'action collective. Par exemple les comités d'éthique de la recherche sont apparus suite au procès de Nuremberg, en réponse à une double insuffisance, celle de la morale déontologique médicale et celle du droit [36]. Les comités d'éthique cherchent depuis à assurer un équilibre entre l'avancement des connaissances, les impacts sur les personnes impliquées et la pertinence sociale. Dans la même veine, la réflexion sur l'éthique médicale et l'éthique professionnelle vise à suppléer les insuffisances du droit, notamment les codes de déontologie dans le choix d'action des professionnels. Il en est de même en éthique organisationnelle : les comités d'éthique cherchent à assurer les meilleures pratiques, grâce à une délibération éthique. Grâce à ces comités, les choix des acteurs impactent sur des formes de vie concrètes assurant le vivre ensemble. Les comités d'éthique viennent ainsi pallier les insuffisances du droit, en favorisant une action collective axée sur le partage de valeurs [37].

35. Lenoble, J., « L'efficience de la gouvernance par le droit », art. cit., p. 20.

36. Legault, G.-A., Patenaude, P., « Le déplacement de la normativité en éthique de la recherche », *in* Maesschalck, M., (éd.), *Éthique et gouvernance. Les enjeux actuels d'une philosophie des normes*, Hildesheim-Paris-New York, Georg Olms Verlag, 2009, p. 171-206.

37. Legault, G. A., « L'éthique appliquée, la médiation et l'insuffisance du droit », *in* Lalonde, L., et Bernatchez, S., (dir.), *La place du droit dans la nouvelle gouvernance étatique*, Sherbrooke, Éditions de la Revue de droit de l'Université de Sherbrooke, 2011, p. 19-75.

Pallier les insuffisances du droit, en faisant appel aux acteurs sociaux, permet de donner une plus grande efficacité au droit. Dès l'instant où se pose la question de l'efficacité du langage normatif juridique, autrement dit de la capacité du droit à réguler la société et à répondre aux demandes sociales, on opère un déplacement. On se met à penser la légitimité de la norme au regard de ses effets dans la société. La capacité du droit à gouverner la société est directement visée.

La gouvernance comme mode d'action collective

Dans les débats en sciences politiques, les controverses autour de la gouvernance sont nombreuses. Gilles Paquet, fondateur du Centre d'étude en gouvernance de l'Université d'Ottawa au Canada, affirme clairement la nécessité d'un passage :

> Autrement dit, le droit perd son monopole, et la gouvernance – en tant que mode de coordination efficace quand la connaissance et le pouvoir sont distribués – est en train de prendre le relais. Le défi est de prendre acte de la diffraction de l'espace de la justice, de l'émergence des nombreux sites où la justice est rendue sans le passage obligé par les tribunaux, de l'éclatement donc de la règle de droit comme incontournable, et de mettre en place les technologies susceptibles de contenir ce maelstrom de justices locales à l'intérieur d'un certain corridor pour éviter qu'on ne déborde vers l'incohérence et les excès [38].

Isabelle Lacroix et Pier-Olivier St-Arnaud précisent comment la montée de la gouvernance s'inscrit dans la critique de l'efficacité du droit. Ils le disent en ces termes :

> Ainsi, l'apparition d'une logique de la gouvernance serait le résultat d'un bouleversement dans les rapports entre le politique, l'économique et la société. Cette remise en question de l'État-providence et le phénomène de mondialisation interrogent les capacités extatiques, et gouvernementales, de réguler les sociétés. Ce serait carrément une crise de la « gouvernabilité » qui se dessinerait dans

38. Paquet, G., « Le droit à l'épreuve de la gouvernance, Notes pour une allocution au colloque Evolution des systèmes juridiques, bijuridisme et commerce international 2000 », Ottawa, 20-21 octobre 2000, URL : http://www2.unb.ca/gge/Research/GEG/OceanGov/documents/ledroit_lepreuve.pdf, consulté le 18 mars 2020.

> les sociétés occidentales. Devant une hausse fulgurante des demandes sociales, de la multiplication des acteurs et des ressources toujours plus rares, on cherche de nouvelles réponses aux problèmes de régulation des rapports sociaux, et des rapports entre les acteurs politiques et la société civile. Les propositions de la gouvernance ouvrent à la négociation, à la coopération et aux partenariats qui accroissent la participation de nombreux acteurs différents et diffusent la responsabilisation de la régulation sur cet ensemble large diminuant par le fait même l'intensité de la responsabilité étatique. Du même coup, on assiste à un déplacement des légitimités de décisions et d'actions des acteurs étatiques vers la société civile et ces groupes/individus la composant et prenant part à cette démarche de gouvernance [39].

La responsabilisation des acteurs dans une approche de gouvernance, se concrétise ainsi dans divers documents dont la portée est éthique, avec les initiatives de certification, les engagements de responsabilité, et sans doute aussi la responsabilité sociale des entreprises, plus connues sous le nom de RSE. Le gouvernement canadien exprime ses attentes face à la responsabilité sociale des entreprises en ces termes :

> On entend par responsabilité sociale des entreprises (RSE) les mesures volontaires prises par une entreprise pour exercer ses activités d'une manière durable sur les plans économique, social et environnemental. Le gouvernement du Canada comprend que le comportement responsable des entreprises canadiennes présentes sur le marché international accroît leurs chances de succès et peut également apporter des avantages économiques de nature générale aux pays dans lesquels elles sont actives, ainsi que pour le Canada. L'investissement et l'exploitation responsables jouent également un rôle important dans la promotion des valeurs canadiennes à l'échelle internationale et contribuent au développement durable des collectivités. Par conséquent, le gouvernement du Canada est résolu à promouvoir des pratiques commerciales responsables ; il encourage toutes les entreprises canadiennes présentes à l'étranger à respecter toutes les lois et les normes internationales applicables, à faire

39. Lacroix, I., St-Arnaud, P.-O., « La gouvernance : tenter une définition », *Cahiers de recherche en politique appliquée*, IV/3, Automne 2012, p. 21 ; URL : https://www.usherbrooke.ca/politique-appliquee/fileadmin/sites/flsh/politique/documents/cahiers/Vol4-no3-article2.pdf, consulté le 18 mars 2020.

> preuve de transparence en collaborant avec le gouvernement et les collectivités locales, et à mener leurs activités d'une manière responsable sur les plans social et environnemental, et il s'attend à ce qu'elles le fassent [40].

La RSE est un exemple parmi d'autres de mesures volontaires prises par des acteurs, afin d'assumer leurs responsabilités sociales. L'augmentation des telles mesures volontaires, qui s'associent à l'éthique des entreprises, crée ce que l'on désigne le droit mou (*soft law*), en opposition au droit traditionnel (*hard law*). Le droit mou, en tant que mesure volontaire, ne crée aucune obligation juridique contrairement au droit traditionnel. La croissance de ce type de droit, remarquable dans plusieurs pays, a incité le Conseil d'État français à se prononcer sur la portée normative de ces documents et leur efficacité [41].

Rapportée à notre approche dans l'innovation technologique et les Usages Responsables, l'approche par la gouvernance nous apprend ceci : il faut penser l'action collective à partir de la multiplicité des langages normatifs qui la constitue. À partir d'une réflexion sur la légitimité des institutions publiques, la philosophie de la gouvernance intègre la question des responsabilités des acteurs sociaux, dans l'élaboration des énoncés normatifs qui devraient assurer la qualité du vivre ensemble. Ce déplacement vers la gouvernance ne peut s'opérer sans faire appel à la légitimité des décisions prises par les acteurs de la société civile. Elle oblige ainsi les acteurs à répondre de leurs décisions.

Nous appliquons ce raisonnement dans le cadre de notre accompagnement de l'innovation technologique. Penser la responsabilité dans le paradigme de la gouvernance redéfinit les pourtours du sens même du terme responsabilité. Dans le langage juridique, la responsabilité vise à imputer à quelqu'un les dommages causés par ses actes : c'est le principe des dommages-intérêts en responsabilité civile. C'est pourquoi l'expression « innovation responsable » est

40. Voir Gouvernement du Canada, Responsabilité sociale des entreprises, Affaires mondiales Canada : https://www.international.gc.ca/trade-agreements-accords-commerciaux/topics-domaines/other-autre/csr-strat-rse.aspx?lang=fra, consulté le 18 mars 2020.

41. Conseil d'État, *Étude annuelle du Conseil d'État 2013 : Le droit souple*, La Documentation française, 2013, URL https://www.vie-publique.fr/sites/default/files/rapport/pdf/144000280.pdf, consulté le 18 mars 2020.

ambiguë, car le mot « responsable », s'il sert à qualifier l'innovation, signifie alors « une innovation sans dommages ». Mais pris dans une perspective de gouvernance, le terme vise alors à qualifier la responsabilité des acteurs. Il s'agit de penser en termes « d'innovations mises en société par des acteurs responsables ». Être responsable, c'est être capable de « répondre de », donc être en capacité de développer une capacité réflexive et interrogative. Ainsi, lorsque les approches visent à favoriser la prise de conscience des acteurs et des enjeux éthiques liés au développement technologique, elles vont davantage se concentrer sur cette démarche interrogative et réflexive. On retrouve cette dimension dans les approches STIR (*Social-technical integration research*)[42] et NAME (*Network Approach for Moral Evaluation*)[43] déjà mentionnées plus haut. Une autre variante est lorsque l'approche vise non seulement la prise de conscience des acteurs, mais aussi l'intégration des enjeux éthiques dans l'innovation : la démarche est alors centrée sur l'innovation en tant que telle. Cette perspective concerne la démarche de *Value Sensitive Design*[44] ainsi que de notre approche par les Usages Responsables (UR).

L'approche par la philosophie de la gouvernance permet de déplacer la responsabilité de la mise en société des dispositifs technologiques vers les acteurs sociaux. De ce fait, elle exige d'eux la capacité de légitimer leurs décisions. Il nous faut donc revenir sur cette question de la prise de décision et la capacité de délibération au niveau individuel.

Le modèle de délibération éthique

Les deux transformations de la philosophie contemporaine mis en lumière ici (à savoir la philosophie de la gouvernance et l'éthique

42. Fisher, E., Schuurbiers, D., « Social-technical integration research : Collaborative inquiry at the midstream of research and development », *in* Doorn, N., Schuurbiers, D., van de Poel, I., Gorman, M. E., (éd.), *Early engagement and new technologies : opening up the laboratory*, *op. cit.*, p. 97-110.

43. Van de Poel, I., Doorn, N., « Ethical Parallel Research : A Network Approach for Moral Evaluation (NAME) », art. cit.

44. Batya, F., Kahn Jr, P. H., Borning, A., « Value sensitive design and information systems », *in* Doorn, N., Schuurbiers, D., van de Poel, I., & Gorman, M. E., *Early engagement and new technologies : opening up the laboratory*, *op. cit.*, p. 55-95.

appliquée) se rejoignent sur le plan de l'action individuelle : chacune interpelle le sujet éthique, précisément sur sa capacité décisionnelle et délibérative. Le langage de la morale et celui du droit supposaient la conformité, suite à la seule énonciation du commandement ou de la promesse. Le langage éthique exige du sujet décideur de rendre compte de sa décision aux interlocuteurs. Pour satisfaire une telle exigence, il faut définir une conception de la prise de décision et de la capacité de délibération du sujet lors de sa décision.

Pour cela, il nous faut revenir à la philosophie de l'action et aux différentes formes d'éthique attenantes. Une certaine philosophie de l'action, calquant le behaviorisme, s'intéresse au comportement en tant que résultante des forces psychologiques qui l'engendrent. De telles interprétations de l'action cherchent à comprendre le comportement en termes de déterminants psychosociaux. La réflexion sur l'éthique médicale dans les années 1970 avec le Hastings Center aux États-Unis[45], a mis l'accent sur le médecin et sur ses décisions au chevet du malade. Avec ce cas précis, on a assisté à un basculement, allant de la déontologie médicale à celle de l'éthique, considérée comme la capacité de rendre compte de la décision professionnelle du médecin auprès du patient. L'éthique appliquée pose la nécessité d'un consentement libre et éclairé du patient face aux interventions médicales (ce qui est incorporé aujourd'hui dans le droit). Cette approche transforme la relation professionnelle, puisque le médecin se retrouve dans l'obligation d'expliquer au patient les raisons qui motivent sa recommandation d'intervenir de telle ou telle façon. Ainsi, la philosophie de l'action individuelle insiste sur la compréhension de la décision d'agir, plutôt que sur le comportement qui en est la résultante. Il s'agit là d'un changement de paradigme significatif.

Le modèle de délibération éthique, que nous avons développé et transformé au cours des années[46], approfondit cette dimension de la décision et regarde de près le dilemme d'action. Décider, c'est faire ou ne pas faire quelque chose. Décider nous oblige à trancher. Le mode délibératif, qui permet de faire un choix libre et éclairé,

45. http://www.thehastingscenter.org, consulté le 18/03/2020.

46. Racine, L., Legault, G.A., Bégin, L., *Éthique et ingénierie*, Montréal, McGraw Hill, 1991 ; Legault, G. A., *Professionnalisme et délibération éthique*, Ste Foy, Presses Universités du Québec, 1999.

analyse au départ les conséquences de l'action dans le monde. Faire, ou ne pas faire, produit des effets autour de nous : sur soi, les autres, les institutions, l'environnement. Nous nous proposons maintenant d'expliciter ce modèle puisqu'il est au cœur de la démarche UR.

L'analyse des conséquences positives et négatives s'avère une première étape de la délibération éthique. En innovation, nous focaliserons sur les conséquences (positives et négatives) des actions sur chacune des parties prenantes identifiées. Les conséquences sont toujours relatives à un enjeu, comme les enjeux de santé, sécurité et environnement (principaux enjeux de la gouvernance juridique). Alors, par exemple, nous demanderons à chacun de se poser les questions suivantes : « qu'est-ce que je peux dire des conséquences, positives et négatives, de l'action que je m'apprête à mener, sur la santé de mes patients ? ». Choisir un enjeu n'est pas neutre : il « présélectionne », d'une certaine manière, l'analyse des conséquences. Il indique la portée du souci éthique sur les conséquences de nos actions. L'analyse des conséquences repose sur les connaissances accessibles, c'est pourquoi il y a toujours une marge d'incertitude dans toute décision.

La seconde étape de la délibération éthique consiste à expliciter un jugement de valeur pour chacune des conséquences identifiées. Comme nous l'avons mentionné, le jugement de valeur est un jugement d'attribution : on énonce que quelque chose possède une valeur. Le jugement de valeur n'est pas le jugement de fait, puisque dire qu'une pomme est bonne n'est pas l'équivalent de dire qu'une pomme est rouge. Attribuer le qualificatif de bonne à la pomme n'a pas de sens en soi, sans que l'on se réfère à la valeur de référence qui est la santé. Dire que la pomme est bonne, c'est d'abord isoler un impact positif : le fait de manger des pommes a des effets biochimiques favorables à la nutrition pour le corps humain. Ensuite, c'est attribuer à cet impact le jugement de valeur suivant : la conséquence biochimique sur le corps augmente de façon significative la santé. Ainsi, le jugement de valeur attribue à une conséquence un degré d'actualisation de la valeur de référence. Une valeur ne s'actualise jamais d'une façon binaire : bon / pas bon ; il s'agit d'une gradation, allant du moins au plus. Le jugement de valeur repose sur les faits qui ont permis d'identifier la conséquence, ce qui lui donne une dimension objective. Elle dépend cependant aussi de la sensibilité du sujet face à la valeur. En effet, lorsqu'une personne juge qu'une valeur est fondamentale, toute conséquence sera évaluée très négativement, même si en tout état de cause elle ne diminue que très peu l'actualisation de la valeur.

Suite à cette deuxième étape d'évaluation des conséquences, le dilemme d'action de départ, qui était « faire ou ne pas faire », se transpose en dilemme de jugements de valeur. Toutes les raisons de faire ou ne pas faire sont maintenant énoncées dans les jugements de valeur attribués aux conséquences. Ainsi, l'action envisagée va de fait actualiser certaines valeurs positivement, beaucoup ou négativement, selon les jugements énoncés. La décision finale consistera à accorder une priorité à certains jugements de valeur, plutôt qu'à d'autres. Les raisons qui motivent la priorisation de certaines valeurs sur d'autres constitueront la légitimation ultime de la décision (je sais dire « pourquoi je décide cela »).

La dernière étape de la prise de décision consiste à déterminer les modalités concrètes qui doivent être mises en place pour implémenter la décision. Chaque modalité d'action permet d'actualiser certaines valeurs, selon des degrés variables. Au final, le choix des modalités d'action concrétisera non seulement la décision, mais il inscrira aussi un mode de vivre-ensemble en société.

À ce stade, nous avons compris que la démarche d'accompagnement que nous proposons repose sur ces différents piliers : la philosophie du langage et la communication, la philosophie de la gouvernance en société et finalement l'approche décisionnelle en théorie de l'action. Fort de ces perspectives, nous proposons maintenant de présenter la démarche, dans le format opérationnel de son déploiement auprès des acteurs.

LA DÉMARCHE EXÉRIENTIELLE D'ACCOMPAGNEMENT PAR LES USAGES RESPONSABLES (UR)

Caractéristiques générales de l'approche UR

La démarche d'accompagnement développée vise essentiellement à enrichir les projets de conception d'innovations technologiques, par une approche intégrative des usages et des impacts sociaux (également appelées « conséquences sociales »). Le processus d'accompagnement se fait idéalement très en amont de la conception, dès l'élaboration des concepts technologiques avec les ingénieurs, les technologues, les chefs de projets d'innovation, les *startupers* qui se posent des questions sur la finalité de leur développement. Son objectif est d'influencer le processus de manière à favoriser la conception d'un dispositif valorisant les usages responsables en société. Ce processus s'inscrit en premier lieu dans une perspective de philosophie du dialogue. Au départ, toutes les personnes peuvent être considérées comme partenaires du processus, peu importe leur position dans la création et la mise en société du dispositif final. La parole de chacun est essentielle sur deux plans : elle permet d'abord la co-construction du dispositif et des modalités de sa mise en société ; elle apporte ensuite la possibilité d'une responsabilisation des acteurs, par la pratique de la délibération éthique.

Pour mettre en société un dispositif technologique, plusieurs acteurs vont devoir se mettre d'accord. La majorité d'entre eux vont devoir opérer des choix et prendre des décisions, à différents moments du processus. Dans un tel contexte, on peut se demander « qui est responsable » *in fine*. Dans l'univers juridique, dans lequel nous œuvrons au quotidien, la responsabilité va engager la personne à blâmer pour son geste négligeant dans la fabrication de l'objet qui a causé un dommage, advenant qu'une personne ait subi ledit dommage suite à un usage. L'univers juridique va ainsi réduire la responsabilité aux dommages que les actions peuvent engendrer. Il va imposer ensuite une compensation monétaire. Dans l'univers de l'éthique et de notre approche, la responsabilité va prendre un tout autre sens. Elle va consister à pousser les acteurs à être capable de répondre aux autres de la justesse des choix qui ont été faits. Autrement dit, puisque les décisions d'agir auront des impacts positifs et négatifs sur des personnes, des institutions, l'environnement, il va être important de pouvoir légitimer ces choix auprès de ceux qui en subiront les conséquences. Plusieurs acteurs interviennent tout au long du processus décisionnel : la réponse à donner pour légitimer les choix ne peut donc se clarifier que dans un dialogue entre toutes les personnes impliquées dans le processus. La démarche d'accompagnement favorise donc la participation d'une grande majorité d'intervenants dans les choix relatifs au dispositif et à sa mise en société. Il soutient aussi la co-élaboration de la légitimité de ces choix. La démarche n'impose pas au départ un point de vue « d'expert en morale » qui dicterait la meilleure solution aux « experts en technologie ». Elle cherche au contraire à favoriser le dialogue entre les personnes impliquées, pour qu'elles fassent des choix dit éclairés, tout au long du processus d'innovation.

Dans l'approche d'accompagnement par les Usages Responsables (UR) nous distinguons trois types d'enjeux, qui se mêlent souvent dans le regard des concepteurs : l'enjeu technique, l'enjeu commercial et enfin l'enjeu que nous appelons éthique et qui concerne la question de la responsabilité des innovations et leur mise en société.

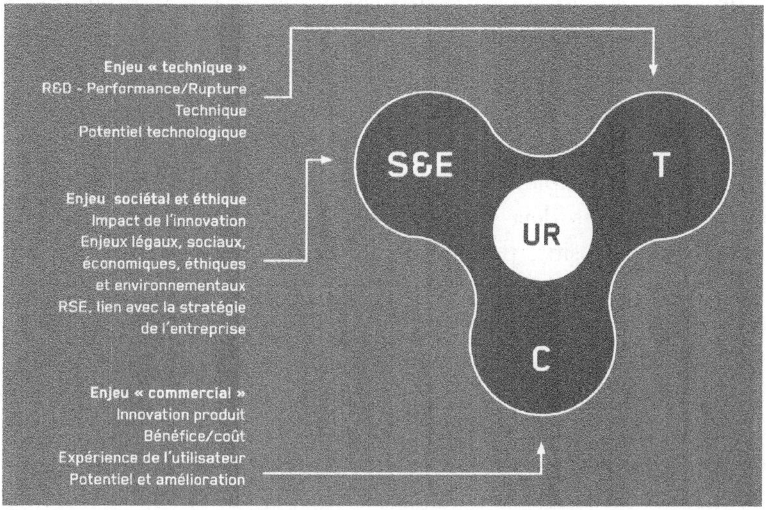

Figure1 : les trois sphères d'enjeux

Tel que nous l'avons connu dans nos différents terrains (France, projets technologiques avec le CEA (Commissariat à l'Énergie Atomique et aux Énergies Alternatives) ; Canada, projets technologiques avec le 3IT(Institut Interdisciplinaire d'Innovation Technologique), l'enjeu technique est souvent le point de départ. Le caractère innovateur d'un dispositif est en effet souvent associé à son potentiel technologique. D'où l'intérêt focalisé sur la fiabilité et la performance du dispositif … bien avant de penser à la commercialisation ou à la mise en société. À ce stade, deux écueils sont à éviter : le premier est celui qui consiste à penser « en cascade » : parce que le produit et fiable et répond à un problème, il va

« rencontrer son marché » ; Et parce qu'il rencontre un marché, alors il réussit « sa mise en société ». Le deuxième écueil est de n'aborder la question du marché et de la mise en société que par « l'expérience client » ou « l'expérience utilisateur » (Ux). En effet, ce n'est pas parce qu'un dispositif « fait sens » à un niveau individuel qu'il fera sens au niveau collectif (par exemple : le téléphone portable semble indéniablement répondre à un « besoin utilisateur » ; son impact sur l'environnement ou la santé, à une échelle plus sociétale, est pour le coup plus discutable). Selon la destinée du produit, il faut également considérer les contraintes liées à la commercialisation. Plusieurs règlements (droit dur) ou démarches volontaires (droit mou), visant la sécurité des personnes, peuvent imposer des contraintes dans la création du dispositif (selon qu'il se situe comme dispositif médical de santé ou dispositif « grand public » par exemple). De plus, une meilleure connaissance des produits existants déjà sur le marché peut permettre d'orienter la finalité du dispositif, pour assurer un avantage stratégique sur le marché. Ainsi, la mise en société n'est pas uniquement une question de préférence personnelle pour l'acheteur, elle implique aussi des transformations dans les façons de faire que ce soit au niveau de la famille, des pratiques professionnelles, de pratiques institutionnelles ou sociales. À cet effet, plus la démarche est entamée dès le début du processus de conception technique, plus il est possible d'influencer la conception du dispositif par une meilleure connaissance des enjeux commerciaux et sociaux qui permettront d'améliorer son développement.

La démarche que nous proposons mise sur l'apprentissage collectif. En effet, pour que le dispositif final intègre le fruit de la démarche, il faut que les ingénieurs et les technologues puissent développer un apprentissage qui permettra de faire les ajustements techniques pertinents. Il en va de même pour les personnes responsables de la commercialisation et pour les personnes qui accompagnent le processus. Les résultats de la démarche dépendent de cet apprentissage.

Pour faciliter la compréhension, chacune des étapes sera appuyée d'un exemple concret. Celui-ci combine différents projets que nous avons suivis. Certains résultats sont donc tirés de rapports existants, rendus au cours des années 2014-2016. Par contre, certaines parties sont « extrapolées », pour servir l'exemple et dans le même temps garantir la confidentialité. Il est à noter que la majorité des exemples réels sont tirés de projets réalisés entre 2014 et 2015 avec le CEA Grenoble et des projets dans le domaine de la santé. Imaginons donc pour exemple une startup, voulant commercialiser un dispositif permettant de pratiquer des « automesures », à domicile (mesures de cholestérol, du taux de coagulation dans le sang, de la glycémie). L'automesure signifie que la personne n'a potentiellement pas besoin d'aide pour pratiquer la mesure.

Les composantes de la démarche par les Usages Responsables.

1. L'atelier de « diagnostic »

Le processus d'accompagnement se fait « à partir du dispositif » (concept, prototype) et avec les acteurs engagés sur son développement. Notre objectif est de faciliter l'avènement de versions successives qui intègreront de mieux en mieux la question des impacts, des enjeux et des usages « dans » le dispositif.

Le point de départ vise à faire le portrait du projet à un temps T0, ce que nous allons réaliser lors d'un premier atelier dit de « diagnostic ». La démarche consiste à demander aux participants de faire la narration du projet (en engageant leurs différentes perspectives), de l'idée initiale au stade actuel du projet. La narration permet de dégager les compréhensions de chacun sur le concept, sur son potentiel et son originalité, mais également de parler de sa destination finale en tant qu'innovation technologique. La narration permet également de mettre en scène diverses motivations, intuitions ou visions de l'avenir. Ce premier atelier permet d'établir une mesure des écarts de perceptions concernant le sens du projet, son originalité, sa pertinence sociale et commerciale, etc. Elle permet aussi clairement d'identifier l'origine du projet et ce qui motive son essor : s'agit-il de « répondre à un demande sociale » (par exemple : pallier le manque de médecins en campagne) ou d'aller plus loin dans le développement technologique ou dans la recherche (brevets à la clé), ou encore de poursuivre une vision personnelle de l'un des concepteurs (« qui y croit »). Cette première étape est essentielle pour lancer la dynamique de l'accompagnement et savoir « d'où on parle et avec qui ».

À partir de cette narration, nous, en tant qu'accompagnateurs, regroupons les informations recueillies en trois catégories. En premier lieu, nous nous intéressons à la dimension technique. Les caractéristiques techniques dépendent des composantes utilisées. Or, puisque les composantes et les processus de fabrication peuvent avoir un impact sur la santé, la sécurité et l'environnement, il est important de comprendre si ces aspects sont considérés par les acteurs du projet. De même, certains développements, comme la modification génétique, peuvent soulever des débats sociaux fondamentaux sur le franchissement de barrières naturelles. Autre facteur de controverse sociale potentiel : celui de la rareté des matériaux utilisés. Le bilan de la première rencontre donne une image assez précise de ce qui a été, jusqu'à présent, pris en considération dans l'élaboration du projet et précise comment ces options sont discutées et verbalisées par les acteurs.

La seconde dimension considérée est celle de « l'usage » et de la commercialisation. Selon le sens général du mot, l'usage est le fait de se servir de quelque chose. L'usage est d'abord considéré sur le plan individuel. À savoir comment une personne se sert de quelque chose. En innovation, la dimension de l'usage est traitée par les approches « user experience »[47]. À ce stade, nous faisons le bilan de ce qui a été mis en place sur le sujet et plus largement sur une commercialisation future. Si des études ont été réalisées, elles serviront pour l'analyse ultérieure. Si des méthodes ou approches ont été mises en place (approche Lean, Business Model Canvas, etc.), nous évaluons leur portée dans le projet. S'il y a déjà un marché ciblé, il est important de saisir les raisons qui militent en faveur de ce choix. S'il y a des études de marché, nous analysons les

47. Voir http://www.allaboutux.org/ux-definitions. Pour des approches plus académiques, voir : Jouët, J., « Retour critique sur la sociologie des usages », *Réseaux*, 100, 2000/2, p. 487-521 ; Cardon, D., « Innovation par l'usage », *in* Ambrosi, A., Peugeot, V., Pimienta, D., (dir.), *Enjeux de mots. Regards multiculturels sur les sociétés de l'information*, Caen, C&F Éditions, 2005 ; Button, G., Dourish, P., « Technomethodology : paradoxes and possibilities », *in* Proceedings of the SIGCHI conference on Human factors in computing systems : common ground, Vancouver (British Columbia), ACM, 1996 ; Dourish, P., *Where the Action Is. The Foundations of Embodied Interaction*, Cambridge (Mass.), MIT Press, 2001 ; Norman, D., *The Design of everyday things*, New York, Basic Books, 2013 ; Labarthe, F., Francou, R., *Guide de l'innovation centrée usager, petite boussole pour innover avec les usagers*, Ed. FING, France, sous licence *creative commons*, 2014.

conclusions. À ce stade, nous faisons un point sur les connaissances acquises et les « justifications » sur les choix de l'équipe projet ayant impacté, ou non, le projet de développement technologique.

L'analyse des transformations des usages et des transformations sociétales induites potentiellement par le dispositif relève d'une troisième dimension : celle de l'implémentation sociale. Il s'agit de regrouper sous cette rubrique l'ensemble des informations portant sur l'intégration du dispositif en société. Nous recensons si les acteurs sont intéressés par cette question et si oui, selon quelles modalités. Ensuite, nous voyons comment les changements et les impacts potentiels du dispositif sont exprimés et explicités et quelles valeurs sont mises en avant. Nous traversons l'ensemble des pratiques (individuelles, communautaires, sociales, organisationnelles, tant personnelles que professionnelles). L'implémentation sociale se fait toujours dans un cadre juridique de droit dur ou de droit mou que nous caractérisons également.

> Quatre personnes sont présentes à l'atelier (à peu près toute l'équipe) : le directeur général, le directeur technique, le chargé de marketing et le chargé de communication. Le président n'est pas présent (en déplacement). Nous notons que l'origine du projet est « technologique » (brevets). Au-delà de la capacité à s'exprimer sur les questions techniques, les connaissances sont élevées et bien partagées par l'ensemble du groupe sur les dimensions d'usage et d'implantation sociale (changement des pratiques).

2. Le workshop : expliciter l'innovation

À partir des informations de la première rencontre et les différentes pistes qui se dégagent, les accompagnateurs élaborent un workshop (séance de travail de trois heures), ayant pour objectif de faire parler les acteurs selon un canevas préétabli. Nous cherchons à comprendre en quoi le dispositif est innovant, et quels sont les enjeux et défis relatifs à ces innovations. Pour dégager une perspective commune, il est important de faire exprimer tous les points de vue, dans une perspective réflexive et dialogique. Qu'est-ce qui est innovant dans le dispositif ? Est-ce la performance technique ? Est-ce l'usage ? En quoi les usages ciblés correspondent à de grandes tendances sociales ? En centrant le workshop sur ce que « promeut le dispositif », l'apport potentiel est mis en évidence, tant sur le plan individuel que social. Le workshop est animé par les accompagnateurs qui « facilitent » le dialogue et la réflexivité des acteurs. Il est découpé en plusieurs séquences : 1) identification des éléments de distinction (souvent technique) du dispositif (= ce qui est considéré comme innovant), notamment par rapport aux dispositifs existants ; 2) pour les éléments sélectionnés : quels impacts (positifs ou négatifs) sur les pratiques ? À ce stade, en utilisant des post-it, nous les aidons à regrouper, nommer et classer les différents types d'impacts ; 3) Ces impacts relèvent-ils d'enjeux plus spécifiques (les enjeux sont nommés et sélectionnés sur des post-it) ; 4) Quels défis posent ces enjeux ? ; 5) Des éléments de réponse ou des solutions pour répondre à ces défis ont-ils déjà été identifiés ?

Séance de workshop avec l'équipe (et 3 accompagnateurs) – le Président est présent avec le reste de l'équipe. Durée : 4 heures.

1) L'automesure à domicile, sur une seule mesure, n'est pas un élément innovant : les concurrents sont déjà bien implantés sur le marché en France ; L'élément différenciateur est que l'appareil permet de faire du multi-mesure, contrairement aux concurrents ;

2) *Impacts positifs* : le patient peut faire plusieurs mesures sur un même appareil au lieu d'en acheter plusieurs ; il augmente son autonomie; *Impact négatif* : le patient « peut se mêler les pinceaux » et confondre les mesures (et donc mal ajusté son traitement) ; 3) il y a donc des enjeux de santé, et également des enjeux autour de la responsabilité légale du fournisseur et évolution du cadre légal général : évolution de la médecine (vers la médecine personnalisée, la médecine mobile) ; 4) il y a des défis légaux et de sécurité – *que le groupe ne peut pas approfondir* (pas de connaissances sur le sujet) ; 5) pas de pistes d'actions identifiées.

Sur cet exemple, le groupe va jusqu'au point 3 dans sa réflexion et pas au-delà. Nous savons que nous devons éclairer ces points par la suite.

Ces deux premières rencontres permettent d'obtenir plusieurs informations qui nourrissent le bilan de « l'état 0 du projet ». L'étape se termine par une rencontre qui vise à faire converger les personnes sur les informations recueillies, sur la base des trois niveaux d'enjeux : technique, commercial et sociétal. À la fin de cette étape, les personnes concernées peuvent clarifier les défis qu'elles souhaitent pousser dans des étapes ultérieures. Elles peuvent également constater par elles-mêmes leur capacité à parler de ces défis et les limites actuelles.

> Les acteurs croient fort dans leur dispositif comme « vecteur d'autonomie » pour les personnes âgées. Cette valeur est essentielle à leurs yeux. Nous décidons donc, entre autres choses, de tester cette hypothèse dans nos différents terrains. Plus largement sur la question de l'autonomie, ils pensent que leur dispositif augmente les possibilités de « self management » des patients et s'inscrit bien dans le cadre de l'évolution de la médecine – médecine mobile). Nous décidons collectivement de tester ces pistes sur « les terrains ».

Nous entrons ensuite dans l'étape suivante, où nous allons confronter ces « défis » à différents « terrains » : celui de la littérature déjà existante sur le sujet; et celui de l'expérience (enquêtes de terrain et observations). L'angle adopté (approche par les défis, enjeux et impacts) permet de traverser la littérature sous un angle nouveau qui sert souvent la démarche d'innovation dans sa globalité, bien au-delà du « simple exercice » que nous leur faisons faire.

3. Phase de veilles et d'enquêtes :

Une veille est effectuée par les accompagnateurs, dans la littérature académique autant que non-académique. La veille vise à combler les limites d'information identifiées suite au bilan des premières rencontres. Il ne s'agit pas d'une étude exhaustive, mais d'une étude qui permet, par la saturation des données, d'arriver à dégager des points majeurs qui vont aider à appuyer les prises de décision ultérieure. La veille vise également à valider ou invalider les hypothèses produites par les acteurs (par exemple : que nous dit la littérature scientifique sur la question d'autonomie des patients pour les appareils concurrents ? Comment est traitée cette question ? ; Ou encore : que nous dit la loi (France, Europe) sur la responsabilité en cas de prise de mauvais traitement d'une personne qui s'est servie d'un appareil de santé à domicile ?, etc.).

Puisqu'il s'agit d'innovation, la veille sera silencieuse sur plusieurs points, comme celui de l'impact potentiel du dispositif et du changement de pratiques sur les utilisateurs. Des entrevues et des observations auprès des utilisateurs potentiels (utilisateur final, groupe intermédiaire, prescripteurs, alliés) permettront d'éclairer et de compléter la perception des conséquences de ce dispositif, comparativement aux pratiques existantes. Un dispositif technique peut produire des transformations dans les pratiques. Ces transformations peuvent être valorisées différemment : c'est pourquoi les entrevues chercheront à identifier les jugements de valeur qui sous-tendent les choix d'utilisation potentielle ou pas. De plus, l'entrevue permettra d'identifier en quoi certaines propositions de modifications apportées au dispositif pourraient améliorer son appropriation potentielle et enrichir la proposition de valeur, dans une certaine mesure.

L'analyse de l'ensemble de ces informations se fait à partir de deux grilles. La première mobilise les approches « user expérience » (axée sur les valeurs individuelles telles : utile, utilisable, désirable, accessible, fiable, etc.)[48]. Elle cherche à comprendre et identifier quels sont les « possibilités d'appropriation » du dispositif sur une ou des cibles données, compte-tenu des orientations et défis posés par l'équipe lors de la première phase, et compte tenu des modifications possibles du dispositif. La deuxième concerne l'analyse des impacts sociaux dont le modèle d'analyse a été développé par l'équipe InternE[3]LS[49]. Le modèle applique le principe de la délibération éthique, tel que nous l'avons présenté dans le chapitre ultérieur. Le point de départ est l'identification des

48. Http://Semanticstudios.Com/User_Experience_Design/ ; voir également Pizelle, P., Hoffmann, J., Verchere, C., Aubouy, M., (dir.), *Innover par les usages*, Grenoble, Editions d'Innovation, 2014.

49. Patenaude, J., Legault, G.A., Beauvais, J., Bernier, L., Béland J.-P., Boissy, P., Chenel, V., Daniel, C.-E., Genest, J., Poirier M.-S., Tapin D., , *Framework for the Analysis of Nanotechnologies' Impacts and Ethical Acceptability : Basis of an Interdisciplinary Approach to Assessing Novel Technologies,* Sci Eng Ethics, Published online 2014 April 13. doi : 10.1007/s11948-014-9543-y 2015 ; 21(2) : 293–315.

conséquences positives et négatives de l'implémentation du dispositif sur les personnes, dans les pratiques professionnelles et sociales. L'évaluation des conséquences (jugement de valeur) permet de nommer les valeurs pouvant être actualisées ou minimisées par l'implantation. Cette dernière analyse révèle les conflits de valeurs impliqués. Ces conflits sont amenés et confrontés dans le projet d'innovation, au niveau du processus décisionnel de l'équipe.

La phase de veille et d'analyse est réalisée par les accompagnateurs. Ils livrent des synthèses et conclusions aux concepteurs. Et ils posent les questions suivantes : parmi les impacts, enjeux, défis et questions identifiés au départ, que nous apprennent les terrains ? Quels défis « sont renforcés » ? Quels défis sont minimisés ? Cette synthèse permet d'engager à nouveau le dialogue.

Quelques résultats de la Veille :
– La notion d'autonomie est déjà défendue par les concurrents qui font de l'automesure – Ce n'est donc pas fonction « innovante » du multimesure qui permet de « créer » l'autonomie chez les patients. Elle ne diminue pas pour autant cette « valeur ».
– L'enjeu légal est prioritaire : les lois et dispositions européennes actuelles ne couvrent pas actuellement le champ de l'automesure à domicile (l'innovation « devance » le droit). Se pose alors la question de la reconnaissance de la légalité des mesures effectuées et le lien avec « le parcours thérapeutique » du patient (inscription dans le parcours médical). Si le dispositif n'est pas reconnu comme dispositif médical, il ne pourra être remboursé par la Sécurité Sociale : dans ce cas le gain financier n'est pas probant pour le client, entre acheter un appareil mutimesure « sans remboursement », plutôt que d'acheter un ou plusieurs appareils monomesures remboursés.

Quelques résultats des enquêtes et observations :
Terrain : En favorisant l'auto-mesure, le dispositif peut augmenter une pratique thérapeutique parallèle, (et en ce sens aller à l'encontre de l'idée du self-management) – Le patient prend des mesures et « régule » son traitement par lui-même, à domicile, hors parcours médical légal (= qui est responsable en cas de problème ?)

Terrain : les différents intervenants à domicile (dont principalement les infirmières interrogées) se retrouvent face à un dilemme éthique profond. Prenons l'hypothèse : la mesure est légale, et elles réalisent la mesure. Comment « sécuriser » l'acte pour garantir de « bonnes mesures » ? Que faire en cas de résultats alarmants ? L'infirmière n'est pas habilitée à modifier les traitements, mais dans le même temps elle peut être taxée de ne pas avoir porté assistance à personne en danger si elle n'agit pas … L'impact sur les pratiques de ces intervenants et les enjeux liés sont de premier ordre.

4. Phase de rétroaction avec les acteurs : partage des connaissances

La rétroaction avec les acteurs est centrale dans le processus d'apprentissage collectif et pour la co-construction de sens. La rétroaction permet de mettre à jour « les écarts de perception » entre ce que pensent les acteurs, ce qu'ils disent du projet et d'autres résultats ou analyses possibles. Cet écart favorise le dialogue et la réflexivité des acteurs. Dans un premier temps, la rétroaction sert à valider le bilan des deux premières rencontres (narration et workshop), afin de s'assurer que les accompagnateurs et l'équipe partagent le même point de référence : l'état 0. La deuxième rétroaction, intervenant après les veilles et les enquêtes, permet d'établir, le cas échéant, l'écart entre la perception du projet à l'état 0 et la perception du projet suivant les informations fournies par les terrains. Ces mesures d'écart permettent aux participants une plus grande réflexivité sur les enjeux que nous traitons (technique, usages et implémentation sociale). Pour que les écarts ne soient pas perçus négativement et rejetés immédiatement, la démarche exige une discussion sur la compréhension de chacun, et sur les sources documentaires qui permettent de les identifier. Il faut assurer une compréhension juste des données présentées. Il faut également faciliter une poursuite du dialogue entre les acteurs, afin d'identifier quelles sont les dimensions qu'ils jugent importantes d'intégrer dans le projet, voire dans le dispositif technique lui-même. Autrement dit, avec notre appui, les participants clarifient, parmi les divers conflits de valeurs, ceux qu'ils veulent considérer dans leur démarche de commercialisation. Ils peuvent tout-à-fait comprendre les conflits de valeurs, les identifier, et pourtant ne pas les considérer comme important pour leur projet. Par exemple, le dispositif peut contenir des matériaux qui pourraient contaminer le sol s'ils étaient envoyés dans un site d'enfouissement. Jusqu'où les concepteurs sont-ils préoccupés par l'impact sur l'environnement dans leur projet ? La décision finale peut se concentrer sur ce conflit de valeurs et les acteurs devront le prioriser : quels choix et quel degré de priorisation entre la valeur économique du profit d'un côté et la qualité de l'environnement de l'autre ? En tout état de cause, à l'issue de cette rétroaction, les accompagnateurs sont en mesure de faciliter le passage « à l'action », à savoir comment implémenter les résultats de ces échanges dans le projet. Pour cela, ils vont rédiger divers scénarios d'implémentation sociale, à partir des résultats de la rétroaction.

> Entre autre choix : les acteurs décident de pousser la question de l'inscription dans le parcours médical (et la place du self-management) et du rôle des infirmières dans les scénarios.

5. Élaboration de scénarios d'implémentation et dialogue avec les concepteurs

Un scénario d'implémentation sociale met en scène de manière dynamique une façon d'aller vers la commercialisation du dispositif. Il met également en narration les valeurs en conflit lors de tout le processus d'implémentation sociale. Le scénario décrit les différentes expériences possibles du dispositif, depuis le moment ou une personne a l'idée de se le procurer/de le prescrire, jusqu'à la fin de son utilisation. Il met en scène les acteurs ou parties prenantes considérées, en identifiant également les « nœuds de conflits », en termes de valeurs, d'usages ou de commercialisation. Ces conflits appellent la nécessité d'un choix et donc d'une décision. Cette décision impacte, en retour, les choix de conception.

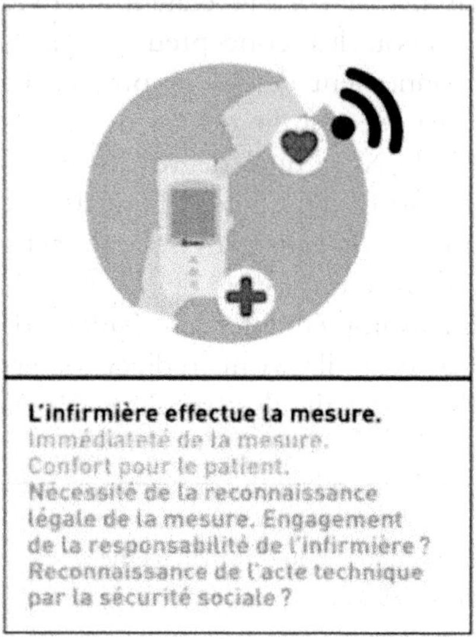

Exemple d'une des vignettes extraite d'un scénario d'impacts et défis sociaux *
= en vert : impact positif
= en jaune : impact négatif/ questionnement

* extrait d'un rapport sur les impacts sociaux, dans le cadre d'une collaboration CEA – IRT NANOELEC (France) et 3IT (Canada) / 2014-2015.

Figure 2 : extrait de vignette

Cette étape, d'une certaine manière, correspond à la dernière phase du modèle de délibération éthique : le choix des modalités d'action met en scène une priorisation possible des valeurs. Souvent, le premier scénario se base sur le projet initial et il offre une vue « améliorée » par l'ensemble des discussions lors de la démarche d'accompagnement (proposition incrémentale). Les autres scénarios mettent en scène des alternatives au projet initial. Ils tiennent compte du contexte de commercialisation et proposent une priorisation différente des valeurs, ce qui impacte sur la « mise en société » du dispositif et permet de revisiter l'ensemble du processus. Évidemment, les raisons de choisir l'une ou l'autre alternative sont explicitées, afin que les acteurs puissent répondre de leur décision finale. Les acteurs vont devoir alors regarder de près ces différentes alternatives, qui mettent en scène des questions de valeurs et qui, au final, impactent sur les orientations marché, et sur les choix technologiques. C'est bien là notre objectif en tant qu'accompagnateur : remonter « toute la chaîne » pour aller vers le script d'usage[50], jusqu'aux fonctions technologiques. Ce cheminement permet souvent une prise de conscience chez les acteurs : les « valeurs » ne sont pas déconnectées du « dur » (le hardware et le software d'un dispositif). Elles ne se pensent pas « en dehors » du processus, mais dans le processus et simultanément aux autres développements.

6. Évolution du projet : dispositif « V1 » et possibilité de mise en marché enrichis.

La démarche d'accompagnement ne se termine pas avec le choix d'un des scénarios. L'ensemble des informations recueillies lors de la démarche vont servir dans la suite des opérations. Par exemple, l'intégration de nouvelles fonctionnalités dans le dispositif peut s'imposer pour maximiser la performance du scénario et son implémentation sociale. De même, certains points soulevés par l'analyse juridique mériteront peut-être de faire appel à des avis professionnels afin de s'assurer de la conformité juridique. Enfin, si un site web est créé pour présenter le produit, une partie importante des discussions sur la légitimité des choix dans la mise en société du dispositif pourra alors montrer en quoi la responsabilité sociale de l'entreprise est assurée. Pour faciliter cette « traduction dans le projet », une fiche d'actions est remise aux acteurs. Elle demande de traduire le scénario en « actions immédiates » intégrables dans leur projet. Elle porte sur le dispositif (pour implémenter le scénario, que dois-je changer dans les fonctions actuelles de mon dispositif ?), sur la commercialisation (pour mettre en place ce scénario, comment dois-je faire évoluer mes efforts pour aller vers ce type de commercialisation ?) et dans l'implémentation sociale (pour mettre en place ce scénario, quels défis vais-je relever ? par quels moyens ? avec quelles solutions à la clé ?). L'ensemble des acteurs dialoguent et se mettent d'accord sur les séries d'actions choisies et implémentées dans le projet, par rapport à deux critères : l'importance et l'urgence

50. Boullier, D., « Usages du Vidéotex et utopie techniciste », *Réseaux*, 2/6, 1984, p. 2136 ; Akrich, M., « Comment décrire les objets techniques ? », *Techniques et Culture*, 9, 1987, p. 4964 ; p. 54-55, 2010 : p. 205-219 ; Akrich M. et Méadel C., « Problématiser la question des usages », *Sciences Sociales et Santé*, 22/1, 2004, p. 5-20 ; Boullier, D., « Objets portables en tous genres et prises sur le monde : l'habitèle comme extension du domaine de la personne », *Consommation et Société*, 4, 2004.

de la prise en compte du sujet traité. Une fois les décisions et choix effectués, des actions sont très clairement noter et entériner par le groupe, en vue d'être implémentées « dès le lendemain ».

> Un exemple de choix effectués :
> « Automatiser » l'automesure au maximum (transmission automatique des données par exemple) pour diminuer le risque d'erreur possible (mauvaise retranscription de la mesure – fausse mesure retranscrite – ou alors erreur dans la retranscription du type de mesure effectuée (la personne pense avoir mesurer la glycémie alors qu'elle a mesuré le cholestérol). Ceci impacte directement sur les fonctions du dispositif et demande de repenser la partie software du dispositif.

7. *La place de la philosophie dans l'approche interdisciplinaire* UR

L'approche d'accompagnement par les Usages Responsables est une démarche interdisciplinaire, où se côtoient les sciences de la nature et les sciences humaines et sociales, dont la philosophie. Plusieurs questions se posent dès lors sur la place de la philosophie dans un tel accompagnement. Les questions de son statut disciplinaire et celle, plus critique, de son instrumentalisation potentielle sont sous-jacentes à celle de la posture d'accompagnement.

Comme nous l'avons montré dans les deux premières parties, la philosophie traditionnelle a été soumise à de nombreuses critiques au XXe siècle. Malgré le tournant kantien, fonder la morale sur la nature demeure très présent en philosophie. Dans un article récent sur l'intégration de l'éthique dans le domaine de l'évaluation des technologies en santé, les auteurs soulevaient les débats philosophiques en ces termes :

> One debate consists of wondering whether it would be possible « to draw » moral norms from the knowledge or norms of nature. Another discussion focuses on studying the relationship between descriptive propositions (e.g., the moon is spherical) and normative propositions (e.g., killing is despicable). A further debate

fundamentally considers whether ethics is an authentic form of knowledge [51].

C'est justement ce point sur la vérité du discours moral qui est au cœur du tournant linguistique en philosophie. On pourrait se dire que la philosophie ne peut pas être une discipline si elle ne vise pas le vrai. Car sans le vrai, il serait impossible de fonder la morale. En faisant reposer la validité du discours philosophique sur la prétention à la vérité, les philosophes sont de notre point de vue confrontés à réduire la philosophie à la connaissance. Ils sont contraints à réduire la philosophie au discours de la science empirique, comme les philosophes du Cercle de Vienne [52].

À défaut de vérité, la parole du philosophe peut pourtant être crédible [53]. Comme l'a montré le tournant linguistique et communicationnel, on peut penser qu'il est impossible d'atteindre la vérité, car le réel ne permet pas de trancher définitivement une question. Ce qui permet de le faire, par contre, c'est l'adhésion à un langage sur le monde, qui dit notre manière de l'appréhender. Dans la communication, plusieurs langages se croisent. Si la communication ne se transforme pas en dialogue, alors aucun consensus ne pourra se dégager. Le philosophe, pas plus qu'un autre individu dans le dialogue, ne peut pas faire appel à la vérité pour trancher le débat. Seuls les arguments apportés sont examinés, pour rendre crédibles les énoncés. Cette approche de la philosophie du langage et du dialogue structure notre approche.

Le langage normatif a un rôle fondamental dans la démarche, notamment celui de l'éthique appliquée fondée sur les valeurs. En effet, les composantes de la démarche sont orientées sur la connaissance que nous avons des impacts du dispositif technologique sur les personnes, les institutions et l'environnement, mais aussi sur les pratiques sociales. Non seulement faut-il comprendre ces impacts et en mesurer leur probabilité, mais, dans une délibération finale, il faut en évaluer la portée. C'est ici que le

51. Refolo, P., *et al.*, « Why is it so difficult to integrate ethics in Health Technology Assessment (HTA) ? The epistemological viewpoint », *European Review for Medical and Pharmacological Sciences*, 20, 2016, p. 4202-4208 ; p. 4204.

52. Https://fr.wikipedia.org/wiki/Cercle_de_Vienne, consulté le 18 mars 2020.

53. Legault, G.A., « La *parole* du *philosophe éthicien est-elle crédible ?* », *Philosophiques*, 17/1, 1990, p. 21-43.

jugement de valeur prend tout son sens. On peut énoncer que tel impact actualise beaucoup une valeur, telle la qualité de vie. On peut dire que tel autre minimise un peu la qualité de l'environnement. Ces discours ne sont crédibles que s'ils sont supportés par des arguments. Pour nous, la justification du choix final dépendra des raisons qui font, en bout de course, choisir un mode de vie plutôt qu'un autre. C'est pour cette raison que la démarche de priorisation est au cœur de l'élaboration des scénarios présentés.

Est-ce qu'il y a un danger d'instrumentaliser la philosophie lorsqu'elle devient une discipline parmi d'autres dans un processus d'accompagnement ? Tout dépend du sens que l'on donne à « instrumentaliser ». À première vue, instrumentaliser la philosophie signifie ne pas respecter la philosophie pour ce qu'elle est, et en faire un instrument pour atteindre quelque chose. Dès l'instant où la philosophie est mobilisée pour accompagner le développement technologique, elle devient un moyen d'accompagnement d'une chose, en fonction de sa finalité visée. Puisqu'il s'agit de la mise en société de dispositifs technologiques, la philosophie peut aisément être accusée d'avoir vendu « son âme au capital », d'autant que la commercialisation des dispositifs est un des trois enjeux considérés. Examinons cependant notre objectif final, qui est de faire de l'accompagnement par la philosophie un moyen d'augmenter la responsabilisation des acteurs, dans la mise en société des dispositifs innovants. De notre point de vue, dans ces conditions, la philosophie, telle que nous la pratiquons, respecte clairement ce qu'elle est en tant que discipline : elle est communicationnelle au plan épistémologique, évaluative au plan éthique et délibérative au plan de l'action. En ce sens, il n'y a pas instrumentalisation de la philosophie ; au contraire, la philosophie remplit ici sa fonction de discours éthique pour assurer un meilleur vivre-ensemble possible.

CONCLUSION

Au XXe siècle, la demande d'intégrer l'éthique dans des institutions sociales a progressé dans tous les pans de la société. Si le procès de Nuremberg a généré l'initiative qui a mené aux comités d'éthique de la recherche, il a aussi permis de renouveler la réflexion sur l'éthique professionnelle et la délibération éthique dans les professions. Au Canada, comme en Europe, nous avons des comités d'éthique cliniques regroupant plusieurs professionnels dans nos institutions hospitalières. De même, des comités d'éthique organisationnels ont vu le jour afin d'assurer un meilleur vivre- ensemble sur le plan des institutions. Enfin, il existe dans plusieurs pays des comités d'éthique nationaux, comme la Commission de l'éthique en science et en technologie du Québec.

Pour répondre à cette demande « d'éthique », les trois disciplines proposant des discours normatifs (la théologie, le droit et la philosophie) ont été interpelées. Comment intégrer des discours normatifs dans des lieux de réflexion et de délibération ? Si le discours normatif est axé sur le commandement et les obligations à respecter, les comités d'éthique reproduisent tout simplement, à leur niveau, les tribunaux qui interprètent et appliquent la loi à un cas concret. Si ces comités ont pour objectif d'améliorer les pratiques responsables en recherche, en clinique par exemple, alors le discours normatif ne peut plus être celui de l'obligation : il doit être celui de la valeur à actualiser. La montée du droit dit « mou », ou souple, cherche à compenser les limites du droit traditionnel axé sur l'obligation. Cette transformation du droit correspond à la nécessité de responsabiliser les acteurs face à leurs pratiques. L'émergence de l'éthique appliquée vient appuyer ce mouvement qui est de développer des pratiques responsables chez les acteurs.

Comme toute transformation, celle de la philosophie ne se réalise pas aisément. La philosophie, intégrée « dans les pratiques », est un enjeu en soi. L'exemple de l'intégration de l'éthique dans l'évaluation des technologies en santé est particulièrement éclairant sur ce point. Un relevé récent de littérature systématique dans le domaine[54] a mis en lumière ce constat : beaucoup reconnaisse que l'éthique devrait faire partie de l'évaluation des technologies en santé, et pourtant concrètement, elle n'est pas ou peu mobilisée, et surtout elle ne l'est jamais de manière systématique. Au cœur des difficultés généralement soulevées, on retrouve constamment, dans cet univers scientifique, le problème de l'absence de vérité en morale ou en éthique, auquel s'ajoute la difficulté d'opérationnaliser l'évaluation éthique des technologies. Selon nous, le cadre théorique et opérationnel de la démarche d'accompagnement par les Usages Responsables (UR) montre une voie applicative possible. La philosophie peut jouer un rôle dans les pratiques d'innovation. Associée à une démarche « intégrée » et multidisciplinaire, elle facilite une réflexion sur les usages responsables, et *in fine*, permet d'ouvrir un espace de dialogue constructif et réflexif, portant sur le sens et la finalité du développement technologique dans les projets [55].

54. Dans le cadre des travaux du projet de recherche InterNE³LS : « OPÉRATIONNALISER, AUX PLANS THÉORIQUE ET PRATIQUE, L'INTÉGRATION DE L'ÉTHIQUE DANS LE PROCESSUS D'ÉVALUATION DES TECHNOLOGIES ET DES MODES D'INTERVENTION EN SANTÉ (ETMIS) (n° 142187) », URL : https://interne3ls.3it.usherbrooke.ca/index.php/projet-irsc-2015-2019, consulté le 18 mars 2020.

55. Nous remercions les Instituts de recherche en santé du Canada (IRSC, no.142187), de leur soutien à nos travaux. Nous remercions également le CEA (Commissariat à l'Énergie Atomique et Aux Énergies Alternatives) et l'Institut de Recherche Technologique NANOELEC – programme d'Investissement d'Avenir français), qui ont supporté le développement de l'approche entre 2014 et 2016. Enfin, nos remerciements vont à l'Unité Mixte Internationale LN2 (laboratoire Nanotechnologies et Nanosystèmes), dont les tutelles sont le CNRS, l'Université de Sherbrooke au Canada, l'Université de Lyon et l'Université Grenoble-Alpes en France, pour avoir permis la poursuite de ces recherches sur le plan des usages (2016-2017).

Pistes, Revue de philosophie contemporaine 1 (2021)
326 p., ISBN : 978-2-7116-8425-0, p. 253-271, Vrin.

Quelle éthique dans l'interaction homme-robot ?

Jean CAELEN *
Denis VERNANT **

RÉSUMÉ

Les robots prennent de plus en plus de place dans nos vies quotidiennes et sociétales. Après avoir proposé une définition incrémentale du robot, comparé son satut d'agent à celui de l'Homme et examiné ses capacités interactionnelle et transactionnelle, nous nous interrogeons sur la dimension éthique du comportement des robots les plus sophistiqués, notamment ceux autonomes qui possédent des capacités létales.

Mots clés : robots, interaction, transaction, agentivité, éthique.

* Université Grenoble Alpes, Jean.Caelen@imag.fr.
** Université Grenoble Alpes, Denis.Vernant@univ-grenoble-alpes.fr.

INTRODUCTION

La réflexion sur les robots remonte au moins à Aristote [1] et depuis Léonard de Vinci on a progressivement construit de plus en plus de robots jusqu'à ce qu'aujourd'hui, échappés des romans d'anticipation, ils envahissent les usines, les hôpitaux, les champs de bataille et jusqu'à notre quotidienneté. Cette percée technologique majeure va à court terme toucher l'ensemble des activités humaines et désormais envahit l'espace médiatique.

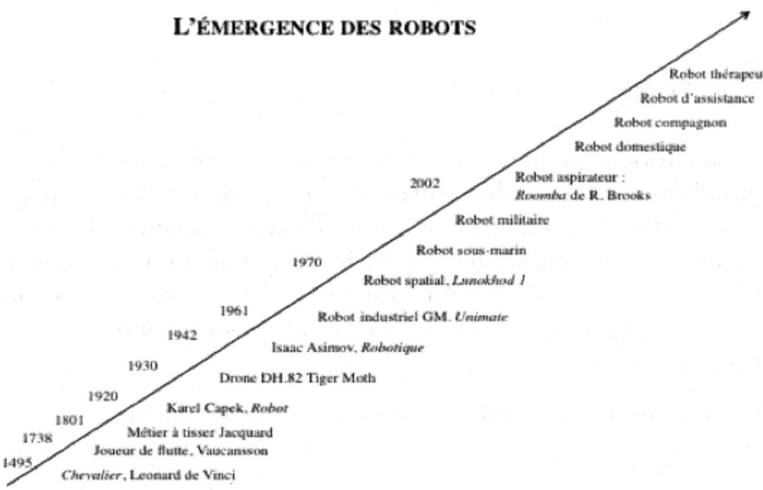

Dès lors, il est plus que temps de s'interroger sur cette novation technologique et d'en mesurer les apports praxéologiques ainsi que les enjeux sociétaux.

Dans ce qui suit, nous proposerons d'abord une définition incrémentale permettant de définir les divers types de robots, puis nous centrant sur les robots autonomes nous les caractériserons comme agents capables de coopérer avec l'Homme, pour enfin nous

1. Aristote, *Politique*, Livre 1, 4, 1253b.

interroger sur les conséquences éthiques de ce type inédit de coopération. Modélisant la dimension dialogique des relations Homme-Robot, nous proposerons des règles capables d'assurer la maîtrise éthique du comportement des robots autonomes.

DÉFINITION DES ROBOTS

Il existe désormais une multitude de robots de formes et de fonctions fort différentes. Pour en rendre compte, s'impose une *définition incrémentale* qui fait du robot un artefact automate, automobile, autonome :

ROBOT $=_{\text{df}}$ ARTEFACT +
AUTOMATE +
AUTO/MOBILE +
AUTONOME

Parcourons cette définition de façon à envisager les diverses formes de robots de plus en plus sophistiquées.

1.1. Un artefact automate…

Un robot est d'abord un *artefact physique* capable d'accomplir automatiquement, c'est-à-dire sans intervention humaine, une tâche[2] souvent répétitive ou pénible dans un environnement naturel ou industriel, hospitalier, domestique qui s'avère dangereux, hostile ou au contraire ludique, familier. Cette *automaticité*, qui peut être mécanique ou informatique, requiert une capacité de mémorisation et de traitement de l'information (cartes perforées ou programme informatique). Dans le cas où l'automatisme est sensible à l'environnement, le recueil de l'information passe par des *senseurs extéro-et proprioceptifs* (capteurs, sondeurs, caméras, laser, etc.).

2. Le terme de robot, qui provient du tchèque *Robota* signifiant « corvée », paraît en 1920 dans la pièce de science-fiction *Rossumovi univerzální roboti* de Karel Capek.

1.2. … auto/mobile

La tâche d'intervention sur l'environnement impose la *mobilité* d'une partie (au moins) du robot sous forme de ses actionneurs (moteurs, vérins, préhenseurs). Ce sont par exemple les bras des robots industriels de montage ou de peinture. Cette mobilité peut être couplée à l'*automotricité* du corps du robot[3]. Ainsi certains robots possèdent la capacité de se déplacer à volonté dans un environnement dynamique, ce qui suppose des moyens de locomotion (pattes, roues, chenilles, ailes, rotors) et une autonomie énergétique (batteries). Que l'on pense aux robots démineurs, aux robots aspirateurs, etc.

1.3. … autonome

Les robots les plus sophistiqués possèdent une autonomie, partielle ou totale.

– Les robots semi-autonomes restent tributaires d'un asservissement à des téléopérateurs. On est alors dans le cas d'une *télérobotique*, tels les drones militaires télécommandés.

– Les robots dont l'autonomisation est sophistiquée (relevant de programmes d'intelligence artificielle) sont dotés d'une réelle automotricité et d'une capacité d'auto-apprentissage qui leur permet d'acquérir une *autonomie décisionnelle* en ce que leurs actions résultent de choix qui ne sont pas prédéterminés et qui ne dépendent pas d'une décision humaine. C'est notamment le cas des drones militaires autonomes et bientôt des voitures autonomes.

2. DE LA CAPACITÉ ACTIONNELLE DES ROBOTS

À la différence d'une machine informatique, un robot possède une *capacité d'action* sur un *environnement réel* qui, soit présente un intérêt pour l'Homme, soit peut être partagé en constituant un micro-monde commun. Se pose alors la question de la caractérisation du robot comme agent et/ou comme co-agent interagissant avec l'utilisateur humain.

3. En 1996, Masato Hirose de la *Honda Corporation* est parvenu à doter le robot *Asimo* de la bipédie.

2.1. Définition de l'action

Est d'abord requise une définition de l'action. Cette question, ouverte depuis au moins Aristote, est au cœur de la praxéologie. Pour notre part, nous recourrons de façon provisionnelle à une définition minimale telle que l'action suppose l'*attribution* de l'origine du phénomène physique à un agent doué d'« intelligence » et, partant, capable de conduire et de contrôler l'action[4]. La question nouvelle posée par la robotique avancée est celle de la caractérisation différentielle de l'agentivité de l'Homme et du robot.

2.2. L'agent humain

On peut résumer notre caractérisation de l'Homme comme co-agent par quatre traits :

1°) la réflexivité prenant la forme d'une conscience de soi qui, loin d'être un donné initial, résulte des possibilités intra- et inter-locutives du discours, ainsi que d'une conscience des choses résultant de l'usage référentiel des signes.

2°) la rationalité qui peut recourir aux ressources de la logique déductive, mais qui surtout relève de la mise en œuvre de raisonnements pratiques et de procédures de planification (*praxéologie*).

3°) la finalité selon laquelle l'agent, agissant téléologiquement selon des normes et valeurs, s'avère responsable (*axiologie*).

4°) la coopérativité par laquelle le sujet se constitue dans et par son rapport dialogique à autrui (intersubjectivité) et se co-constitue comme un co-agent interagissant avec un autre dans une situation partagée.

Il s'agit alors de savoir si les robots, du moins les plus sophistiqués d'entre eux, possèdent les mêmes caractéristiques.

2.3. Le robot comme co-agent

Considérons donc successivement les quatre caractères définitionnels pour déterminer s'ils peuvent sans modification s'appliquer aux robots les plus sophistiqués.

4. Pour plus de détails sur la définition de l'action et de l'agent humain, voir D. Vernant, *Du Discours à l'action*, Paris, P.U.F., 1997, chap. VIII, p. 145-170.

– La réflexivité : la conscience de soi n'est aujourd'hui pas requise par les robots actuels. Mais dans l'avenir on peut envisager de doter certains robots d'une réflexivité permettant d'affiner l'autocontrôle de leurs actions. Par contre, la conscience des choses est requise pour que le robot puisse interagir avec son environnement. Elle dépend directement des procédures qu'il utilise pour s'orienter dans son univers.

– La rationalité : on peut selon les besoins doter un robot d'une rationalité déductive de type logique pour certaines actions, mais la priorité va à l'exploitation des modes *praxéologiques* de rationalité.

– La finalité : le robot autonome agit en fonction d'un système projectif de planification. Les plus sophistiqués possèdent une réelle *autonomie décisionnelle*.

– La coopérativité : certains robots (par exemple les robots « compagnons ») coopèrent avec l'agent humain dans une situation partagée. Ils doivent alors pouvoir instaurer un rapport dialogique fécond avec l'agent humain. Une telle coopération peut de même valoir entre robots dans le cas des robots sociaux (systèmes multirobots).

On constate donc que, selon des modalités spécifiques et diverses, les robots autonomes possèdent des caractéristiques *analogues* à celles de l'agent humain. Nous ne pouvons ici reprendre en détail chacune de ces caractéristiques. Nous nous arrêterons uniquement sur la dernière qui met directement en jeu les relations entre l'utilisateur humain et le robot.

3. LA COOPÉRATION HOMME-ROBOT

La coopérativité dont sont capables les robots sophistiqués peut se monnayer en deux dimensions : interactionnelle et transactionnelle[5].

5. Sur cette double dimension du rapport dialogique, voir D. Vernant, *Du Discours à l'action*, *op. cit.*, chap. V, p. 87-105.

3.1. Interaction Homme-Robot

Ce que nous nommons *interaction* concerne l'ensemble des modalités de communication entre agent humain et robot. Cette interaction dialogique peut prendre différentes formes commandées par la fonction assignée au robot. Dans les formes les plus développées, elle passe par l'usage réciproque de la parole. S'ajoute l'émission du robot à l'Homme de textes, images, sons et de l'Homme au robot de gestes et d'expressions faciales que certains robots sont aptes à décoder. Idéalement, l'interaction doit être multimodale et réciproque. Dans le cas de robots « compagnons », qui ont une fonction sociale précise d'aide, l'interaction est récurrente, le robot apprenant au fur et à mesure des échanges avec l'utilisateur.

3.2. Transaction Homme/Robot

L'interaction précédente pose principalement des problèmes techniques de développement des modalités de communication. Ce n'est pas le cas de la *dimension transactionnelle* des échanges qui chez l'Homme requiert la reconnaissance mutuelle des interlocuteurs. Toutefois, dans le cas de la relation Homme-Robot le processus n'est pas réciproque.

3.2.1. Du point de vue de l'utilisateur

Il importe d'abord de savoir comment et jusqu'où l'utilisateur humain peut considérer le robot comme un véritable partenaire. L'utilisateur humain peut entrer dans un *processus empathique*[6] qui conduit à une *anthropomorphisation* (*cf.* le mythe de Pygmalion), voire même une *personnification* consistant alors à projeter *toutes* les caractéristiques d'un agent humain sur le robot. La fonction assignée au robot s'avère déterminante. Il est clair que l'investissement affectif dans le cas de la relation avec un robot « compagnon » sur une longue durée et dans le cadre d'une quotidienneté partagée colore fortement toute la relation. La forme donnée au robot joue aussi un rôle non négligeable. L'aspect androïde ou gynoïde donné aux

6. Robert Vischer introduisit la notion d'*Einfühlung* dans sa thèse, *Über das optische Formgefühl, ein Beitrag zur Ästhetik*. Stuttgart, Julius Oscar Galler, 1873. Il s'agit d'un processus projectif consistant à attribuer aux objets (esthétiques ou non) des caractéristiques humaines.

robots autonomes peut induire des procès d'identification pas toujours maîtrisables ni souhaitables[7]. Ainsi, au terme du procès dialogique inter- et transactionnel, l'utilisateur humain assigne à certains robots un statut de partenaire. Il les reconnaît comme co-agents dans un micro-monde partagé coopérant pour résoudre une tâche commune.

3.2.2. Du côté du robot

Jusqu'à présent, le robot n'a pas la faculté de se co-construire comme sujet. Dans le dialogue humain-robot, le robot n'est pas capable d'altérité, ni d'intersubjectivité. S'impose alors une *dissymétrie* entre l'agent humain et l'agent artificiel programmé pour accomplir des tâches et dialoguer avec des humains. Mais cette programmation ne relève plus en intelligence artificielle contemporaine d'une programmation dite impérative (description des instructions successives), ni même déclarative (description des règles), mais bien souvent de techniques statistiques par apprentissage dites de *deep learning*[8]. Le robot peut ainsi adapter ses comportements de manière imprévisible et progressive sans intervention humaine. Cet apprentissage dit « profond » utilise des couches cachées de réseaux de neurones artificiels, des *restricted Boltzmann machines*, et des séries de calculs propositionnels complexes[9]. Il en résulte une double autonomie de ces systèmes robotiques : *autonomie de décision* et *autonomie de comportement* qui peuvent les rendre totalement incontrôlables si l'on n'y prête pas attention. En effet, on peut savoir pourquoi ils prennent une décision, mais ne pas savoir quel comportement ils vont adopter face à cette décision.

7. Hiroshi Ishiguro de l'université d'Osaka a construit son double robotique…

8. Les techniques d'apprentissage profond constituent une classe d'algorithmes d'apprentissage automatique utilisant différentes couches d'unité de traitement non linéaire pour l'extraction et la transformation des caractéristiques. Chaque couche prend en entrée la sortie de la précédente. Les algorithmes peuvent être supervisés ou non et leurs applications comprennent la reconnaissance de modèles ou la classification statistique. Ils fonctionnent avec un apprentissage à plusieurs niveaux de détails ou de représentations des données. À travers les différentes couches on passe de paramètres de bas niveau à des paramètres de plus haut niveau (ces différents niveaux correspondent à des niveaux successifs d'abstraction des données).

9. Ackley, D. H., Hinton, G. E., Sejnowski, T. J., « A Learning Algorithm for Boltzmann Machines », *Cognitive science* (Elsevier), 9/1, 1985, p. 147-169.

Selon la tâche en cause et le degré d'autonomie du robot, cette *coopérativité dissymétrique* pose des questions différentes. Si la tâche n'est pas complexe et surtout purement technique, l'enjeu coopératif s'avère simplement praxéologique. Les seuls problèmes posés par une tondeuse à gazon autonome sont de délimiter clairement son champ d'action, de lui fournir une alimentation, et de s'assurer que sa lame est affutée. Mais il se trouve que les champs d'intervention des robots sont de plus en plus diversifiés en nombre et surtout en nature.

Types d'activités robotiques

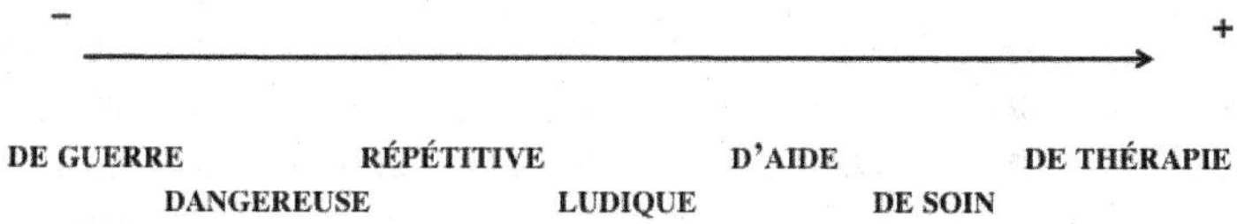

Certains robots ont des fonctions *négatives* de destruction. C'est par exemple le cas de drones militaires autonomes à capacité létale[10]. La question de purement praxéologique devient alors celle proprement *éthique,* et même juridique, du statut et des modalités d'action des agents du procès coopératif. Nous proposons d'aborder cette question cruciale par le truchement du dialogue Homme-Robot comme mode d'attribution la plus complète et la plus achevée de la relation entre ces deux types d'agents.

3.3. La modélisation du jeu dialogique

Le dialogue interhumain est un *Faire* à deux ou à plusieurs qui prend racine dans l'altérité[11] et qui permet de construire une action commune en vue d'un but constituant la visée du dialogue. En recourant à la théorie des jeux[12], nous modélisons l'interaction dialogique comme un *jeu* au cours duquel chaque participant joue des « coups » à l'aide d'actes de discours pour atteindre son but.

10. À noter que les voitures autonomes peuvent aussi tuer accidentellement. La question de leur responsabilité se pose alors de même façon que pour les drones.

11. Caelen, J., Xuereb, A., *Interaction et pragmatique : jeux de dialogue et de langage*, Paris, Hermès, « science informatique et SHS », 2007.

12. Giraud, G., *La Théorie des jeux,* Paris, Flammarion, « Champs Essai », 2009.

Un dialogue se présente donc comme une suite d'échanges (interactions, transactions), visant à résoudre des sous-buts ou des préconditions et à faire progresser les gains (valeurs ou utilités) des joueurs. Il se maintient par l'*intérêt* des acteurs que l'on peut formaliser par des valeurs d'utilité ontiques : être(soi), être(soi-même), être(autre), être(conjoint), avoir(soi), avoir(monde), avoir(autre), avoir(conjoint).

L'algorithme de jeu consiste simplement pour chaque agent à maximiser ses gains. Le jeu s'arrête lorsqu'un point d'équilibre est trouvé entre tous les gains de tous les joueurs. Dans ce modèle, aucune hypothèse n'est faite sur les intentions des interlocuteurs, ni sur les conventions sociales. Et l'éthique se réduit à une certaine *équité* entre les acteurs : l'équilibre des gains. Cette équité est ressentie comme un sentiment de justice naturelle et spontanée, fondée sur la reconnaissance des intérêts de chacun, sans qu'elle soit nécessairement inspirée par les lois en vigueur. Ce sentiment se manifeste par exemple lorsqu'on doit apprécier un cas particulier ou concret sans se laisser guider par les seules règles du droit. C'est une forme de justice qui prend plutôt en considération l'esprit de la loi que sa lettre, pour en tempérer les effets ou la faire évoluer si, comme dit Aristote, « elle se montre insuffisante en raison de son caractère général »[13]. L'équité est sous-tendue par un principe de justice non-écrit, antérieur aux lois et supérieur à celles-ci. Il est donc très difficile de définir ce qui est équitable. Dans le cas d'un dialogue, on dira simplement qu'il est équitable s'il atteint cet état d'équilibre qu'est l'*équilibre de Nash.*

3.4. L'application au robot

Cette modélisation peut s'appliquer également au robot si l'on sait définir la fonction d'utilité qui le concerne dans sa tâche, par exemple le degré de satisfaction dans la réalisation de tel ou tel but. On peut alors simuler le concept d'intérêt pour un robot à l'aide d'une *fonction d'utilité*, par exemple celle de plaire à un opérateur sans pour autant que le robot ait une quelconque conscience de son altérité, il suffit pour cela de viser à satisfaire le gain +être(soi-même). Mais aussi et plus simplement lui donner l'intérêt de gagner

13. Aristote, *Éthique à Nicomaque*, V, 10,6.

progressivement des positions dans un jeu d'échec[14], de go, ou même de poker (ce qu'il ne manque pas de faire en gagnant de nos jours la plupart des compétitions contre des humains). On peut donc considérer le dialogue avec un robot comme un jeu interactionnel dans lequel il se comporte comme un acteur complètement autonome auquel il ne manquerait que la conscience. Il peut même manifester des affects artificiels sans évidemment ne rien ressentir du tout.

4. L'ÉTHIQUE DES ROBOTS

Dans une vision simpliste, on peut considérer le robot comme une « personne », étant donné sa grande ressemblance, toute externe d'ailleurs, avec l'être humain. Déjà Isaac Asimov, dès 1942, dans son roman de science-fiction *Runaround*, avait énoncé ses *Trois lois de la robotique :*

> 1°) Un robot ne peut porter atteinte à un être humain ni, restant passif, permettre qu'un être humain soit exposé au danger.
>
> 2°) Un robot doit obéir aux ordres que lui donne un être humain, sauf si de tels ordres entrent en conflit avec la première loi.
>
> 3°) Un robot doit protéger son existence tant que cette protection n'entre pas en conflit avec la première ou la seconde loi[15].

Ces règles relèvent d'une morale purement rationaliste, d'inspiration kantienne. Mais la « raison pratique », qui inspire une morale du Devoir, n'est en aucune façon un concept empirique. Si, au contraire, nous prenons en compte l'empiricité des types de robot nous devons distinguer :

– le robot « autonome » qui se caractérise par :

- une perception et une intelligence limitées de la situation ;

14. Le 11 mai1997 *Deep Blue* d'IBM a battu Garry Gasparov.

15. *Astounding Science Fiction Magazine*, 1942.

- un sens de l'action inexistant : le robot peut savoir ce qu'il fait, mais n'a pas de raison propre de le faire (il ne peut se fixer des buts que lorsqu'une mission lui a été prescrite) ;
- l'absence de conscience « intérieure ». On peut distinguer deux niveaux dans la conscience : le premier est associé à une certaine structure et aux processus liés à la prise de décision. C'est à cette décision qu'on voit que l'agent est conscient. Le second niveau relève d'une perception, de sensations *intérieures* et d'une analyse du sens de l'action qui sont les vraies raisons d'agir. Ainsi de l'effet miroir : on peut reconnaître sa voix parce qu'on s'entend parler (voie extérieure) ou parce que l'on sait que l'on parle (voie intérieure) ;

Il agit de plus en plus en lieu et place de l'humain, mais est-il responsable en cas d'erreur ou même de nuisance ?

– le robot « compagnon » est un robot autonome bien-intentionné et coopératif, mais sans aucune conscience de ce que sont ses « bonnes intentions » qui peuvent conduire à des bévues ou induire de mauvais comportements vis-à-vis de la personne qu'il assiste.

Quelle est alors la responsabilité de ce robot en cas d'incident même si en ce cas on ne parle plus de nuisance ?

– le robot « espion » (par exemple certains drones militaires) est autonome, mal-intentionné, dirigé volontairement vers des cibles potentielles. Dans le cas où il est semi-autonome, la limitation des capteurs et de la perception du téléopérateur *via* les interfaces du robot aggrave les conséquences d'une mauvaise prise de décision. L'opérateur est-il en droit dans ce cas de déléguer sa responsabilité au robot en prétendant que c'est le robot qui a tiré sur la cible ?

Depuis Asimov on s'interroge sur une « éthique des robots ». Entre 2006 et 2007, le gouvernement de Corée du Sud[16] et le *Réseau de recherche européen sur la robotique* (Euron)[17] posent la possibilité d'établir une charte du droit des robots. Le robot est tenu pour un

16. *Charte éthique des robots*, 2007 ; http://www.lemonde.fr/international/article/2007/03/07/la-coree-du-sud-elabore-une-charte-ethique-des-robots_880397_3210.html.

17. Http://cerna-ethics-allistene.org/digitalAssets/38/38704_*Avis_robotique_livret*.pdf.

« sujet » autonome et « intelligent », doté de devoirs et de droits : il ne doit pas nuire à l'humanité et l'humain ne doit pas lui nuire. Ce sont en quelque sorte des principes moraux « maximalistes » qui posent le robot comme « personne responsable » :

> Tout comme a été créée la notion de personne morale, il devrait être possible de créer une *personne robot* afin de lui reconnaître des droits et obligations qui l'assimileront à une personne physique. Enfin, il conviendrait de lui attribuer une identité, avec par exemple un numéro identifiant, et de la doter d'un patrimoine, englobant tous les biens représentatifs inhérents au fonctionnement du robot [18].

D'autres proposent d'intégrer des règles morales dans le comportement du robot qui pourraient le contraindre vertueusement :

> Aussi, il nous semblerait plus pertinent d'intégrer dans le protocole régissant le comportement du robot un ensemble de lois qu'il ne peut enfreindre, et d'établir un cadre juridique international strict concernant leur usage [19].

Dans le prolongement du principe de non-nuisance (*harm principle*) de John Stuart Mill, Ruwen Ogien plaide pour un minimalisme moral radical au sens où « ce que nous faisons de nous-mêmes n'a *aucune* importance morale » (*indifférence morale du rapport à soi-même)* :

> Comme les conceptions rationalistes du droit, les conceptions minimalistes de la morale se proposent de limiter leur domaine. Elles recommandent de réserver l'application du mot « immoral » aux relations injustes envers les autres (humiliation, discrimination, exploitation et manipulation cyniques, atteintes aux droits, gestion des relations par la menace, la violence ou d'autres formes de contrainte, *etc.*) et d'éviter de l'utiliser pour évaluer tout ce qui, dans nos façons de vivre, nos pensées, nos actions, ne concerne que nous-mêmes, ce que nous faisons entre personnes consentantes, ou

18. Bensoussan, A., *Droit des robots*, Paris, Larcier, « Lexing », 2015.

19. Sarre, O., *Le Droit des robots*, http://www.implications-philosophiques.org/recherches/le-droit-des-robots/

> nos relations envers des choses abstraites (« Dieu », la « Patrie », la « Nature », la « Société », l'» Homme », etc.) [20].

Ces principes conduiraient à ce que le robot n'a pas à se sauvegarder lui-même, mais simplement à veiller à ne pas nuire aux humains. Si de plus on considère que le robot n'est pas une « personne », les humains n'ont pas d'obligation à ne pas lui nuire. Le minimalisme moral se réduirait donc à : « le robot ne doit pas nuire à l'humain ».

En-deçà de ces deux tendances, minimalisme et maximaliste, que nous dit le droit actuel sur l'utilisation des machines en général ? Traditionnellement, avec des machines considérées comme des outils, la responsabilité incombe à l'opérateur (mauvais usage) ou au fabricant (pannes, erreurs) en cas de non-conformité. Mais dans le cas de robots autonomes le problème est plus délicat car :

- l'opérateur n'a pas le contrôle total du robot (même s'il le pilote à distance) ou il peut en avoir une confiance démesurée (sentiment de toute-puissance chez les pilotes de drones) ;
- les réseaux d'acteurs diluent la responsabilité (ordonnateur, opérateur, programmeurs, fabricants, *etc.*), d'où un effet de chaînes d'acteurs, mais aussi une division et dilution des rôles (par ex. il peut y avoir plusieurs programmeurs) ;
- dans certains cas intervient une dimension émotionnelle positive dans la prise de décision chez l'humain (par ex. peur de mal faire) qui ne constitue plus une barrière pour le robot ;
- la complexité du robot est croissante et personne ne maîtrise un logiciel dit de *deep Learning.*

Il en résulte une perte du sens de la responsabilité chez l'opérateur accompagnée d'une diminution de la vigilance ou d'un excès de confiance dans le cas d'un pilotage à distance, ou même d'un total abandon de la prise de décision à un robot autonome si ce dernier est laissé à lui-même.

20. *L'éthique aujourd'hui. Maximalistes et minimalistes*, Paris, Gallimard, 2007.

Par ailleurs, le robot ne peut non plus être tenu pour responsable de ses erreurs, car :

- est-il capable d'évaluer complètement une situation et les conséquences de ses actions ?
- a-t-il toutes les informations pragmatiques nécessaires ?
- a-t-il toutes les règles de droit, principes et normes nécessaires pour régler son comportement ?
- et le bon jugement pour les appliquer ?
- et la conscience sociale ? La notion d'altérité ?
- quelle limite trouver entre risque et sécurité ? Que signifient ces termes pour un robot ?
- peut-il ressentir de la douleur, du remords, *etc.* dans le cas d'une faute ? Que lui importent les sanctions ?

Il est évident que les *robots ne sont pas des agents capables de raisonnements éthiques ou moraux*, ni dans une éthique maximaliste, ni même dans une éthique minimaliste. Comme toute machine, les robots ne sont ni moraux ni immoraux, mais *amoraux* : c'est l'utilisation qui en est faite, sous-jacente à des décisions humaines, qui déterminera si leur emploi est ou non éthique et si le comportement du robot est *in fine* éthique ou non. Le robot doit être considéré comme une machine ordinaire, à savoir un *outil*, pour pouvoir entrer dans la législation existante liée à son emploi, par exemple le code de l'aviation pour les drones.

Comment alors régler la question de l'autonomie soulevée ci-dessus puisque dans ce cas le robot sort du contrôle de l'utilisateur et/ou du fabricant ? Faudrait-il dès lors que le dialogue homme-robot soit éthique de manière à ce que le robot ne se dérobe pas au contrôle de l'opérateur et qu'il soit considéré comme un agent rationnel, responsable de ses actes de discours comme sujet dialoguant et sincère dans une situation de dialogue, en informant en permanence l'opérateur de ses actions même si celui-ci ne lui demande pas ?

5. LE DIALOGUE HOMME-ROBOT DOIT-IL ÊTRE ÉTHIQUE ?

Comme on l'a vu, la théorie des jeux permet de modéliser un concept d'*équité* que nous allons mettre à profit à partir des principes suivants :

1°) le dialogue homme-robot ne peut pas être éthique, mais il peut être équitable ;

2°) la vérité des faits reste contextuelle et découle d'une délibération collective reposant sur des normes communautaires et non universelles. Elle ne peut être établie qu'une fois la mission du robot terminée ;

3°) la responsabilité des agents est fondée sur leur *engagement*, non sur une quelconque rationalité *a priori* ou sur un calcul utilitariste. Le robot doit participer de cet engagement en fournissant des données authentiques, dialoguant « sincèrement »[21] et fournissant les raisons de ses décisions (plus prosaïquement gardant une trace de ses actions), ce qui dessine des contraintes pour la programmation du robot et l'amélioration progressive de son comportement de manière récursive.

Il s'agit donc de rendre explicites les engagements mutuels des co-agents de manière à les obliger à assumer leurs responsabilités et à les sanctionner en cas de faute. Il convient alors de définir les intérêts (valeurs de gains) du robot dans notre modèle de jeu, par exemple de la manière suivante :

1°) « servir » l'humain qui l'utilise, donc viser à maintenir le gain = +être(conjoint) ;

2°) être « sincère » dans le dialogue au niveau des échanges, donc viser à maximiser le gain = +être(soi) ;

3°) avoir un comportement « engagé », donc viser à augmenter son utilité de gain = +avoir(monde) ou de gain = +avoir(autre), c'est-à-dire à maximiser les intérêts de l'opérateur.

21. Par exemple, ne pas cacher ou falsifier des faits ou des données comme dans le cas des logiciels falsifiés sur la pollution des moteurs diesel de *Volkswagen*.

L'utilisation du robot autonome sera alors « éthique » si :

1°) un accord préalable établit les règles ou les normes comportementales du robot entre agents concernés, avant chaque mission du robot ;

2°) l'opérateur et/ou l'usager restent présents et engagés dans l'interaction homme-robot pendant toute la durée de la mission ;

3°) les règles sont réajustées dans un souci d'amélioration permanente d'une mission à la suivante.

Dès lors, le déroulement d'une mission, telle celle d'un drone militaire, pourrait être le suivant :

1°) délibérer avant la mission pour définir les normes ou les règles propres à la mission et engager tous les acteurs dans leurs responsabilités (donneurs d'ordre, opérateurs, équipes techniques, etc.) ;

2°) maintenir les opérateurs humains engagés dans l'interaction avec le robot même, ce surtout si le robot a un comportement autonome ;

3°) fixer des limites techniques au robot (par exemple l'empêcher de tirer si les conditions perceptives ne sont pas bonnes ou que deux cibles se présentent dans le viseur)[22] ;

4°) lui faire enregistrer toutes les données sensibles de la mission, notamment exiger qu'il fournisse des « faits » au retour de mission (sorte de boîte noire), faits qui doivent être authentifiés ;

5°) examiner ces faits au regard des règles établies au début de la mission, les justifier et les juger dans un souci d'amélioration progressive.

22. Comme dans le cas de l'opération conduite en novembre 2001 contre le chef des opérations militaires d'Al-Qaïda aux alentours de Kaboul : les deux missiles tirés depuis un *Predator* ont effectivement atteint leur but, mais au moment de l'impact la voiture visée croisait un car scolaire, ce qui provoqua de nombreuses victimes parmi les enfants.

EXEMPLE DE DIALOGUE « ÉTHIQUE »
POUR UNE MISSION AVEC UN DRONE AUTONOME

1 – Discussion de la mission entre responsables qui conduit à la règle qui sera implémentée dans le robot :
Règle = F^A(tirer) si et ssi $\exists!x$: objet(x) $\wedge$ viseur(x) *(= cible unique dans le champ de vision)* principe de précaution (ici sous forme de limitation technique)

2 – Interaction proprement dite au cours de la mission
(...)
Opérateur = « qu'est-ce que tu détectes ? » $F^{FS}(x)$: objet(x)
Robot = « c'est un pick-up » principe de sincérité $F^S(x)$: pick-up(x)
Opérateur = « tire » F^F(tirer(x))
Robot = « il y a aussi un bus, que faire ? » application principe de précaution $F^S(x,y)$: bus(y) $\wedge$ F^F(décision) fait prendre la décision à l'opérateur par maintien de son engagement initial qui ne peut alors se dérober à ses responsabilités car +être(soi) comme gain
Opérateur = « OK, attends » $F^F(\neg$tirer(x))
Ou Opérateur = « tire, je te dis !! » F^A(tirer(x))
Robot = F^A(tirer) $\wedge$ « je fais un rapport » $\wedge$ F^A(rapport)

3 – Trace de la séquence = engagement du robot à restituer les faits au retour de mission car il y a eu violation du principe de précaution.

In fine, un robot n'est pas plus éthique qu'un avion qui possède lui aussi un système de pilotage automatique. Son pilote reste engagé pendant tout le temps de vol, même s'il dort, ainsi que les aiguilleurs du ciel ou toute personne engagée par le vol. Du point de vue de l'interaction, l'avion enregistre tout ce qui se passe pendant le vol d'une manière objective. En cas d'erreur ou de catastrophe, la justice recherche les responsabilités au vu des données enregistrées : constructeur d'avion, pilotes, service de maintenance, contrôles portuaires, aiguilleurs, *etc.* Du point de vue éthique, un robot autonome n'est pas différent d'un avion.

CONCLUSION

Après avoir défini de façon incrémentale les divers types de robots actuels, nous nous sommes focalisés sur les robots autonomes qui, les plus sophistiqués, posent des questions éthiques et juridiques tout aussi inédites qu'importantes. Ces robots jouent le rôle d'agents possédant une réelle autonomie décisionnelle et comportementale.

En abordant ces questions du point de vue de l'interaction utilisateur-robot, nous avons dégagé une *dissymétrie* irréductible entre l'opérateur et le robot qui ne permet pas de le considérer comme un authentique agent moral. Dès lors, l'enjeu éthique réside dans la maîtrise d'une interaction homme-robot interdisant certains gains (fonctions d'utilité) dans le jeu interactionnel et en favorisant d'autres pour assurer un dialogue « équitable ». Nous avons souligné, en particulier à propos des drones militaires, la nécessité de maintenir l'engagement et la responsabilité des acteurs pendant une mission.

Ainsi, l'éthique d'un robot autonome ne peut que résulter d'une discussion préalable sur les missions et le comportement attendu du robot ainsi que sur la responsabilité de l'ensemble des acteurs impliqués dans la mission.

Pistes, Revue de philosophie contemporaine 1 (2021)
326 p., ISBN : 978-2-7116-8425-0, p. 273-318, Vrin.

Le numérique et la vie

Arthur GUEZENGAR *

RÉSUMÉ

Le numérique s'est imposé comme la principale révolution technologique du XXIe siècle. Les capacités cognitives des appareils électroniques et leur diffusion dans l'ensemble de la population ont atteint un stade inédit qui dépasse le domaine de l'information communication, mais s'étend à l'ensemble des activités humaines, conduisant à l'émergence d'un nouvel ordre économique et social. En s'appuyant sur les distinctions anthropologiques établies par Hannah Arendt, cet article propose de montrer en quoi les Nouvelles Technologies de l'Information conditionnent un nouveau rapport au monde qui remet en cause les fondements d'une éthique humaniste.

Mots-clés : Technologies de l'information et de la communication ; Société numérique ; Arendt, Hannah (1906-1975) ; Philosophie du travail.

* IPhiG, Université Grenoble Alpes, artguezengar@wanadoo.fr.

INTRODUCTION

> La poursuite universelle du bonheur et le malheur généralisé dans notre société (…) sont les signes très précis que nous avons commencé à vivre dans une société du travail qui n'a pas assez de labeur pour être satisfaite [1].

Rédigée à la fin des années 1950, cette formule d'Hannah Arendt illustre l'ambiguïté qui caractérise l'évolution de la société contemporaine dans son rapport au travail. Alors que les différentes révolutions techniques n'ont cessé d'améliorer les conditions d'existence humaine, au point d'atteindre un niveau de production et de confort pour tous que n'auraient même pas pu envisager les utopistes des siècles passés, le travail n'a jamais été aussi au cœur de la vie sociale, au point que la lutte contre le chômage de masse soit devenue l'un des chevaux de bataille les plus constants des politiques publiques des pays développés. Malgré une prise en charge de plus en plus poussée des activités humaines par la technique, le travail détermine toujours autant la vie des sociétés. Libéré des nécessités imposées par la nature pendant des siècles, l'homme semble éternellement condamné à gagner son pain à la sueur de son front, comme si l'accroissement sans précédent de la productivité n'avait rien changé à sa condition anthropologique fondamentale.

Face à ce paradoxe d'une société où la technique assure un nombre d'activités toujours grandissant, mais où le travail continue à occuper une position centrale dans l'ordre social, la pensée arendtienne offre une clé de lecture toujours d'actualité des évolutions de la société contemporaine. Confrontée à un monde caractérisé à la fois par la prédominance de l'industrialisation et la naissance de la société de consommation, Hannah Arendt ne procède pas à une critique de la technique comparable à celles d'Heidegger ou de Günter Anders. En opposant deux notions, travail (*labour*) et œuvre (*work*), là où la majorité des auteurs n'ont vu qu'une unique activité de production, elle nous donne les outils

1. Arendt, H., *Condition de l'homme moderne* (1958), trad. fr. G. Fradier, Paris, Calmann-Lévy, 2010, p. 185.

conceptuels nécessaires pour penser l'évolution d'une société numérique où les activités humaines ne sont plus prises en charge par des machines mais par des applications et des objets connectés. En procédant à une analyse croisée de la définition arendtienne de la condition humaine et des travaux d'Éric Sadin sur les évolutions de la révolution numérique, il s'agit de déterminer comment la technique prend en charge l'ensemble des activités quotidiennes, prenant dès lors la forme d'une « industrie de la vie ».

DE LA MÉCANIQUE AU NUMÉRIQUE

De la machine à vapeur jusqu'aux nouvelles technologies de l'information, les grandes innovations technologiques ont contribué à alléger le poids du travail dans l'ensemble des activités humaines, que ce soit dans la production industrielle, les transports, ou les tâches domestiques. La mécanisation des activités humaines a pris en charge de plus en plus de tâches auparavant nécessaire pour assurer l'existence individuelle, et a contribué à modifier en profondeur l'anthropologie et la structure sociale traditionnelle. Une activité aussi centrale et éprouvante que la blanchisserie, synonyme d'exploitation domestique pendant des siècles pour des pans entiers de la société tels que les femmes ou les intouchables, a ainsi complètement disparu du paysage social des sociétés développées, assurée désormais par des machines à laver qui se sont répandues dans toutes les habitations. Durant les deux premières révolutions industrielles, ce processus a essentiellement été d'ordre mécanique. La machine à vapeur puis l'électricité ont été les principaux moteurs de cette prise en charge des activités humaines au cours des derniers siècles, qui a permis l'accroissement exponentiel de la productivité. Depuis le début du XXIe siècle, ce processus a pris au contraire une forme essentiellement numérique, grâce à un double processus d'innovation à l'œuvre depuis la seconde moitié du XXe siècle.

La multiplication des objets électroniques privés a contribué à diffuser la technique dans tous les secteurs de la vie humaine. La formule de Jacques Ellul affirmant que « la Technique est en fait le milieu de l'homme »[2] n'a jamais autant fait sens qu'à l'heure actuelle. Non seulement le rapport au milieu naturel n'a cessé de se réduire depuis l'époque où Ellul a rédigé son texte, mais nous vivons de plus entouré d'objets technologiques toujours plus complexes, qui nous accompagnent désormais dans tous les moments de la vie quotidienne. La généralisation des ordinateurs dans les foyers au cours des années 1980 a d'abord créé une familiarité avec l'environnement numérique s'étalant sur plusieurs générations, tandis que la miniaturisation des outils informatiques et leur plus grande autonomie a renforcé la proximité entre l'utilisateur et l'appareil. Les machines ne sont plus des outils collectifs destinés à des espaces spécialement dédiés à la production, ni même des appareils privés destinés à un usage commun au sein du cercle familial. L'évolution des appareils numériques a engendré une relation plus étroite, voir presque exclusive, entre la machine et son utilisateur, qui se traduit par une nouvelle corporalité :

> Nouvel acquis de la corporalité non plus ici repliés à un usage personnel et privé, mais favorisant de nouvelles pratiques relationnelles. (...) Avènement de « l'artefact exclusif » défaisant la nécessité historique du partage d'instruments communs au cercle familial ou au milieu professionnel, au profit d'un nouveau type de rapport reliant objet et usager uniques, seulement destinés l'un à l'autre [3].

Ce processus d'intensification du lien entre l'homme et la technique est d'autre part amplifié par l'accroissement exponentiel des capacités de calcul des ordinateurs depuis les années 1960. Suivant la courbe de la loi de Moore, les capacités sans cesse accrues des processeurs ont abouti à une forme de « redoublement algébrique du monde » [4]. Le phénomène du *Big Data* est caractéristique de cette évolution de la technologie numérique. L'augmentation des capacités de stockage et d'analyse de l'information a

2. Ellul, J., *Le système technicien*, Paris, Le Cherche Midi éditeur, 2004, p. 49.

3. Sadin, É., *L'humanité augmentée : l'administration numérique du monde*, Montreuil, Éditions l'échappée, 2013, p. 57.

4. *Ibid.*, p. 44.

contribué à faire littéralement exploser le volume des données quotidiennement produites par les activités humaines, en particulier celles des réseaux sociaux. À titre d'exemple, Facebook génère à lui seul plus de 4 Pétaoctets de données par jour [5]. D'abord conçues à des fins de gestion administrative ou industrielle, l'explosion des bases de données a permis une nouvelle forme d'interprétation du monde dans l'ensemble des secteurs d'activités économiques, politiques, ou scientifiques. Les capacités interprétatives des algorithmes gérant ces bases de données jouent désormais un rôle central dans toute tentative d'évaluation des risques commerciaux, des évolutions climatiques, ou des comportements individuels. L'intelligence computationnelle des algorithmes tient alors non seulement dans sa capacité à décrire la réalité du monde à niveau de détail extrêmement fin, mais également dans ses capacités de prédiction de ses évolutions. La révolution numérique consiste ainsi dans la constitution d'une couche mathématique de données chiffrées sur tous les aspects de la réalité.

Plus que les objets eux-mêmes, ce sont les données produites par les activités humaines qui constituent désormais les principaux intermédiaires entre les hommes et entre les choses. L'espace des données immatérielles forme un monde numérique à part entière, garantit par les serveurs d'accès à internet, dans lequel les individus peuvent interagir et laisser une trace qui leur est propre. Cette évolution du numérique s'oppose ainsi à la conception de l'intelligence artificielle héritée de la cybernétique, telle qu'elle a pu être développée par Marvin Minsky dans *La Société de l'esprit* par exemple. Alors qu'aucun ordinateur ne parvient encore à imiter le fonctionnement de l'intelligence humaine, l'intelligence computationnelle des appareils numériques va au-delà des capacités humaines de calcul et d'anticipation du réel. Au lieu du projet démiurgique de création d'un être artificiel anthropomorphique, l'industrie numérique a donné naissance à une multitude d'appareils individuels et de flux de données qui se superposent aux activités humaines. La « société technicienne » décrite par Ellul prend désormais la forme d'un tout organisé par les flux d'informations et les protocoles interprétatifs.

5. « 53 Incredible Facebook Statistics and Facts for 2016 », *Brandwatch*, 1er juin 2019, URL : https://www.brandwatch.com/blog/facebook-statistics/, consulté le 24 mars 2020.

À une société fondée sur la production d'objets techniques se substitue une société computationnelle de récolte de l'information où l'objet technologique est l'intermédiaire permettant de l'analyser et de l'interpréter.

La multiplication des smartphones est le résultat concret le plus évident de ce double processus. Objet portable éminemment personnel, il garantit un accès spatio-temporel avec le monde numérique et une interconnexion continue des usagers. La combinaison de la géolocalisation et de la 4G permet même l'apparition d'une forme de réalité augmentée, en assurant l'accès à des informations continues sur le monde en fonction de l'emplacement réel de l'utilisateur. La nécessité de la recherche sur internet est elle-même réduite par la multiplication des applications, qui assurent une adaptation de plus en plus fine aux besoins de l'usager, l'informant en temps réel, en fonction de sa position et de ses préférences. L'individu est intégré en permanence avec la communauté numérique tout en se voyant offrir un suivi personnalisé par un appareil qui fait presque corps avec lui-même. L'inflation des applications joue donc un rôle décisif dans la technologie numérique et témoigne d'une nouvelle évolution de la société computationnelle décrite par Éric Sadin. Elles contribuent à dépasser l'ère de l'accès, où l'indexation des pages et les recherches de l'utilisateur sont les principaux moteurs de la connexion internet, pour entrer dans un âge de l'« assistanat hyper individualisé »[6] fondé sur la prise en charge des comportements par les dispositifs numériques.

Les nouvelles technologies de l'information et le développement des smartphones contribuent dès lors à poursuivre le phénomène d'allégement des activités humaines en assurant l'automatisation de nouveaux secteurs de la vie par de nouvelles applications. Depuis les bracelets chargés d'analyser les différentes phases du sommeil en enregistrant le rythme cardiaque et respiratoire de l'usager, jusqu'aux lunettes intelligentes capables de « mesurer les ondes cérébrales de l'utilisateur pour l'aider à réduire son stress ou à pratiquer la méditation »[7], en passant par toute la gamme de *sextoys* connectés proposant des fonctions de vidéoconférences, le développement des

6. *L'humanité augmentée*, *op. cit.*, p. 92.

7. « Safilo : des lunettes connectées à votre cerveau », https://www.objetconnecte.net/safilo-lunettes-connectees-2812/, 28 décembre 2016, consulté le 22 mars 2020.

objets connectés amplifie ce processus en instaurant un lien toujours plus étroit entre l'utilisateur et ses appareils. Chaque activité semble désormais pouvoir faire l'objet d'une évaluation par un système numérique chargé de la réguler en fonction de la personnalité de son usager. La voiture intelligente développée par Google annonce ainsi clairement sa volonté de prendre en charge les fonctions de transport pour libérer l'être humain d'une nécessité quotidienne : « Imagine if everyone could get around easily and safely, without tired, drunk or distracted driving. Time spent commuting could be time spent doing what you want to do »[8]. Tout en remettant en cause les capacités de l'être humain à assurer convenablement les fonctions liées à la conduite, Google nous propose de les prendre en charge afin de dégager plus de temps libre.

Le projet de voiture intelligente poursuit le processus d'égalisation des conditions en démocratisant ce qui était auparavant un privilège réservé à ceux pouvant se permettre de disposer d'un chauffeur. Il s'inscrit ainsi dans le cadre des évolutions sociétales décrites par Tocqueville dans *De la démocratie en Amérique*. Tocqueville fait en effet de la démocratie un état social caractérisé par l'égalité entre ses membres, qui s'oppose à celui de l'aristocratie. Il ne s'agit toutefois pas d'une égalité économique stricto-sensu, qu'elle joue également un rôle, mais d'un rapport égalitaire entre les différentes classes sociales qui s'inscrit dans les mœurs. Comme le montre son analyse du rapport entre maître et domestiques[9], Tocqueville souligne la persistance des distinctions sociales dans la société américaine. Son caractère démocratique vient alors du rapport entre les deux classes et de l'aspiration des domestiques à atteindre le même mode de vie que leurs maîtres, contrairement à une société aristocratique où ces rapports sont figés.

Les différentes innovations technologiques qui se sont succédées depuis 1830, époque où Tocqueville rédige *De la démocratie en Amérique*, et leur popularisation – en particulier à partir des années 1950 – ont alors contribué à renforcer cette structure sociale démocratique en permettant aux classes populaires d'accéder à un mode de vie jusque-là réservé à une élite sociale, sans pour autant remettre

8. GOOGLE, « Waymo », https://waymo.com/, consulté le 21 mars 2020.

9. Tocqueville, A., *De la démocratie en Amérique*, t. II, Paris, Garnier-Flammarion, 1981, p. 221.

en cause l'ensemble des inégalités socio-culturelles. Le développement de l'électricité, de l'automobile, ou même des inventions plus prosaïques comme les machines à laver, ont contribué à prendre en charge un ensemble de tâches essentielles dans des domaines comme le transport ou la vie courante, rendant ainsi accessible un mode de vie qui impliquait auparavant le recourt à un nombre parfois important de domestiques, et donc à un capital conséquent. De la même manière, le numérique prend la suite d'un processus de prise en charge des activités par la technologie, en étendant sa capacité d'assistance à des pans toujours plus étendus de la vie humaine.

L'AUTOMATISATION DU MONDE

Les innovations de la technologie numérique continuent le processus de libération des nécessités de la condition humaine à l'œuvre depuis la première révolution industrielle, qui commence avec l'apparition de la machine à vapeur au début du XIXe siècle et les premières formes d'automatisation du travail, et s'est poursuivi tout au long des XIXe et XXe siècles à travers différentes révolutions et innovations technologiques telles que l'accès à l'électricité ou le développement de l'automobile. Les nouvelles technologies numériques se démarquent néanmoins par l'autonomie accordée aux objets chargés de la mettre en application. La technique a en effet traditionnellement une dimension *extensive* par rapport aux activités humaines. Les outils prolongent le corps de leur utilisateur, lui permettant de réaliser des tâches qu'il ne pourrait pas faire naturellement ni aisément. De même les machines-outils, malgré les critiques des philosophes qui, de Karl Marx à Jacques Ellul, ont dénoncé l'inversion de ce rapport initial et l'aliénation qu'elle engendre, ont besoin de l'activité humaine pour continuer sans dysfonctionnement.

Dans *Le bluff technologique*, Ellul critique ainsi le développement de la sphère audiovisuelle, en soulignant le fait que le système technicien qu'est la télévision ou la radio implique de produire sans cesse du nouveau contenu sans se préoccuper de la qualité des contenus produits : « *Il faut* émettre tous les jours, et tous les jours quelque chose de nouveau. Alors on se trouve pris dans un terrible engrenage. *Il faut.* C'est-à-dire : n'importe quoi pourvu que l'écran ne soit pas vide »[10]. Ellul insiste ici sur la dimension technique de l'univers audio-visuel, et en particulier sur la qualité et la performance des système de diffusion des images, affirmant notamment qu'« on a des appareils extraordinaires (et qui lorsqu'il y aura la télévision par satellite le seront encore plus) »[11]. Cette qualité intrinsèque de l'outil technologique devient alors le cœur d'un renversement de paradigme entre l'instrument et son utilisateur. L'outil de transmission qu'est la télévision n'est plus au service des producteurs de contenus artistiques ou intellectuels, dont elle permettrait la diffusion; ce sont au contraire les producteurs de contenus qui sont désormais au service de l'instrument audiovisuel, dont ils doivent accepter les normes et respecter l'impératif de diffusion continu. Ce n'est plus l'homme qui détermine la finalité d'un outil, mais l'outil qui implique son propre usage :

> La liberté était bien mal servie ! Une fois de plus apparaissait l'un des grands faits de l'absurde de technicien : on avait l'instrument, l'appareil, mais on avait rien à lui faire transmettre ! (...) C'est un test de fond : la communication devient de plus en plus perfectionnée, rapide, mondiale, exacte, etc. Malheureusement il n'y a rien à communiquer ! Que des banalités ou des futilités. Mais *l'appareil est là* : *il faut* s'en servir [12] !

L'appareil technologique devient donc le cœur de la relation outil/utilisateur, la nécessité de l'utiliser ordonnant ses propres conditions d'utilisation au détriment des finalités des producteurs. Pourtant, bien que cette critique puisse toujours être d'actualité, elle s'inscrit dans le cadre d'un paradigme technologique caractéristique du XXe siècle, tel qu'Ellul le dénonce depuis les années 1950, en particulier dans *Le système technicien.* En effet, malgré l'inversion du rapport entre l'objet et son utilisateur, le producteur ne disparaît pas complètement de l'équation. Bien que l'outil technologique conditionne son propre usage, au détriment des finalités imposées par l'usager, il continue de dépendre directement de l'activité humaine pour continuer à fonctionner. De la même manière que les ouvriers

10. Ellul, J., *Le bluff technologique,* Paris, Librairie Arthème Fayard/Pluriel, 2019, p. 379.
11. *Ibid.*
12. *Ibid.*

sont nécessaires pour faire fonctionner toute la chaîne de production d'un système industriel tayloriste, bien que la machine-outil conditionne l'ensemble de leurs gestes, les grandes chaînes audiovisuelles ont toujours besoin d'être alimentées par des producteurs de contenus, même de mauvaise qualité. Le travail reste donc au cœur du système technicien décrit par Ellul. L'inversion du rapport outil/utilisateur ne prétend pas transformer l'appareil technologique en pur prestataire de service duquel tout travail humain serait absent.

Les « voitures intelligentes », du moins telles qu'on les présente souvent aujourd'hui – c'est-à-dire avant qu'elles soient opérationnelles ou mises sur le marché – offrent une tout autre relation avec leur usager et se caractérisent par leur dimension *substitutive*. Contrairement à une machine-outil actionnée par un ouvrier ou à un logiciel entièrement déterminé par son programme, les dispositifs dit *intelligents* disposent d'une marge de manœuvre leur permettant d'entreprendre des actions indépendamment d'une intervention humaine. Les principes de l'« informatique cognitive » s'imposent par rapport à la simple programmation, renforçant ainsi l'autonomie des applications numériques. Les logiciels ne sont plus censés suivre simplement leur programme mais disposer également d'un perfectionnement autonome acquis au cours de leurs expériences. Cette faculté d'auto-amélioration se traduit dès lors dans les capacités d'interprétations des données, qui deviennent de plus en plus précises à mesure que les systèmes numériques établissement des corrélations et analyses un plus grand nombre d'informations. Déjà présente sur les marchés financiers sous la forme du trading algorithmique, où elle permet de procéder à des échanges optimaux à une vitesse de calcul inaccessible pour un être humain, l'intelligence artificielle s'impose dans un nombre grandissant de domaines d'expertises où elle parvient se substituer au jugement humain.

La libération que propose Google n'est donc pas seulement un allégement des contraintes de la conduite, mais une prise en charge plus ou moins intégrale de celle-ci par l'outil lui-même. En soulignant que l'homme n'est pas toujours apte à assurer ces fonctions, puisqu'il peut conduire en état de fatigue ou d'ébriété, l'entreprise propose de le remplacer par un appareil qui fera mieux, tout en lui apportant une plus grande liberté. La machine libère donc l'homme de la nécessité du transport en le remplaçant directement dans ces tâches. Les propos d'Éric Schmidt, PDG de Google, mettent particulièrement en avant cette dimension de la révolution industrielle en cours : « ce que nous essayons de faire c'est de construire une humanité augmentée, nous construisons des machines pour aider les individus à mieux faire les choses qu'ils n'arrivent pas à bien faire eux-mêmes »[13]. La volonté de libération de la nécessité va donc de pair avec un désir d'amélioration de l'humanité. La technique n'est pas simplement mise au service de l'individu, elle contribue également à combler ce qui apparait comme une insuffisance de l'être humain en se substituant à ce dernier.

NUMÉRIQUE ET AUTONOMIE MORALE

Derrière le projet de numérisation du monde porté par les géants du web se trouve ainsi une forme de disqualification du jugement et de la décision individuelle au profit des capacités accrues de la technique. L'homme ne peut prétendre aux mêmes capacités de calcul et d'interprétations que les appareils numériques. Ses limites physiologiques et intellectuelles ne lui permettent pas de disposer en permanence des informations nécessaires pour pouvoir déterminer les conséquences de ses choix. Sa décision est nécessairement biaisée par l'absence d'information, par la subjectivité, ou simplement par le manque de temps disponible. Au contraire, les facultés computationnelles des outils informatiques leur assurent des facultés de jugement supérieures puisqu'ils peuvent disposer de l'ensemble des informations nécessaires pour faire le choix optimal et déterminer ses conséquences. L'intelligence artificielle tend ainsi à se substituer aux jugements des experts pour les compagnies d'assurance, où elle est gage d'objectivité et de fiabilité pour s'assurer de la solvabilité d'un client.

Pour Éric Sadin, « l'ontologie technolibertarienne consiste à disqualifier l'action humaine au profit d'un être computationnel jugé supérieur »[14]. Face aux faiblesses cognitives de l'être humain,

13. Cité par É. Sadin, *La Siliconisation du monde*, Montreuil, éditions l'échappée, 2016, p. 92.
14. *Ibid.*, p. 108.

les partisans de la révolution numérique opposent la puissance d'interprétation des appareils connectés et du *data mining*. Capables de disposer de toutes les informations nécessaires, ils sont à même de faire le meilleur choix possible selon les critères censés garantir un maximum de bien-être aux usagers. Cette conception de l'insuffisance de l'être humain comblée par les prouesses techniques est caractéristique d'une société technicienne fondée sur une téléologique du monde. Elle met en avant la fiabilité des appareils numériques, capables d'analyser les informations et de gérer plus efficacement une situation donnée selon un programme précis. La disqualification de la décision individuelle à l'œuvre dans la révolution numérique s'oppose dès lors à l'imprévisibilité qui caractérise l'action humaine.

Comme le rappelle Hannah Arendt, toute action individuelle a en effet lieu dans un monde composé d'une pluralité d'acteurs distincts qui peuvent chacun lui donner un sens différent. Les conséquences de cette action s'avèrent dès lors hautement imprévisibles :

> Le nouveau a toujours contre lui les chances écrasantes des lois statistiques et de leur probabilité qui, pratiquement dans les circonstances ordinaires, équivaut à une certitude ; le nouveau apparaît donc toujours comme un miracle. Le fait que l'homme est capable d'action signifie que de sa part on peut s'attendre à l'inattendu, qu'il est en mesure d'accomplir ce qui est infiniment improbable [15].

Par sa capacité à agir, l'individu est libre de tout déterminisme puisqu'il peut poser de nouveaux actes qui contredisent la régularité du monde naturel. Cette imprévisibilité se retrouve d'ailleurs jusque dans le caractère unique de chaque individu qui est à lui seul un nouveau phénomène impossible à déterminer. Malgré toutes les tentatives de la sociologie ou de la psychologie pour rationaliser l'action humaine, tout acte se présente comme un événement irréversible qui remet en cause la situation antérieure. Par ailleurs, l'action humaine ne peut avoir lieu en dehors d'un groupe d'individus agissant ensemble. Il n'est donc pas possible de prévoir les conséquences qu'aura un acte une fois qu'il a eu lieu. Si le sujet de l'action est libre de son acte, celui-ci se perd dans un faisceau de

15. Arendt, H., *Condition de l'homme moderne*, *op. cit.*, p. 234.

réactions et de nouvelles actions au cours desquelles le sens premier de l'acte se perd dans la multitude des acteurs qui vont s'en saisir et l'interpréter différemment que son auteur. Comme l'expose Arendt, « parce que l'acteur se meut toujours parmi d'autres êtres agissants et par rapport à eux, il n'est jamais pleinement agent mais toujours et en même temps patient »[16].

L'élément de nouveauté qu'implique tout acte s'oppose ainsi aux certitudes statistiques qui nécessitent qu'un phénomène se produise un grand nombre de fois. La prédictibilité de l'action humaine est dès lors limitée par la spontanéité des initiatives individuelles et par l'entropie qui résulte d'une pluralité où chaque acteur potentiel peut prendre de nouvelles initiatives, engendrant toujours plus de conséquences non prévues. Or c'est cette entropie inhérente à l'action humaine que propose de résoudre la révolution numérique. La mise en corrélation de données produites en continue assure le rêve d'une science sociale capable de disposer de toutes les informations nécessaires pour prédire les comportements individuels. Les facultés computationnelles des appareils numériques, combinées à la constitution de base de données sur tous les aspects de la vie quotidienne, contribuent dès lors à créer les conditions d'avènement de la société cybernétique théorisée dans les années 1950, pour qui « la désorganisation et l'entropie, que ce soit dans le domaine de l'information ou celui de la politique, sont des choses, sans que la formule ne soit exagérée, considérer comme le mal absolu »[17].

Pour Éric Sadin, l'évolution du numérique vers un dispositif d'assistance algorithmique généralisé contribue dès lors à remettre en cause la position même de l'homme dans la société, conduisant à une nouvelle condition « anthrobologique ». L'épanouissement d'une technologie capable d'accompagner la décision et de prévenir les besoins des usagers s'oppose aux principes d'une éthique humaniste fondée sur la liberté d'action et l'autonomie de la décision. « D'une certaine façon, le concept moderne d'humanité entendu comme un ensemble propre, transhistorique, évolutif, et *a priori* libre de sa destinée, s'est fissuré au profit de l'émergence d'un composé organico-synthétique, repoussant *in fine* toute dimension souveraine

16. *Ibid.*, p. 248.

17. Wiener, N., *Cybernétique et société. L'usage humain des êtres humains*, trad. fr. P.-Y. Mistoulon, Paris, Seuil, 2014, p. 11.

et autonome »[18]. La délégation de la décision à des applications chargés de calculer le choix optimal en fonction des paramètres personnels de l'usager remet ainsi en cause le rôle prépondérant de l'action humaine libre, et de la friction qu'elle implique nécessairement. Face à cette perspective, Éric Sadin oppose une forme d'éthique du refus, reprenant ainsi la posture d'Ellul ou d'Heidegger à l'égard d'une technologie émancipée de tout contrôle – position qui prend également la forme d'un conservatisme rejetant l'ensemble des innovations numériques telles que l'*Open Access* ou le livre électronique, au nom de la place du livre dans la tradition humaniste[19].

Les évolutions de la technologie numérique contribuent en effet à remettre en cause les fondements de l'éthique moderne. Héritée de la pensée de Lumières, la société contemporaine s'appuie sur l'affirmation métaphysique de la spontanéité et de la responsabilité individuelles. L'homme est considéré comme libre car il est supposé pouvoir faire des choix autonomes, qui conditionnent également sa responsabilité aux yeux de la loi. Bien que ce présupposé métaphysique d'une autonomie individuelle ait pu être contesté par la sociologie et la psychologie, il continue à structurer l'architecture juridique de l'état de droit, et s'est diffusé progressivement dans la plupart des systèmes juridiques de la planète. Pour Jérôme Schneewind, le développement de la philosophie morale moderne est liée à un changement de paradigme au cours du XVIIIe siècle, marqué par l'affaiblissement d'une conception transcendante des normes morales issues du christianisme, la revendication d'une activité politique élargie, et une approche intériorisée des normes morales[20]. L'autonomie de la volonté et la raison individuelle constituent dès lors le socle conceptuel sur lequel vont pouvoir s'appuyer l'approche moderne de la morale et la structure juridique qui en découle.

18. *L'Humanité augmentée*, *op. cit.*, p. 154.

19. *La siliconisation du monde*, *op. cit.*, p. 238.

20. Schneewind, J., *L'invention de l'autonomie : une histoire de la philosophie morale moderne*, Paris, Gallimard, 2001, trad. fr. de : *The Invention of Autonomy : a History of Modern Moral Philosophy*, Cambridge-New York, CUP, 1997.

Le concept d'autonomie s'inscrit alors dans le cadre de la pensée morale de Kant. Au fondement du concept kantien d'autonomie se trouve l'idée que l'homme est à la fois la source de la loi morale et son principal objet. En pensant la morale comme une forme avancée de gouvernement de soi, Kant conçoit la structure sociale comme un espace fondé sur l'individu mais pouvant néanmoins prétendre à l'universel. Chacun peut dès lors librement diriger ses actions tout en restant dans le cadre d'un ordre supérieur qui fait de la dignité humaine la norme morale suprême, également partagée entre tous les individus. L'intérêt de la philosophie morale kantienne tient ainsi dans sa capacité à tenir ensemble l'autonomie de la volonté individuelle et l'exigence d'universalité de la norme morale à travers le concept d'impératif catégorique, tel qu'il est développé dans la *Critique de la raison pratique*[21]. L'universalité de la loi morale s'appuie alors sur la capacité de chaque individu à se doter de sa propre maxime en fonction d'une raison pratique qui est la même pour tous. L'universalité se présente alors comme principe régulateur vers lequel chacun essaie de tendre dans son action, mais qui provient de l'homme lui-même et non d'une norme transcendante. L'autonomie individuelle devient donc le fondement de toute l'action morale, en application d'une maxime de la raison qui lui permet de tendre à l'universel tout en restant dans le cadre d'une forme d'autogouvernance où seul l'homme est susceptible de déterminer les normes de sa conduite.

En proposant une prise en charge des activités humaines, les objets connectés contribuent ainsi à remettre en cause un des paradigmes de la philosophie morale moderne. Ils ne se substituent toutefois pas entièrement à la décision individuelle mais l'orientent en fonction de l'option la plus appropriée pour l'utilisateur, instaurant ainsi une « organisation automatisée du monde »[22]. Cette capacité à encadrer voire à prescrire l'action humaine est particulièrement manifeste dans les principes du management algorithmique où l'estimation des performances ne se fait plus sur la base d'un entretien individuel avec un responsable identifié, mais sur celle d'une évaluation constante et immédiate par des capteurs chargés

21. Kant, E., *Critique de la raison pratique*, trad. fr. F. Picavet, Paris, Gallimard, 1985, p. 53.
22. *La Siliconisation du monde*, *op. cit.*, p. 108.

d'interpréter les conduites. Les objets connectés contribuent donc à modifier les pratiques professionnelles au profit des directives des systèmes de gestion, qui réagissent en feedback selon les données qu'ils reçoivent continuellement. Ils ne nient pas l'action humaine et la capacité à prendre des décisions, mais en réduisent l'autonomie et en limitent l'importance, tant dans la vie quotidienne que professionnelle.

Présent notamment dans des firmes comme Amazon, pour laquelle l'ouvrage de Jean-Baptiste Malet dénonce les normes de productivité[23], un tel encadrement favorise le dessaisissement de la responsabilité et du jugement individuel. Assistés par des dispositifs traitant des masses de données en continue et leur indiquant comment agir selon la solution optimale déterminée par les protocoles, cadres et personnels se voit dès lors nier toute forme de spontanéité voir de réactivité. Malgré une liste de principes affichés valorisant l'investissement personnel et la prise de décision[24], le management algorithmique d'Amazon s'avère la poursuite de ces « machines géantes de la bureaucratie dont le fonctionnement consomme ses propres services (...) aussi impitoyablement que le processus biologique lui-même »[25]. L'émergence de systèmes algorithmiques capables d'administrer les comportements en prélevant des données au plus près des corps de leurs usagers poursuit donc l'évolution de la société contemporaine, en lui donnant toujours plus d'outils de contrôle sur le monde.

LA PERSISTANCE DU TRAVAIL

Les techniques utilisées par les entreprises du numérique n'excluent toutefois pas une importante composante humaine comme le montre les travaux d'Antonio Casilli dans *En attendant les robots*. Il souligne en effet que l'introduction de l'intelligence artificielle dans les entreprises du numérique constitue moins une

23. Malet, J.-B., *En Amazonie*, Paris, Fayard, 2013.

24. *Cf.* les « Leadership Principles » affichées par le PDG d'Amazon, Jeff Bezos, sur le site de l'entreprise : https://www.amazon.jobs/en/principles, consulté le 23 mars 2020.

25. Arendt, H., *Condition de l'homme moderne*, *op. cit.*, p. 138.

disparition du travail que sa dissimulation et son déplacement vers des travailleurs non-salariés :

> Si l'emprise de l'automation sur le travail ne se réduit pas à un processus de remplacement d'entités organiques (les travailleurs) par des entités artificielles (les *bots*, les systèmes intelligents, etc.), ce qui est en jeu ici est une digitalisation des tâches humaines. Il s'agit d'un processus distinct qui modifie la substance du travail en poussant à l'extrême deux tendances longues : la standardisation et l'externalisation des tâches [26].

En interprétant les effets des technologies numériques comme un phénomène de standardisation et d'externalisation des activités économiques, Casilli les rattache au processus plus large d'automatisation de la production, déjà à l'œuvre dans l'industrie à travers les principes du taylorisme et l'externalisation des activités productives à des sous-traitants. La nouveauté des outils numériques réside alors dans leur capacité à s'affranchir de l'espace de production. Contrairement à l'économie tayloriste, où la présence des machines et de la chaîne de production implique une spatialisation du travail, l'usage des nouvelles technologies de l'information permet d'éclater les différentes tâches nécessaires à l'activité économique sans être contraint par l'obligation de rassembler un ensemble de travailleurs à un endroit donné. Cet éparpillement spatial des activités productives, parfois réduites à des micro-tâches nécessitant une très faible professionnalisation, donne alors l'illusion d'une automatisation complète de l'ensemble du processus, qui masque la réalité du travail nécessaire pour le maintenir, illusion d'autant plus renforcée qu'elle s'accompagne d'un brouillage de la hiérarchie qui prévalait dans le système tayloriste.

Ce processus de digitalisation peut prendre différentes formes. Il peut ainsi s'agir d'une forme d'externalisation vers des travailleurs théoriquement indépendants, via une plate-forme centralisant l'offre et la demande, comme c'est le cas dans les entreprises de livraison comme *Deliveroo* ou *Uber Eats*. Décrite par Casilli comme une forme de « digital labor à la demande »[27], cette structure économique contribue à masquer la réalité de la hiérarchie entre l'entreprise

26. *Ibid.*, p. 234.
27. *Ibid.*, p. 95.

propriétaire de la plate-forme et les travailleurs qui y recourent. L'usage d'une plate-forme fondée sur des algorithmes d'appariement automatiques mettant en relation consommateurs, producteurs, et livreurs, donne en effet l'impression que les travailleurs qui assurent l'ensemble des tâches nécessaires au fonctionnement de la plate-forme sont des usagers utilisant un service numérique qui préserve leur indépendance, et non des employés d'une entreprise de livraison. Le lien de subordination entre les travailleurs et l'entreprise se manifestent néanmoins à travers un ensemble de phénomènes tels que l'obligation d'acquérir un ensemble d'accessoires permettant l'activité, la présence d'obligations vestimentaires pouvant aller jusqu'à un véritable uniforme, ou des normes d'utilisation qui relèvent d'une forme de règlement intérieur[28]. La reconnaissance de ce lien de subordination constitue d'ailleurs un enjeu de lutte sociale pour les utilisateurs des plates-formes, qui cherchent ainsi à obtenir les protections liées au statut de travailleur salarié et à faire reconnaître l'existence d'une forme de travail dissimulé.

Les algorithmes d'appariement s'avèrent de plus un outil permettant d'encadrer le travail des utilisateurs et de capter la valeur produite par leurs données. Grâce à son système de tarification dynamique et de répartition de la demande, le management algorithmique d'Uber apparaît en effet comme une forme de « gouvernement du travail »[29] capable d'organiser et de réguler les comportements de ses usagers. Ce système passe par exemple par des outils techniques permettant d'exclure les « conducteurs dont le taux d'acceptation de trajets serait trop faible »[30], poussant les utilisateurs à accepter les commandes en fonction du système de répartition instauré par la plate-forme. Il se traduit également par l'importance accordée à la réputation, ce qui conduit les usagers à adopter un ensemble de normes tacites pour conserver une note élevée. Les conducteurs ne sont d'ailleurs pas les seuls ciblés par ces méthodes de management, puisque les passagers doivent également adopter un certains nombres d'attitudes pour faire fonctionner l'interface d'Uber, en réactualisant régulièrement la page et en transmettant

28. Arendt, H., *Condition de l'homme moderne*, *op. cit.*, p. 100.

29. *Ibid.*, p. 110.

30. *Ibid.*, p. 101.

ainsi davantage de données qui servent à entretenir le fonctionnement de la plate-forme.

La production et la captation des données s'avèrent ainsi un élément central de l'économie numérique, puisqu'elles alimentent non seulement le fonctionnement des applications elles-mêmes mais peuvent également être utilisées pour d'autres projets ou revendu à d'autres entreprises. Par leur usage de l'application, les êtres humains s'avèrent donc les principaux producteurs de la valeur d'une plate-forme en ligne. Ce phénomène se retrouve également dans des plates-formes en ligne tels que *Airbnb* ou *Youtube* qui constituent de véritables « systèmes de captation de la valeur produite par les usagers »[31]. La dimension parfois ludique de ces plates-formes en ligne, l'absence apparente de hiérarchie entre les usagers, et le caractère automatique des algorithmes, contribuent alors à masquer la dimension laborieuse de la production de données et le rôle central de l'activité humaine dans leur valeur ajoutée. Loin de libérer l'homme du travail, les technologies numériques s'appuient donc sur une production humaine assistée numériquement, qui alimente les dispositifs algorithmiques en datas produites de la main de l'homme. L'économie numérique repose ainsi sur un véritable cycle de production dans lequel les interfaces en ligne encadrent et organisent les activités humaines qui leur permettent de fonctionner.

Antonio Casilli souligne également le rôle fondamental joué par ce qu'il désigne comme la « tâcheronnisation » du travail et qui consiste en la multiplication de micro-tâches de programmation réalisées par des millions de travailleurs séparés, ne réalisant qu'un fragment des opérations à réaliser. Particulièrement à l'œuvre dans les phénomènes de *machine learning*, ce processus reprend ainsi les principes de division du travail, poussés à l'extrême grâce à la séparation des travailleurs permise par les outils numériques. L'intelligence artificielle n'est en effet pas autonome mais nécessite une importante masse de données pour pouvoir fonctionner. Les entreprises numériques comme Amazon utilisent alors des travailleurs qui procèdent à une forme de « calcul assisté par l'humain », qui consiste en un ensemble de micro-tâches simples que les ordinateurs ne peuvent pas encore réaliser, telles qu'annoter des vidéos, retranscrire

31. *Ibid.*, p. 80.

des documents, ou corriger des valeurs dans une base de données[32]. On se trouve dès lors face à une inversion du phénomène précédent puisqu'il ne s'agit plus d'êtres humains assistés par ordinateur, mais bien d'applications assistées par des êtres humains. Amazon n'hésite d'ailleurs pas à qualifier cette méthode « d'intelligence artificielle *artificielle* »[33], soulignant ainsi son caractère en partie fictif.

Faiblement rémunérées et fragmentées à l'extrême pour maximiser leur efficacité, ces micro-tâches s'avèrent pourtant essentielles pour assurer le bon fonctionnement des algorithmes et applications numériques, que ce soit en assurant un travail de correction ou d'annotation des données, ou même en dotant ces données d'un sens culturel inaccessible aux machines comme dans le cas d'un logiciel de traduction automatique. L'existence de ces micro-tâches et leur rôle central dans l'industrie du numérique montrent dès lors le caractère irréductible de l'action humaine, au sein même d'un processus d'automatisation dont la finalité est la remise en cause de l'action humaine. Comme le souligne Casilli,

> le paradoxe, alors, réside dans le fait que le travail qui permet à Amazon de capter la *valeur d'automation* est à la fois un ensemble de tâches en principe déshumanisantes parce que considérablement fragmentées et la partie la plus proprement et irréductiblement humaine du travail à l'heure de la plateformisation[34].

À travers ces différents phénomènes, il montre ainsi que le processus de digitalisation des activités économiques n'est pas une remise en cause du rôle du travail dans la société contemporaine, mais une transformation de ses conditions d'exercice. L'introduction des technologies numériques et le développement de l'intelligence artificielle ne libèrent pas l'homme de sa condition laborieuse, mais se présentent au contraire comme une nouvelle forme d'aliénation du travail, qui poursuit ainsi le processus d'automatisation et de division du travail déjà à l'œuvre tout au long du XXe siècle, tout en l'amplifiant grâce aux possibilités offertes par les technologies de l'information. Les micro-travailleurs qui assurent le calibrage des algorithmes, tout comme les usagers des plates-formes en ligne qui

32. Arendt, H., *Condition de l'homme moderne*, *op. cit.*, p. 119.
33. *Ibid.*, p. 122.
34. *Ibid.*, p. 138.

produisent la masse de données nécessaires au fonctionnement de l'industrie numérique, sont ainsi les acteurs d'une société contemporaine, qui n'a jamais cessé d'être une société du travail au sens où la décrit Hannah Arendt.

DE LA TECHNIQUE AU TRAVAIL

Le développement du numérique et des objets connectés, en particulier dans la vie professionnelle, confirme l'intuition arendtienne d'une substitution de l'action humaine par la technique, mais également de la technique par le travail. Des auteurs comme Jacques Ellul dans *La société technicienne,* ou Günter Anders dans *L'obsolescence de l'homme,* ont déjà dénoncé la prise en charge de l'action humaine par la technique. Lorsqu'il affirme qu'« en réalité pour la majorité des travailleurs, la croissance technique entraîne un travail plus dur et plus épuisant (cadences par exemple qui ne sont pas le fait de l'exigence capitaliste mais de l'exigence technique et du service dû à la machine !) »[35], Ellul fait ainsi porter sa réflexion sur le rapport des travailleurs à l'outil technologique, remettant en cause l'idée d'une amélioration de leur condition de vie par le biais du progrès technique. Son analyse porte dès lors sur la technique en tant que modèle de société dans laquelle l'homme se trouve pris. La pensée arendtienne nous offre néanmoins une autre grille d'analyse de la révolution numérique, en montrant comment la technique se trouve elle-même mise au service d'une conception biologique de l'existence humaine. En s'imposant dans l'ensemble des aspects de l'existence, le complexe industriel de la Silicon Valley ne se contente pas de produire des biens d'usage qui permettraient de simplifier la vie quotidienne de leurs usagers, mais se constitue en une « industrie de la vie » qui s'étend à tout le processus de consommation.

Contrairement à toute une tradition économique et philosophique dans laquelle ces deux activités se confondent, Hannah Arendt distingue clairement ce qui relève de la fabrication et ce qui relève de la production/consommation. Cette opposition entre travail (*labour*) et œuvre (*work*). L'œuvre (*work*) est ainsi l'ensemble

35. Ellul, J., *Le système technicien*, *op. cit.*, p. 273.

des activités dans lesquelles l'homme façonne la matière pour donner naissance à des objets distincts de lui-même, tandis que le travail est l'ensemble des activités qui lui permette d'assurer sa propre subsistance. Cette distinction repose sur le statut ontologique des objets produits. Alors que le travail n'a de sens que s'il est considéré comme une activité qui ne s'achève jamais complètement mais qui doit être reprise pour en assurer la continuité, une œuvre fait référence à un objet qui existe indépendamment de celui qui l'a construit. Les biens produits par l'industrie se caractérisent par une certaine durabilité qui leur permet de mener une existence propre pendant un temps relativement long. Une table, un livre, une machine-outil, peuvent continuer à exister de façon autonome pendant des années voir des siècles. Ils peuvent survivre à la mort de leur créateur et constituer ainsi un patrimoine pouvant être transmis de générations en générations. De la sorte les objets participent à la construction du cadre dans lequel chacun évolue, au même titre que les autres êtres humains qui le composent. Arendt parle ainsi d'une *réification du monde* par la technique.

Inversement, les biens produits par le travail (*labour*) sont des biens de consommation qui se consument dès lors qu'ils sont utilisés. Bien qu'ils puissent mener une existence propre pendant quelques temps, leur durée de vie est extrêmement courte, et s'ils ne sont pas consommés à temps ils finissent par disparaître par eux-mêmes. Or, comme ces biens sont produits pour répondre à un besoin, il est nécessaire de les reproduire à nouveau dès lors qu'ils ont été consommés. C'est là que se trouve la différence entre l'activité du boulanger et celle du menuisier, pour reprendre l'exemple d'Arendt[36]. Tandis que le premier devra reproduire chaque jour des biens qui auront perdu leur valeur quelques jours après leur fabrication, et pourra donc vendre chaque jour le produit de son travail, le second devra réaliser chaque œuvre indépendamment l'une de l'autre et ne pourra pas les vendre un grand nombre de fois à des personnes identiques.

36. Ellul, J., *Le système technicien*, *op. cit.*, p. 139.

Contrairement à Marx pour qui le travail est une activité propre à l'être humain, grâce à laquelle il se distingue du reste du règne animal[37], Arendt fait du travail une condition biologique. Le travail n'est pas le propre de *l'homo laborans* mais de *l'animal laborans*. L'existence humaine n'est pas indépendante des circonstances naturelles de la vie biologique. En tant qu'être vivant, tout homme a des besoins physiologiques qu'il doit assurer s'il veut exister. L'existence humaine est ainsi soumise à une nécessité naturelle qui la pousse entreprendre sans cesse les mêmes activités pour continuer à survivre. Le travail est dès lors la condition dans laquelle l'homme assure sa propre subsistance. Cette activité se sépare en deux moments distincts : la production et la consommation.

> Travail et consommation ne sont que deux stades du cycle perpétuel de la vie biologique. Ce cycle a besoin d'être entretenu par la consommation et l'activité qui fournit les moyens de consommation c'est l'activité de travail. Tout ce que produit le travail est fait pour être absorbé presque immédiatement dans le processus vital, et cette consommation, régénérant le processus vital, produit – ou plutôt reproduit – une nouvelle « force de travail » nécessaire à l'entretien du corps [38].

Arendt insiste particulièrement sur le caractère cyclique de cette condition. La production assure la consommation, qui permet la régénération des cycles biologiques, qui garantissent à leur tour la possibilité même du travail. Il s'agit donc d'une reproduction éternellement répétée de la production et de la consommation, chacune assurant l'autre. La fin du travail est la consommation et la finalité de la consommation est la continuité du travail. Il s'agit donc d'une activité naturelle qui n'a pas de fin. Lorsque Marx affirme que « le travail est d'abord un procès qui se passe entre l'homme et la nature, un procès dans lequel l'homme règle et contrôle son métabolisme avec la nature par la médiation de sa propre action »[39], il décrit cette nécessité naturelle de produire les éléments nécessaires à sa propre perpétuation pour pouvoir à nouveau les assimiler. Les biens produits par le travail doivent être immédiatement consommés pour

37. Marx, K., *Le Capital*, livre I, trad. fr. J. Roy, Paris, Gallimard, 2008, p. 276.
38. Arendt, H., *Condition de l'homme moderne*, *op. cit.*, p. 145.
39. Marx, K., *Le Capital*, *op. cit.*, p. 175.

permettre la régénération du processus vital, qui va pouvoir être réemployé pour reproduire à nouveau les biens qu'il a consommé pour se régénérer. Le labeur continuel qui caractérise le travail a à la fois pour fonction de nourrir la croissance du processus vital qui le supporte, et de lui résister pour éviter que cette croissance ne se dévore elle-même. Il se présente dès lors comme une série d'activités nécessaires se répétant indéfiniment pour assurer la continuité du processus vital lui-même.

Outre ces deux moments, Arendt est un des rares auteurs à inclure les tâches ménagères dans les fonctions du travail. Fondamentalement improductives, ces activités quotidiennes occupent pourtant une place prépondérante dans la vie de tous les jours en permettant de résister aux processus naturels. Bien qu'elles ne produisent aucune forme de richesse, elles garantissent l'entretient des différents processus nécessaires à la vie humaine, et doivent pour cela être reproduite sans cesse. Les domestiques qu'Adam Smith jugeait improductifs[40] parce qu'ils ne laissent derrière eux aucun bien pouvant servir de valeur, jouent ainsi un rôle essentiel dans l'économie en s'occupant de toutes ces tâches quotidiennes. Toutes les professions du *care*, telles que l'accompagnement et le soin aux personnes âgées, jouent un rôle similaire puisqu'il ne s'agit pas de produire quelque chose mais bien prendre en charge au quotidien une personne n'ayant plus les moyens d'assurer elle-même l'ensemble de ces fonctions. Les fonctions administratives obéissent également au même principe : secrétaires, archivistes, comptables, ou même bibliothécaires ne produisent rien mais assurent l'entretien de processus qui doivent être éternellement reconduits pour assurer la pérennité des institutions et des entreprises.

Or l'évolution de l'époque moderne s'est traduite par une transformation progressive des biens d'usage en biens de consommation. Entre le XVIIIe et le XXIe siècle, l'accroissement de la productivité est allé de pair avec une diminution de la durée de vie des objets. Cette obsolescence grandissante s'est traduite à la fois par la fragilité des biens produits, la difficulté à les réparer, et l'innovation technologique rendant incompatible les modèles précédents. En augmentant la nécessité du taux de remplacement,

40. Arendt, H., *Condition de l'homme moderne*, *op. cit.*, p. 131.

l'obsolescence sert la production et permet de proposer toujours plus de nouveaux produits innovants sur le marché. La différence entre biens d'usage et biens de consommation devient dès lors de plus en plus floue puisque nous consommons sans cesse des biens d'usage pour en assurer la reproduction. La société contemporaine repose sur de gigantesques flux de production et de consommation qui ne touchent pas seulement les biens de consommation traditionnels, mais s'emparent de tous les processus économiques.

L'industrie numérique s'inscrit pleinement dans la continuité de cette transformation de la technique en travail. Les progrès continus des performances des microprocesseurs en font notamment un secteur particulièrement touché par l'obsolescence. La consommation et la production d'ordinateur est continuellement entretenue par l'apparition de nouveaux logiciels et mises à jour qui contribuent à périmer des appareils encore fonctionnels. Ce caractère cyclique est par ailleurs renforcé par l'immatérialité de l'univers numérique. L'environnement numérique est essentiellement composé de flux de données immatériels, moissonnés et analysés en continue par les logiciels. Malgré l'existence de réseaux sociaux virtuels, qui peuvent lui donner une forme collaborative et accorder une place aux interactions des utilisateurs, l'espace numérique n'est pas un monde stable, *réifié* par des objets produits par la technique, mais un flux permanent, toujours en mouvement. La technologie numérique poursuit ainsi un processus de fluidification du monde, qui s'aligne sur la vie biologique du fait de la volonté des géants du web d'accompagner l'ensemble des flux de consommation et de production.

UNE INDUSTRIE DE LA VIE

L'émergence du « web des objets » poursuit l'extension du métabolisme de l'homme, en étendant la commercialisation du vivant. Malgré l'ensemble des innovations en matière de *hardware*, le capitalisme numérique ne repose pas tant sur la production de nouveaux biens d'usage que sur sa capacité à accompagner l'effort de consommation. La croissance de l'industrie numérique s'appuie sur la création de nouvelles applications capable de prendre en charge de nouveaux besoins. Pour poursuivre ce processus, il est dès lors nécessaire d'analyser toujours plus précisément les besoins de chaque consommateur, d'où l'apparition de projets visant à prélever directement les données physiologiques du corps de l'utilisateur. L'objectif est ainsi de prendre en charge tous les aspects de la vie organique, de façon à étendre la possibilité de leur commercialisation. Un tel projet contribue dès lors à réduire l'être à sa condition organique la plus fondamentale, celle d'être de besoins dont la consommation est la source de la croissance économique. En proposant de régler l'ensemble de ses besoins individuels pour son propre bien être, le complexe industriel issu de la Silicon Valley poursuit donc la réduction de l'homme à un processus vital.

Comme le suggère Marx, la force de travail nécessaire pour assurer la consommation ne s'épuise pas entièrement dans la production, mais permet de produire plus que ce dont l'individu a besoin pour continuer à vivre, laissant la place à la possibilité d'un accroissement indéfini de la productivité du travail. Toutefois, cette augmentation de la productivité ne change rien à la futilité des biens produits, qui disparaissent une fois qu'ils ont été produits pour entretenir à nouveau le processus de production. Pour assurer des débouchés suffisant à cet accroissement de la production, tout gain de productivité doit donc s'accompagner d'une augmentation de la consommation, que ce soit sous la forme d'une augmentation de la population ou celle de son pouvoir d'achat. De la sorte, le travail n'apparaît plus seulement comme une activité par laquelle l'individu assure sa subsistance, mais comme un processus collectif. Le travail est la manifestation de la fertilité de l'humanité, dans laquelle on assiste à un accroissement constant des forces productives de l'espèce humaine.

De ce point de vue le travail apparaît comme un processus d'accroissement des capacités de production et des besoins de la société, qui s'entretiennent l'un l'autre comme dans un organisme vivant. On se retrouve alors face à une « humanité socialisée » pour laquelle il n'y a plus d'acteurs individuels mais des êtres indifférenciés qui sont autant de facteurs de production et de consommation lui permettant de s'accroitre. Cette réduction de l'homme à son espèce touche d'ailleurs tous les objets et toutes les activités qui touchent à la vie humaine. Du point de vue de l'espèce humaine, toute activité est susceptible de donner lieu à une consommation et donc de créer une nouvelle demande qui va participer à sa croissance. Un être humain entièrement paralysé et incapable de la moindre interaction n'en reste pas moins un être vivant ayant des besoins, qui participent au processus vital et économique de la société : « Le point de vue social, nous l'avons vu, s'identifie à une interprétation qui ne tient compte que d'une chose : le processus vital de l'humanité ; dans son système de référence, tout devient objet de consommation »[41].

Contrairement à une ancienne conception fixiste de la nature, la vie ne se stabilise pas en un système équilibré régit par des lois universelles, mais se présente comme un flux permanent qui cherche toujours à s'étendre. La seule finalité des organismes vivants est leur propre reproduction et la satisfaction immédiate de leurs besoins, fut-ce au prix de la destruction de leur habitat. L'industrie numérique parvient ainsi à s'imposer et à assurer la poursuite de la croissance économique en s'emparant de ces besoins, et en les analysant en permanence pour mieux les accompagner plutôt qu'en produisant des objets. La volonté de commercialiser tous les besoins de consommation pousse dès lors la production numérique à s'aligner sur les processus vitaux de l'humanité. Applications et objets connectés forment dès lors une « industrie de la vie », c'est-à-dire une industrie qui touche tous les aspects de la vie humaine, mais également une industrie qui produit de la vie, en assurant ses cycles de consommation et de reproduction.

La structure de la start-up et le statut d'autoentrepreneur s'avèrent ainsi caractéristiques de cette recherche d'un monde en permanente reproduction, qui ne doit pas se constituer en un ensemble stable, et dont la croissance économique doit être toujours stimulée par l'introduction de nouvelles innovations. La start-up est en effet une entreprise qui fonctionne avec une mise en fond importante en capital, des effectifs réduits, et des coûts de fonctionnement faibles. Faciles à créer, ne nécessitant que l'association de quelques partenaires autour d'une idée commune, les start-ups incarnent le nouveau modèle d'un libéralisme dynamique qui s'oppose aux lourdeurs d'un appareil administratif incapable d'innover. Les *success-story* autour de figures comme Mark Zuckerberg, Xavier Niel, ou

41. *Ibid.*, p. 155.

Travis Kalanick[42], redonnent un sens à l'imaginaire créé autour de la figure de l'entrepreneur ne devant rien à personne sinon à son seul travail. La facilité d'accès à l'outil numérique contribue de plus à lever la nécessité matérielle ou logistique, et renforce l'attrait pour ces structures, qui donnent l'impression que chacun peut désormais devenir milliardaire, pourvu qu'il ait l'idée qui lui permettra de toucher son public.

La majorité des start-ups ne sont toutefois pas viables, et la plupart finissent par échouer à brève échéance. Cet horizon à court terme fait néanmoins partie intégrante du modèle économique impliqué par l'industrie numérique. L'objectif d'une start-up n'est pas de créer un système de production viable sur le long terme, comme l'ont été des empires industriels comme ceux de Ford ou d'Edison, mais d'introduire en permanence de nouvelles idées capables de créer un mouvement qualifié de « disruption », en particulier par Bertrand Stiegler. Ce phénomène caractéristique de l'économie numérique, n'est pas un processus créatif fondé sur l'existence d'inventions capables de modifier en profondeur notre rapport au monde mais un flux extrêmement rapide de changements et d'innovations mineures qui viennent perturber les équilibres économiques d'un secteur donné. Dans la majorité des cas, l'innovation en question n'est d'ailleurs que l'introduction des méthodes de calcul et de mise en relation algorithmiques dans un domaine où elles n'étaient pas encore présentes. La start-up fonctionne ainsi à partir de la mise en œuvre d'une idée généralement simple, mais qui remet en cause les structures économiques et sociales existantes en introduisant un élément disruptif dans le marché.

Stiegler met en avant ce concept dans son ouvrage *Dans la disruption.* Il désigne d'abord une stratégie économique dont l'objectif est de permettre à une entreprise de s'imposer dans un secteur en multipliant les innovations qui vont remettre en cause la structure du domaine économique ciblé. Bertrand Stiegler s'appuie sur les analyses de Jean-Marie Dru développées dans *Disruption : briser les conventions et redessiner le marché*, qui fait de la disruption un outil de communication publicitaire, dont le principe est de sortir des formes conventionnelles de communication. Il s'agit dès lors

42. Respectivement fondateurs de Facebook, Free et Uber.

d'une « stratégie du choc »[43] visant à perturber l'écosystème d'un secteur économique par l'introduction d'une innovation liée au numérique. En donnant accès aux particuliers à une plate-forme numérique leur permettant de louer leurs appartements, Airbnb a ainsi pu s'imposer comme un acteur de premier plan du secteur hôtelier, dont elle remet en cause les paradigmes de fonctionnement. L'innovation technique reste toutefois particulièrement limitée, puisque le seul élément technique apportée par l'entreprise est la plate-forme en ligne qui permet aux usagers de louer leur lieu de résidence. Face à des entreprises hôtelières dont le fonctionnement implique une structure institutionnelle importante, un fort capital immobilier, et un grand nombre de salariés, la disruption introduite par Airbnb constitue donc une simplification de la chaîne économique, puisque les particuliers en deviennent volontairement les principaux acteurs au détriment des professionnels du secteur.

La critique de Bernard Stiegler consiste alors à souligner le fait que la disruption provoque une forte instabilité dans la structure économique et sociale. Il sort ainsi de la description de la disruption comme stratégie économique visant un secteur donné pour la penser comme un modèle de société. Son interprétation s'appuie sur l'idée selon laquelle « ce qui fait la cohérence et la durabilité des sociétés est leur manière d'articuler la dynamique transformatrice du système technique avec la cohérence des systèmes sociaux »[44]. Le droit et la politique contribuent ainsi à réguler les modifications socio-économiques engendrées par la technique en l'incorporant dans la structure sociale. Or, l'accélération des communications issues du développement des technologies numériques contribue à remettre en cause ce rôle régulateur du pouvoir public, qui n'a plus le temps de la délibération nécessaire à la mise en œuvre de sa politique : « la numérisation généralisée, en accentuant la connectivité, court-circuite les territoires, leurs législations et leurs fiscalités »[45]. L'innovation accélérée et l'introduction des techniques numériques dans l'ensemble des secteurs économiques et sociaux contribuent ainsi à user les structures sociales, qui ne parviennent plus à suivre

43. Claeys, S. « Recension critique de l'ouvrage. *Dans la disruption* (Bernard Stiegler) », *Revue française d'éthique appliquée*, 4/2, 2017, p. 126-129.

44. Stiegler, B., « Critique de la raison impure », *Esprit*, mars-avril, 3, 2017, p. 118-129.

45. *Ibid.*

l'ensemble des changements de paradigme introduits par ce système disruptif. Pour Stiegler, la disruption de la société contemporaine affecte même l'équilibre psychique des individus et se traduit par une forme de « pulsion de mort » au sens freudien[46]. Elle se présente ainsi comme un système économique et sociale affectant autant les sociétés au niveau macroscopique que les individus qui la composent dans leur intériorité psychologique.

Sans entrer dans l'analyse psychologique développée par Stiegler, le fonctionnement de la start-up illustre le caractère organique de l'industrie numérique. Elle ne se traduit pas par des projets industriels visant à organiser des réseaux socio-économiques stables afin de réguler tout un secteur, mais par une agitation et un bouillonnement incessant. Le terme même « d'incubateur » de start-up indique le dynamisme recherché dans ces entreprises, régulièrement sujettes au *burnout* de leurs membres face à la pression qu'elles imposent. N'étant pas conçue pour durer, les idées qui fonctionnent se transforment finalement en entreprises plus traditionnelles, fondées sur des structures hiérarchisées malgré la persistance du vocabulaire de l'innovation, comme l'illustre le cas d'Amazon, où la communication autour de ces valeurs va de pair avec un management brutal et hiérarchisé. Ainsi que l'écrit Éric Sadin, « La moyenne ou la longue durée ne s'inscrive pas dans son horizon. Elle relève d'une *forme kleenex*, vivant dès l'origine sur des braises, la délivrant *de facto* de toute attache pérenne »[47]. Le processus vital de l'industrie numérique est ainsi entretenu par la création constante de nouvelles entreprises, qui apportent de nouvelles idées lui permettant de s'étendre à de nouveaux secteurs de la vie humaine.

Au statut de la start-up répond par ailleurs celui de l'autoentrepreneur, et ses équivalents dans les autres pays (comme ceux issus de la loi Hartz IV en Allemagne). Fondé sur une remise en cause des structures sociales, un brassage permanent de nouvelles idées, et des coûts de travail faibles, le modèle de la start-up ne peut fonctionner avec un statut trop protecteur du salarié. Les applications immatérielles, qui assurent la mise en relation entre un service et ses

46. Claeys, S. « Recension critique de l'ouvrage. Dans la disruption (Bernard Stiegler) », art. cit.

47. *La Siliconisation du monde*, *op. cit.*, p. 136.

usagers, supposent l'existence de travailleurs indépendants capables d'une flexibilité dont ne sont pas capables les statuts traditionnels fondés sur des accords de branche et des négociations syndicales. Le système de plate-forme numérique et de tarification dynamique mis en place par Uber reste ainsi l'exemple par excellence de cette déconstruction sociale et professionnelle, au point d'être à l'origine du néologisme « uberisation » pour désigner ce phénomène. L'économie numérique s'oppose ainsi à toute forme de stabilité, qu'elle soit économique, sociale, ou professionnelle, mais s'appuie sur des flux de création et de destruction, qui se reproduisent en permanence selon un phénomène quasiment organique, comparable à celui qu'Arendt décrivait déjà au milieu du XXe siècle.

TRAVAIL ET ABONDANCE

La capacité d'une innovation technologique de créer de nouveaux besoins et de se constituer en une industrie qui prend en charge la vie individuelle pour accroitre la croissance de l'humanité n'est évidemment pas propre à l'industrie numérique. À bien des égards, la structure économique des villes minières de la première révolution industrielle obéissait aux mêmes principes, à une échelle locale. Au même titre que la machine à vapeur ou l'électricité, le numérique semble suivre les mécanismes de la « destruction créatrice » décrits par Schumpeter, où l'innovation génère de la croissance en produisant de nouveaux besoins. Néanmoins, la révolution numérique se distingue des précédentes révolutions technologiques par le déséquilibre qui s'y manifeste entre production et consommation. La nature de l'innovation numérique engendre une situation où un petit nombre de salariés hyper qualifiés est capable de produire un chiffre d'affaire disproportionné par rapport à la taille de l'entreprise. Une société comme *Whatsapp*, rachetée en 2014 par Facebook pour 19 milliards de dollars, ne comptait ainsi que 55 salariés. Alors que les précédentes révolutions industrielles se sont traduites par une augmentation de l'offre de travail, la révolution numérique repose essentiellement sur une société de consommation capable d'absorber ses avancées technologiques.

Dès lors l'automatisation du monde promue par les firmes numériques ne se traduit pas par une libération de la nécessité, mais par une déconstruction sociale et l'avènement d'une société tournée vers la consommation. Ce qui est gagné en temps libre n'est pas consacré au développement d'une vie publique active, mais à assouvir sans limite ses besoins privés, qu'ils soient physiologiques ou sociaux. La société moderne s'est construite par le nivellement des différentes activités dans le travail, assurant ainsi la croissance continue de son processus vital. Malgré la prise en charge toujours plus étendue des activités laborieuses par l'innovation numérique, l'homme reste limité à une fonction de travail, qui se trouve de plus limitée à la seule consommation. L'abondance technologique va alors paradoxalement de pair avec un malaise économique, qui se traduit par les inégalités sociales et l'absence de perspectives de travail pour toute une partie de la population. Le chômage structurel n'est pas seulement le résultat d'une crise économique, mais la manifestation d'un déséquilibre anthropologique dû à la prise en charge des fonctions de production dans une société fondée sur le travail.

L'industrie numérique nous met ainsi face au paradoxe d'une société contemporaine, où le travail est émancipé de la nécessité mais où cette libération se traduit par un manque généralisé qui ne permet pas à l'homme d'atteindre le bonheur qu'il recherche. Pour Hannah Arendt, un tel paradoxe est lié à l'essence du travail. La poursuite même du bonheur est inhérente à la condition du travail, Arendt allant jusqu'à affirmer que « l'*animal laborans* (…) est le seul qui ait jamais demandé à être heureux »[48]. La joie de vivre ne provient pas d'une libération de la nécessité du travail mais se trouve dans l'accomplissement des cycles naturels de production et de consommation. Cette dimension du travail s'illustre d'ailleurs dans le naturalisme cohérent de Spinoza, qui reste une des rares philosophies de la vie à accorder une place prédominante à la question du bonheur plutôt qu'à celle de la liberté ou de l'accomplissement de soi.

48. *Condition de l'homme moderne, op. cit.*, p. 185.

Or l'émancipation de la nécessité à l'œuvre dans l'innovation technologique contemporain rompt cet équilibre. C'est donc tout une partie du cycle vital qui manque alors pour pouvoir atteindre ce bonheur. Pour Arendt la condition du travail ne peut pas être modifiée essentiellement. Le travail est la condition même du caractère vivant de l'homme. Bien que la forme qu'il prenne puisse changer, l'essence d'une telle condition est inaltérable. Le travail est une détermination de la vie humaine causée par le fait qu'il est un être vivant pris dans un milieu biologique donné. Cette position oppose d'ailleurs Arendt à Marx, pour qui l'émancipation de l'homme passe par la libération de l'aliénation du travail. Au contraire, pour Arendt, la libération de la nécessité n'engendre pas un gain de liberté, mais accélère l'emprise du travail sur la vie commune :

> Une consommation sans peine ne changerait rien au caractère dévorant de la vie biologique, elle ne ferait que l'accentuer : finalement une humanité totalement « libérée » des entraves de l'effort et du labeur serait libre de « consommer » le monde entier et de reproduire chaque jour tout ce qu'elle voudrait consommer [49].

Pour Hannah Arendt le seul élément utopique de la pensée marxiste, comme elle l'affirme, est de croire qu'il soit possible de modifier les conditions mêmes dans lesquelles le monde est donné à l'homme, de le libérer totalement d'une des conditions de son existence. Le travail est la condition vitale de l'homme, qui le lie au règne du vivant, et par laquelle il est pris dans la nécessité organique du vivre sur la terre. Or le propre de la vie biologique est d'être incapable de fonder un espace commun. Le travail est une activité privée et individuelle, liée au processus vital. Les modifications engendrées par la réduction de la nécessité et son accès à la vie publique ne peuvent pas changer ce caractère non-mondain. Quelle que soit la réduction et l'automatisation de la production, le travail s'appuie toujours sur une forme de labeur, et c'est sa disparition qui engendre les déséquilibres de la société de consommation. Quel que soit le degré de technicité qu'il puisse nécessiter, le travail reste un processus vital qui n'intervient dans le monde que pour mieux l'incorporer dans ses propres cycles.

49. *Ibid.*, p. 145.

La prise en charge de la décision par des dispositifs algorithmiques et l'extension de la commercialisation des activités humaines sont censées nous apporter plus de bien être mais se traduisent au contraire par une forme de malaise généralisé dans les sociétés post-industrielles. Ne concevant l'homme que comme un être de besoins quantifiables pouvant être assurés par des services virtuels, les industries de l'information échouent à sortir de la sphère du travail et aboutissent à une perte de sens pour des populations habituées à saisir le monde selon un prisme professionnel. L'abondance assurée par les révolutions industrielles annule le rôle décisif traditionnellement joué par les classes productives. Ne reste plus qu'une collection d'individus singuliers pris en charge par des applications commerciales. Tout en étant émancipés de la nécessité, les habitants des sociétés post-industrielles se trouvent finalement confrontés à une société qui n'a plus besoin d'eux en tant que travailleurs, sans pour autant leur offrir de nouvelles perspectives sociales.

L'ambiguïté d'une théorie qui revendique la possibilité d'une autonomisation complète comme moyen de libérer l'humanité est ainsi qu'elle ne propose pas de projet alternatif à une société du travail. Il est possible qu'on parvienne un jour à une situation où « tout le monde aura un assistant virtuel à qui il déléguera de nombreuses tâches, (…) résolvant tout problème à votre place et vous suggérant toute solution pertinente »[50]. Mais on doit alors se demander ce que deviendront les métiers aujourd'hui nécessaires pour assurer l'organisation et la vie sociale. Si des fonctions comme l'enseignement ou l'aide aux personnes sont elles-mêmes déléguées à des assistants virtuels, tout comme les fonctions productives avaient auparavant été déléguées aux pays émergents, que restera-t-il comme place à l'action humaine ? En l'absence d'une fonction sociale valorisée par la société, l'émancipation tant vantée risque de n'être vécue que comme un grand vide.

Malgré sa volonté de prendre en charge les décisions individuelles, l'industrie numérique ne s'oppose toutefois pas à l'individu dans sa singularité. Loin d'être nié, l'individu est au cœur du projet de numérisation du monde. Pour ses promoteurs, la prise en charge

50. Selon E.Naone, « Adam Cheyer is leading of powerful software that act as personal aide », *Technology Review*, mars/avril 2009, https://www.technologyreview.com/contributor/erica-naone/, consulté le 23 mars 2020.

de l'individu par des algorithmes chargés de l'assister n'est pas synonyme d'aliénation par une machine qui choisirait à sa place, mais bien de libération. De façon apparemment paradoxale, la disqualification de la capacité à faire des choix libres et autonomes s'accompagne d'une valorisation du sujet, dont les facultés sont amplifiées par les logiciels chargés de l'assister. Mais cette valorisation de la singularité individuelle va de pair avec une privation du rôle qui lui a été attribué depuis plus de deux siècles par la société industrielle. Ne subsiste dès lors plus que ses fonctions de consommateur, privé d'une organisation politique et sociale qui lui donnerait une place dans la Cité.

Les difficultés engendrées par l'évolution de la technique sont donc celles d'une « société du travail qui n'a pas assez de labeur pour être satisfaite »[51] plutôt que celles de la technologie numérique en tant que telle. L'industrie numérique poursuit un phénomène d'automatisation du monde et de transformation de la technique en travail à l'œuvre dans les sociétés industrielles depuis la seconde moitié du XXe siècle. La volonté des entreprises de s'imposer dans tous les secteurs de la vie en prenant en charge les activités humaines n'est pas nouvelle mais est amplifiée par les progrès de la technique. Le problème est cette prise en charge des activités humaines ne s'accompagne pas d'une remise en cause du paradigme économique fondé sur la production et la consommation qui structure la société contemporaine. Au lieu de garantir l'accès au bonheur pour tous, l'abondance engendrée par les progrès techniques se traduit par la précarité de toute une partie de sa population ne pouvant plus accéder à un marché de l'emploi qui détermine son élévation économique et sociale. La numérisation du monde nous confronte donc plus que jamais au paradoxe d'une société d'abondance, incapable de sortir de la condition laborieuse qui la fonde.

51. *Condition de l'homme moderne*, *op. cit.*, p. 185.

VERS UNE ÉTHIQUE DE LA VIE ?

Pour Hannah Arendt, la société contemporaine ne se caractérise pas tant comme une société technicienne que comme une société du travail. La distinction entre travail (*labour*) et œuvre (*work*) repose sur la relation au monde qu'impliquent ces deux conditions. Les activités de fabrication, qui composent ce qu'Arendt désigne comme « l'œuvre », reposent sur un rapport fins-moyens vis-à-vis de l'environnement de l'être humain. Le processus de production suppose l'utilisation d'outils spécifiques qui permettent la création d'objets, eux-mêmes définis par l'usage qui peut en être fait. « L'expérience de la fin et des moyens, présente dans la fabrication, ne disparaît pas quand le produit est fini mais s'étend à la destination ultime de ce produit, qui est de servir d'objet d'usage »[52]. L'évolution de la technique est liée à cette recherche de nouveaux moyens (outils, matière première, répartition des tâches, etc.) pour produire plus vite et en plus grande quantité, qui, en permettant d'atteindre de nouvelles fins, stimule toute la dynamique de la création.

L'instrumentalité est ainsi le rapport fondamental que l'*homo faber* entretient avec le monde qui l'entoure. Tout est pensé comme un moyen pouvant servir une autre fin, soit en tant qu'outil pouvant servir la fabrication, soit en que bien d'usage disposant d'une finalité spécifique. L'œuvre (*work*) se caractérise dès lors par une morale utilitaire où rien n'existe sans raison et où tout doit pouvoir se justifier par son utilité. La violence de la société industrielle provient de ce rapport au monde engendré par la place qu'a occupée la technique entre le XVIIIe et le XXe siècle. Poussée à ses extrémités, l'instrumentalisation implique une disparition de toute fin ultime, l'homme lui-même devenant une variable de production qui doit justifier son utilité pour exister. « L'homme, en tant qu'*homo faber*, instrumentalise, et son instrumentalisation signifie que tout se dégrade en moyens, tout perd sa valeur intrinsèque et indépendante »[53]. En dépit des efforts déployés par la morale kantienne pour considérer l'humain comme une fin en soi, et à l'extraire ainsi du mécanisme de calcul

52. *Condition de l'homme moderne*, *op. cit.*, p. 210.
53. *Ibid.*

des moyens, l'utilitarisme a toujours une tendance à interpréter l'existence humaine en termes d'utilité et de productivité.

Le travail (*labour*), se caractérise au contraire par son improductivité. L'expérience du monde qui fonde la condition du travail est celle de la satisfaction des besoins vitaux. Les biens produits par le travail ne disposent pas d'une finalité propre, ils n'existent que pour entretenir un processus de reproduction de la force de travail. Le travail est une condition immanente à la vie elle-même. À peine produits, les biens de consommation sont réinvestis dans le processus organique pour en assurer la régénération. En tant qu'*animal laborans,* le rapport de l'homme au milieu qui l'entoure n'est pas celui d'un technicien cherchant à bâtir un monde artificiel d'objets menant une existence propre, mais celui d'un être vivant fondé sur des cycles de travail et de consommation. Alors que l'instrumentalisation domine la morale de l'*homo faber*, fondée sur la capacité à fabriquer de nouveaux outils, le travail repose sur une éthique de la vie fondée sur la recherche du bonheur pour le plus grand nombre.

L'expérience fondamentale du monde de l'homme en tant qu'*animal laborans* est en effet celle du besoin, qu'ils soient physiologiques ou sociaux. Le sentiment de bonheur provient essentiellement de leur satisfaction et du bien-être qu'elle engendre. La morale fondée sur l'expérience du travail est la poursuite d'un tel état et la réduction de la peine engendrée par le labeur. Des valeurs comme la liberté ou l'autonomie morale ne peuvent pas prendre de sens tant que ces besoins n'auront pas été comblés. Dans une telle conception du monde, le déterminisme n'est donc pas un frein à la poursuite d'une vie juste, puisque le bien-être personnel doit être la seule finalité recherchée. Une telle éthique n'est pas nécessairement une forme d'hédonisme. Représentée en particulier par des courants comme l'épicurisme ou le spinozisme, il s'agit avant tout d'une forme d'éthique de la vie dans laquelle l'individu doit poursuivre ses besoins naturels et en respecter les limites.

L'éthique spinoziste s'appuie en effet sur la volonté de concilier liberté et déterminisme, en redéfinissant le concept de liberté de telle sorte à s'affranchir de la notion de libre-arbitre que Spinoza récuse et qu'il décrit comme l'ignorance des causes qui nous déterminent.

À travers le concept de « conatus », il redéfinit la liberté comme la tendance d'une chose à « persévérer dans son être »[54]. La connaissance des causes qui déterminent l'action humaine devient dès lors le cœur de la démarche éthique. Il s'agit ainsi de s'émanciper des affects négatifs pour coïncider avec sa puissance d'agir, selon une perspective qui favorise le bonheur de l'homme, la joie étant définie par Spinoza comme « une passion par laquelle l'esprit passe à une plus grande perfection »[55]. L'éthique spinoziste ne se présente donc pas comme une forme d'autonomie de l'action humaine, comme c'est le cas dans la morale kantienne, mais comme une démarche cognitive, compatible avec l'idée d'un déterminisme causal absolu, visant à connaître les lois de la nature afin d'amplifier sa puissance d'agir.

Il s'agit d'une philosophie profondément immanente, dans laquelle le bonheur n'est pas la conséquence d'une vie morale mais se confond avec la démarche éthique elle-même. Ainsi comme l'expose Spinoza « la béatitude n'est pas la récompense de la vertu mais la vertu elle-même ; et ce n'est pas parce que nous réprimons les désirs capricieux que nous jouissons d'elle, c'est au contraire parce que nous jouissons d'elle que nous pouvons réprimer les désirs capricieux »[56]. En ce sens il s'agit donc d'une philosophie du travail au sens arendtien, malgré la place qu'y joue la connaissance contemplative par rapport aux activités productives, du fait de sa conception du bonheur comme coïncidence entre l'action humaine et la nécessité naturelle. En tentant de concilier liberté et nécessité, Spinoza fait du bonheur la norme suprême de la vie humaine, bonheur qui s'atteint par une démarche cognitive de compréhension et d'acceptation de la nécessité naturelle.

Le passage d'une société technicienne à une société du travail et une société de consommation, est alors lié à l'émergence du bonheur en tant que norme suprême de la vie morale. Si ce changement dans l'ordre des valeurs reconnues par la société est déjà présent dans l'utilitarisme benthamien, qui s'appuie sur un calcul des peines et des plaisirs pour déterminer le comportement le plus adéquat à suivre, c'est véritablement avec l'émancipation du

54. Spinoza, *Éthique*, trad. fr. B. Pautrat, Paris, Seuil, 2010, p. 227.
55. *Ibid.*, p. 233.
56. *Ibid.*, p. 559.

travail qu'un tel principe a pu pleinement s'imposer comme une norme structurante de la société contemporaine. L'augmentation du niveau de vie et l'émancipation des classes laborieuses se sont en effet traduites par le nivellement de toutes les activités dans le travail. Le paradoxe que souligne Arendt est ainsi que la libération de la nécessité a provoqué une diffusion de l'expérience du travail et de l'éthique de la vie qui l'accompagne. La société de consommation moderne est ainsi une société d'abondance, émancipée de la nécessité, où toutes les activités sont considérées comme une forme de travail, et où toute action humaine poursuit la satisfaction d'un besoin.

Les développements de la technologie numérique vers un système d'assistance virtuelle s'inscrivent dans ce passage d'une société technicienne à une société du travail. La vie et le bonheur peuvent être considérés comme le souverain bien défendu par les géants du web, au détriment d'autres valeurs comme la liberté ou le courage politique. La promotion du bien-être, la volonté d'être toujours plus proche des besoins de l'utilisateur, de lui rendre la vie plus facile, sont autant d'éléments qui s'opposent à la morale utilitaire de la société industrielle. Des entreprises aussi importantes dans le paysage numérique que Google ou Amazon sont fondamentalement improductives mais reposent sur des flux considérables de données sur toutes les activités de leurs usagers. Malgré l'omniprésence des objets techniques, leur rôle est moins de créer un environnement stable que de stimuler une croissance économique reposant sur la consommation de produits et de services toujours renouvelés. En érigeant un type de technologie en un système capable de prendre en charge l'ensemble des activités humaines, l'industrie numérique ne nous libère pas de la charge du travail, mais se transforme en un pouvoir sur la vie.

BIOPOUVOIR ET NUMÉRIQUE

Cette approche de la technologie numérique comme relevant d'une forme de « pouvoir sur la vie » nous renvoie fatalement au concept de « biopouvoir » tel qu'il est développé par Michel Foucault. Le biopouvoir se présente en effet comme un pouvoir sur la vie dont la finalité est l'expansion et la régulation du processus vital des populations. Il s'agit d'un concept cherchant à rendre compte des phénomènes et politiques du XXe siècle, et qui s'avère d'autant plus intéressant pour penser une époque où le numérique a contribué à multiplier et à horizontaliser les dispositifs de contrôle et de régulation.

Au milieu des années 1970, Foucault développe ainsi une nouvelle conception du pouvoir qui va jouer un rôle important dans ses analyses ultérieures. Foucault cherche à comprendre le pouvoir à partir de ses effets pratiques plutôt qu'à l'analyser à partir de ses fondements théoriques. Il ne cherche pas à déterminer les sources juridiques de l'état de droit mais à étudier les relations de pouvoir afin de montrer comment elles constituent les sujets qui y participent. La pensée foucaldienne implique dès lors de renoncer aux analyses traditionnelles du pouvoir en termes d'Etat pour l'analyser en termes de dispositifs et des effets qu'ils produisent. Le pouvoir ne sera donc plus conçu comme l'exercice d'une force de contrainte par des autorités pour lesquelles il est nécessaire de déterminer la légitimité, mais comme une relation agissant sur la conduite de ses acteurs. Cette conception du pouvoir en termes de dispositifs conduit alors Foucault à interpréter les rapports de pouvoir dans leur pluralité, et à montrer l'évolution de ces pratiques selon une relation généalogique. Il cherche ainsi à voir comment les dispositifs de pouvoir peuvent se former historiquement, en particulier à partir des discours qui les justifient. Cette recherche historique l'amène dans un premier temps à opposer ce qu'il qualifie de pouvoir disciplinaire à la souveraineté.

Développée notamment dans *Surveiller et punir*, la discipline se présente comme un micro-pouvoir qui se met en place autour du XVIIe siècle, et dont le système pénitentiaire constitue le modèle de référence. Il s'agit du pouvoir de contrainte qu'une institution est capable d'exercer sur les individus à travers divers dispositifs tels que la surveillance ou la punition. L'objectif du pouvoir disciplinaire est d'organiser les individus en un corps unique par l'exercice d'une force de conditionnement permanente. Qu'il s'agisse de l'école, de la caserne, ou de l'hôpital, le pouvoir disciplinaire s'appuie sur des lieux précis et agit directement sur les individus qu'il cherche à encadrer. Il y a donc une forte individualisation des sujets du pouvoir disciplinaire, dont il s'agit de déterminer les comportements. La discipline intervient au plus près des corps individuels, afin de les assembler en un tout aux mouvements réguliers. Cette analyse du pouvoir en terme disciplinaire est ainsi l'occasion pour Foucault de critiquer le pouvoir moderne en montrant que l'individualisme de la société contemporaine relève d'une technique de contrôle de ses membres. La constitution du sujet en tant qu'individu n'est pas liée à une forme d'humanisme mais obéit à une logique de normalisation, qui nécessite la constitution d'un savoir individualisé.

Pourtant, si la discipline est d'abord présentée comme la forme contemporaine du pouvoir, Foucault émet rapidement des doutes sur cette hypothèse, et procède à sa révision lors de son cours « *Il faut défendre la société* », un an après la parution de *Surveiller et punir*. Foucault montre qu'une nouvelle technologie de pouvoir émerge à partir du XVIIIe siècle, qui ne porte pas sur les individus mais sur les populations. Dès 1976, Foucault achève donc ses analyses sur le pouvoir disciplinaire et développe une conception macroscopique du pouvoir en introduisant le concept de « biopolitique ». Contrairement au pouvoir disciplinaire qui intervient directement sur les corps individuels, le biopouvoir agit au niveau des populations qu'il s'agit de faire vivre. L'enjeu est d'intervenir sur les masses prises comme un tout plutôt qu'encadrer les individus pour les intégrer à un corps unique. Par des dispositifs tels que la santé publique ou l'urbanisme le biopouvoir entend agir sur les régularités qui caractérisent les populations (taux de natalité et de mortalité, croissance démographique, etc.) pour leur permettre de se développer.

Cherchant à dépasser l'analyse développée dans *Surveiller et punir*, Foucault a donc fait évoluer sa pensée en mettant à jour un pouvoir régulation qui ne porte plus sur les individus mais sur les ensembles que sont les populations afin d'en maîtriser les flux. Cette nouvelle conception lui permet de décrire un pouvoir plus diffus, ne s'exerçant plus à partir d'une personne physique ou morale mais à partir de mécanismes statistiques de contrôle et de régulation.

Le pouvoir ne s'exerce dès lors plus par la contrainte ou surveillance les corps individuels mais par sa capacité à réguler et faire vivre les populations. Le biopouvoir se présente donc comme un pouvoir sur la vie plutôt qu'un pouvoir sur les corps. L'objectif n'est pas de constituer un corps collectif en surveillant les corps individuels, mais de réguler les processus biologiques d'une société prise comme un ensemble.

Si, dans un premier temps, Foucault intègre le pouvoir disciplinaire au biopouvoir, il remet finalement cette idée en cause en montrant que les deux techniques de pouvoir relèvent d'une logique antagoniste. Alors que la discipline cherche à contrôler l'ensemble des mouvements de ses sujets, le biopouvoir cherche à laisser la société se développer à l'intérieur d'un dispositif qui assure son accroissement. À la fin des années 1970 Foucault en vient donc à remettre en cause certaines des analyses centrales de *Surveiller et punir*. Cette révision de l'hypothèse disciplinaire conduit alors à se poser la question de l'articulation entre biopouvoir et discipline, dont ne sait pas exactement si elle est intégrée par la biopolitique ou si elle s'y substitue entièrement au cours du XXe siècle.

Toutefois, bien qu'étant un retour à une conception macroscopique du pouvoir, la biopolitique n'est pas un retour à une conception du pouvoir en terme d'Etat. Alors que la conception traditionnelle de la souveraineté s'applique à un territoire, le biopouvoir porte sur des populations, c'est-à-dire des ensembles biologiques capables de croître et d'évoluer. La souveraineté est un pouvoir juridique qui s'applique sur les individus faisant partie d'un espace donné à partir de dispositifs régaliens. Inversement le biopouvoir cherche à faire vivre des ensembles vivants et à en déterminer les caractéristiques à l'aide de dispositifs sociaux-économiques. Alors que le pouvoir souverain ne trouve son sens que dans sa capacité à mettre à mort ses sujets, le biopouvoir implique de faire vivre ses membres. Il se présente donc comme l'inversion de la formule traditionnelle du pouvoir souverain. Si la souveraineté consiste à « faire mourir et laissez vivre », Foucault affirme que le biopouvoir consiste à « faire vivre et laisser mourir ». Il s'agit dès lors d'une forme de gestion, cherchant à s'assurer un pouvoir sur la vie des sociétés en intervenant directement sur la fertilité des populations elles-mêmes plutôt que sur la répression des comportements individuels.

En tant que « pouvoir sur la vie », le biopouvoir est intimement lié au développement des sciences du vivant, en particulier la biologie mais également l'agronomie. Pour Foucault, le concept même de « vie » n'apparaît ainsi qu'avec le développement des sciences naturelles au XVIIIe siècle, et ne prend sens qu'avec la théorie darwinienne de l'évolution[57]. En un sens, on peut ainsi affirmer que le discours scientifique produit lui-même la vie en tant que « système naturel [conférant] au vivant une unité conceptuelle »[58]. De la même manière, en tant que système de gouvernement des populations, le biopouvoir dépend d'un savoir scientifique capable à la fois de définir et de délimiter ce qu'est une population, et d'apporter les outils techniques pour les réguler. Ce lien entre sciences et biopouvoir se manifeste d'abord dans les sciences du vivant à proprement parler. Comme l'expose Yannick Mahrane, biologie et agronomie contribuent en effet à penser les écosystèmes naturels comme des ensembles systémiques définis par un ensemble de paramètres naturels qui assurent leur régulation. Les sciences font ainsi apparaître les populations comme des ressources naturelles (halieutiques, génétiques, réservoir de diversité…) dont il est possible de prédire les meilleurs modèles d'exploitation et de gestion[59].

Si cette vision d'une nature gouvernable selon un modèle de gestion est marquée par une approche fordiste, alignée sur l'économie d'après-guerre, qui fait des populations des ressources fixes tendant vers l'équilibre, l'introduction de modes de pensée plus dynamiques, conçus sur le modèle du réseau informatique, ne change fondamentalement pas l'approche de la population naturelle conçue comme un ensemble gouvernable : « loin de rompre avec tout idéal managérial, l'affirmation de cette écologie post-équilibre s'est au contraire accompagnée d'un passage d'une stratégie de contrôle des écosystèmes vers une stratégie de gestion »[60]. Les sciences du vivant adaptent ainsi leurs modèles et leurs

57. Foucault, M., *Les mots et les choses : une archéologie des sciences humaines,* Paris, Gallimard, 1999.

58. Franklin, S., « Foucault et le biopouvoir », in *Histoire des sciences et des savoirs : le siècle des technosciences*, Paris, Seuil, 2015, p. 212.

59. Mahrane, Y., « Connaître et gouverner la nature », art. cit., p. 283.

60. *Ibid.*, p. 289.

représentations aux évolutions techniques, sociales, et politiques qui marquent la fin du XX e siècle, qu'il s'agisse des nouvelles technologies de l'information et de l'approche en réseau qu'elles supposent, ou bien des nouveaux modèles de management qui s'imposent à partir des années 1980. Elles restent néanmoins dans le cadre du concept de biopouvoir foucaldien, qui se présente alors comme un « pouvoir sur la vie », capable à la fois de « produire la vie » en définissant ce qui relève de ce champ d'application, et de « gouverner la vie » en élaborant des modèles de gestion dont l'objectif est de réguler et de piloter des populations naturelles conçues comme des ressources identifiables et gouvernables.

Cette modélisation du vivant se retrouve alors dans les autres disciplines scientifiques, dont la finalité est de délimiter et d'estimer l'évolution des populations humaines pour en assurer la gestion. Le développement des statistiques et des sciences de la mesure (anthropométrie, économétrie…) au cours de la première moitié du XX e siècle a en effet permis de penser les populations humaines à partir d'un ensemble de paramètres empiriques qui contribuent à l'élaboration de modèles prédictifs, induisant la délimitation et la régulation des comportements humains. La modélisation des actions humaines, en lien avec d'autres domaines scientifiques, devient dès lors un outil essentiel d'expertise, qui vient guider voire encadrer la décision politique[61]. La population est ainsi l'objet de l'entreprise de modélisation, qui lui donne une forme statistique, mais également des politiques induites par ces modèles. Le biopouvoir peut de la sorte s'appuyer sur ces dispositifs cognitifs, qui assurent à la fois une fonction d'identification de l'objet de la gouvernementalité, et d'orientation des politiques de régulation. À la manière des sciences du vivant, ces processus de modélisation à l'œuvre dans le pouvoir moderne contribuent en quelque sorte à *vitaliser* les populations humaines, conçues comme des ensembles systémiques disposant de leur propre régulation. L'ensemble des éléments politiques, culturels ou sociaux qui constituent l'existence humaine se trouvent ainsi réduits à une totalité organique, conçue comme une ressource naturelle gouvernable.

61. Armatte, M., Dahan A., « Modèles : de la représentation à l'action », art. cit., p. 346.

Or ces dispositifs de modélisation sont intimement liés au développement des outils numériques et à l'explosion de la production de données. L'apparition du calcul par ordinateur permet en effet le traitement de grands volumes de données, rendant ainsi possible le développement de la simulation numérique, qui s'impose comme un système d'expérimentation fondamental dans le traitement des populations à la fin du XXe siècle[62]. Le développement des NTIC contribue alors à amplifier ce mouvement en alimentant en continue les modèles de simulation par des masses de données produites directement par les utilisateurs. Cette capacité à modéliser les comportements des populations par le traitement massif de données numériques produites en continue s'impose ainsi à la fois dans les disciplines scientifiques qui cherchent à comprendre le fonctionnement des populations, et dans les entreprises privées dont les modèles économiques reposent sur la captation des données. Les technologies numériques contribuent ainsi à poursuivre et à amplifier le phénomène de biologisation de l'existence humaine décrit par Arendt ou Foucault. La production continue de datas qui alimente sans cesse les dispositifs chargés de les traiter renforce en effet l'apparition de cette « industrie de la vie » décrite par Arendt où production et consommation deviennent le seul horizon de l'existence humaine au point de se confondre en une seule activité. De la même manière, le traitement et la modélisation des données numériques poursuit l'approche foucaldienne du biopouvoir comme une forme de gouvernement de la vie cherchant à agir directement sur les populations.

CONCLUSION

L'évolution de la technologie numérique, implique la promotion d'un nouveau système de valeurs. Au nom de leur propre bien-être, applications et objets connectés contribuent à remettre en cause l'autonomie de la décision de leurs usagers, tandis qu'ils limitent l'importance de la production dans la vie économique, tout en s'appuyant massivement sur les *datas* produites par leurs usagers.

62. *Ibid.*, p. 345.

Les flux de données qui structurent les économies numériques sont ainsi la continuité d'un processus de transformation de la société, fondée sur l'automatisation et la promotion du travail, qui commence dès le milieu du XIXe siècle avec la première révolution industrielle. Ils sont la manifestation contemporaine d'une société du travail au sens arendtien, fondée sur la recherche constante de la production et de la consommation dont les cycles correspondent à ceux de la croissance biologique elle-même. Le déséquilibre qui marque la généralisation de l'assistance algorithmique ne provient pas de la technologie numérique en soi mais de la rupture qu'elle engendre par rapport aux valeurs d'autonomie individuelle, qui continuent de structurer nos représentations politiques et sociales. Les conflits de la société numérique poursuivent et exacerbent les paradoxes de la société contemporaine, marquée par une tension entre une éthique humaniste issue des Lumières faisant de l'autonomie individuelle la norme suprême, et une éthique de la vie fondée sur l'extension du rôle du travail dans la société qui s'appuie au contraire sur la poursuite du bonheur conçu comme la satisfaction des besoins.

La révolution numérique opérée par les géants du web échoue ainsi non seulement à libérer l'homme du travail, mais se constitue en un pouvoir qui prend en charge la vie quotidienne de ses usagers. Malgré l'augmentation de la productivité et l'abondance réalisée par la société contemporaine, la libération annoncée du travail et de la nécessité n'a pas eu lieu. L'automatisation continue de tous les pans de la vie individuelle contribue à réduire l'homme à un être de besoins devant être perpétuellement satisfait. L'industrie numérique ne cherche pas à libérer l'être humain comme son propre discours l'affirme, mais à prendre en charge tous les aspects de la vie pour son propre bien être. La révolution numérique ne peut pas libérer l'homme du travail parce que les industries qui la portent sont des industries de la vie, dont l'objectif est la poursuite du bonheur individuel au moyen de la consommation d'un nombre toujours grandissant de services. Les paradoxes de la société contemporaine ne proviennent pas de la technique en elle-même, mais de l'écart grandissant qui existe entre l'éthique de la vie portée par la société numérique et les normes juridiques et sociales issues d'une culture humaniste fondée sur la liberté et la responsabilité individuelle.

Autrices et auteurs

KATRIN BECKER est Maître-Assistante en “droit et culture” à l’Université du Luxembourg et membre associé au Centre Georg Simmel de l’École des Hautes Études en Sciences Sociales, Paris. En 2018-2019, elle a été *Research Fellow* à l’Institut d’Études Avancées de Nantes. Ses recherches actuelles portent sur les conséquences éthiques et les enjeux socio-politiques de la technologie Blockchain. Elle a notamment publié « Lex cryptographica, smart contracts et gouvernements personnalisés : Les implications juridico-culturelles de la technologie blockchain », *Grief. Revue sur les mondes du droit*, n° 6/2, 2019, p. 87-96, et « La technologie blockchain et la promesse crypto-divine d’en finir avec les tiers », *Études digitales. Religiosité technologique*, II, Classiques Garnier, 2019, p. 33-52.

JEAN CAELEN est ancien directeur de recherches du CNRS à l’Université Grenoble Alpes. Il a notamment dirigé au cours de sa carrière le laboratoire sur la Communication Langagière et Interaction Personne Système (CLIPS). Avec une formation en Intelligence Artificielle il a participé à l’émergence des Sciences Cognitives du côté de la philosophie du langage et de la psychologie cognitive et a mis en œuvre des systèmes de dialogue homme-machine, d’interaction multimodale et tangible, d’environnements intelligents. Il a publié – par exemple – dans le champ de ces disciplines : *Interaction multimodale pour la recherche d’information*, in *Environnements évolués et évaluation de l’IHM*, Hermès éd., 2001 ; *Interaction et pragmatique: jeux de dialogue et de langage*, Collection science informatique et SHS, Hermès éd., 2007 ; *Interaction tangible et coopérative*, Éditions universitaires européennes, 2017.

DANIEL CÉRÉZUELLE est philosophe (HDR), ses travaux portent principalement sur la philosophie de la technique et l'imaginaire techniciste occidental. Également sociologue (HDR), il s'est penché sur le rôle socialisant de l'économie non-monétaire. Membre fondateur et Président honoraire de la Société Francophone pour la Philosophie de la Technique. Principales publications : *Écologie et liberté. Bernard Charbonneau précurseur de l'écologie politique* (Parangon/Vs, 2006) ; *La technique et la chair ; essais de philosophie de la technique.* (Parangon V/s, 2011). *L'autoproduction accompagnée. Un levier de changement*, avec Guy Roustang (Érès, 2010).

EMANUELE CLARIZIO est maître de conférences au Centre d'Éthique Médicale (CEM) du Laboratoire Ethics (EA7446) de l'Université Catholique de Lille depuis septembre 2019. Il est docteur en philosophie de l'université de Bari en Italie depuis juillet 2015, et il a ensuite poursuivi ses recherches dans le cadre de trois post-doc : au laboratoire LIS de l'université Paris-Est Créteil, avec un projet sur l'analogie technologique dans l'épistémologie du vivant de Descartes et ses conséquences éthiques et anthropologiques ; au laboratoire Costech de l'Université de technologie de Compiègne, dans le cadre du projet de recherche FEDER « BiobanquePerso. La biobanque de Picardie au défi de la médecine personnalisée » ; au CNRS, en rattachement à l'Institut des Sciences Juridiques et Philosophiques de la Sorbonne, avec un projet sur « Les valeurs de la vie dans les biobanques ». Philosophe des techniques, ses travaux portent sur la philosophie biologique des techniques, sur l'articulation entre normes vitales, normes techniques et normes sociales en milieu médical, en vue d'élaborer des pistes de réflexion éthiques sur l'innovation dans le champ de la Santé.

ARTHUR GUÉZENGAR est docteur de l'Institut de Philosophie de Grenoble (Université Grenoble Alpes) et enseignant vacataire en philosophie politique à l'IAE à l'Université Grenoble Alpes. Il est l'auteur du carnet de recherche *Études arendtiennes* sur le portail Open Edition. Ses recherches portent sur la pensée d'Hannah Arendt, la conception de la condition humaine, et le rapport entre totalitarisme et colonisation. Dernière publication sur HAL : *Arendt et le complot fasciste international.* Travaux en cours :

La construction de l'Etat-moderne, entre droit de la guerre et impérialisme en collaboration avec l'Institute for the Study of Ideas of Europe

GEORGES A. LEGAULT est docteur en philosophie et licencié en droit, et s'est consacré, après un doctorat en philosophie du droit, à des recherches sur la formation morale et ensuite à l'éthique professionnelle. Son manuel de délibération éthique : *Professionnalisme et délibération éthique* est à la base de plusieurs cours de formation en éthique professionnelle dans les universités québécoises. Il a reçu en 2001 un doctorat *honoris causa* de l'Université de Sudbury pour ses travaux en éthique appliquée. En septembre 2008, il a pris sa retraite et est devenu professeur associé à la Faculté de droit de l'Université de Sherbrooke. Il travaille comme co-chercheur dans une équipe dirigée par Johane Patenaude sur l'accompagnement du développement des nanotechnologies par les sciences humaines. Projet subventionné par les Instituts de recherche en santé du Canada (2009-2014). Pendant toute sa carrière, il a accompagné différents organismes publics, parapublics et privés dans l'intégration de l'éthique dans les organisations notamment au ministère du Revenu, au ministère des Transports, dans les Centres de services de santé et services sociaux et au Mouvement Desjardins.

THIERRY MÉNISSIER est Professeur en philosophie à l'Université Grenoble Alpes, membre de l'Institut de Philosophie de Grenoble (IPhiG) dans lequel il anime depuis 2016 le séminaire « Philosophie des techniques » et responsable de la chaire « éthique & IA » au sein de l'institut interdisciplinaire en intelligence artificielle de Grenoble, MIAI. Ses recherches portent d'une part sur la transformation des principes de l'éthique publique, de l'autre sur l'innovation technologique, organisationnelle et sociale, appréhendée comme un mode de transformation global et post-progressiste. Dernier ouvrage paru : *Philosophie de la corruption*, Hermann, 2018 ; ouvrage à paraître : *Innovations. Une enquête philosophique*, Hermann, 2021.

PIERRE MUSSO, philosophe de formation, docteur d'État en science politique, est Professeur des Universités et chercheur associé à Télécom Paris, ex-*fellow* associé à l'Institut d'Etudes Avancées de Nantes. Il a fondé et dirigé la chaire « Modélisations des imaginaires, innovation et création » à Télécom Paris. Il est l'auteur de nombreux ouvrages sur Saint-Simon et le saint-simonisme, sur la philosophie des réseaux, sur les médias et les technologies. Il a co-dirigé l'édition critique des *Œuvres Complètes de Henri Saint-Simon*, (P.U.F, coll. « Quadrige », 2013) Derniers ouvrages parus : *La Religion industrielle. Monastère, manufacture, usine. Une généalogie de l'entreprise* (Fayard, 2017) et *L'ère de l'État-Entreprise. Macron, Berlusconi, Trump* (Fayard, 2019).

JOHANE PATENAUDE, Ph.D. en philosophie (éthique appliquée), est professeure à la faculté de médecine et des sciences de la santé (Département de chirurgie) de l'Université de Sherbrooke (Québec, Canada). Ses travaux sur les critères éthiques mobilisés par diverses instances décisionnelles l'ont conduite vers l'étude de l'évaluation éthique du risque au regard de biotechnologies de pointe et d'innovations en santé. Ses travaux, menés avec le groupe de recherche InterNE3LS qu'elle dirige, visent l'élaboration de méthodes d'accompagnement du développement des nanotechnologies, dont des instruments d'analyse interdisciplinaires d'impacts et de l'acceptabilité sociale.

MARC-ANTOINE PENCOLÉ est doctorant au Sophiapol, à l'Université Paris-Nanterre, et professeur agrégé de philosophie dans le secondaire. Ses recherches à l'intersection de la philosophie sociale et de la philosophie de la technique visent à produire une théorie critique des médiations numériques, qu'il s'agisse de l'économie du *digital labour*, des nouvelles technologies de surveillance (sujet d'une thèse en cours de rédaction), des communautés algorithmiques (« Nos algorithmes peuvent-ils être plus justes que nous ? », *Revue Française d'Éthique Appliquée*, 2015), ou des technologies de personnalisation (dans un article éponyme pour *Implications philosophiques* paru en 2020).

DAVID UZAL est doctorant en philosophie à l'Université Paris 1 Panthéon Sorbonne. Ses recherches portent sur le philosophe espagnol José Ortega y Gasset dont il a traduit en français et préfacé plusieurs ouvrages : *Méditation sur la technique* (Éditions Allia, 2017) et *Le thème de notre temps* (Les Belles Lettres, 2019).

CÉLINE VERCHÈRE est docteure en sociologie et diplômée en sciences politiques (Université Grenoble Alpes). Elle a travaillé plus de dix ans comme experte « Usages et expérience utilisateur (Ux) » pour le Commissariat à l'Énergie Atomique et aux Énergies Alternatives (CEA), au MINATEC Campus de Grenoble (France). Elle vit depuis 2014 à Sherbrooke (Canada, Québec) et est accueillie au sein de l'Institut Interdisciplinaire d'Innovation Technologique (3IT) de l'Université de Sherbrooke. Elle travaille au sein de l'Unité Mixte Internationale LN2 (Laboratoire Nanotechnologies et Nanosystèmes) où elle est co-responsable de l'axe « Impacts, Usages et Société ». Avec ses travaux actuels, elle diversifie et renforce l'approche « expérience utilisateurs » en approfondissant les liens entre « les usages » et le triptyque « éthique, développement durable et responsabilité sociale ». Ce travail aboutit à l'élaboration d'une approche dite « par les usages responsables » (UR), permettant d'introduire la question des impacts éthiques, sociaux, environnementaux, économiques, légaux et sociaux (enjeux E3LS), très en amont dans les processus de conceptions d'innovations technologiques.

DENIS VERNANT est Professeur émérite de philosophie à l'Université Grenoble Alpes. Ses recherches portent sur la logique, la pragmatique et la praxéologie. Dernier ouvrage paru : *Questions de logique et de philosophie* (Milan, Mimesis, 2018) ; ouvrage à paraître : *Dire pour faire, de la pragmatique à la praxéologie* (Grenoble, Éditions UGA, 2020).

Table des matières

TROISIÈME SECTION

ÉTHIQUE APPLIQUÉE AUX TECHNOLOGIES

Achevé d'imprimer en août 2021 par La Manufacture - Imprimeur – 52200 Langres N° 210801 – Imprimé en France – Dépôt légal : sept. 2021